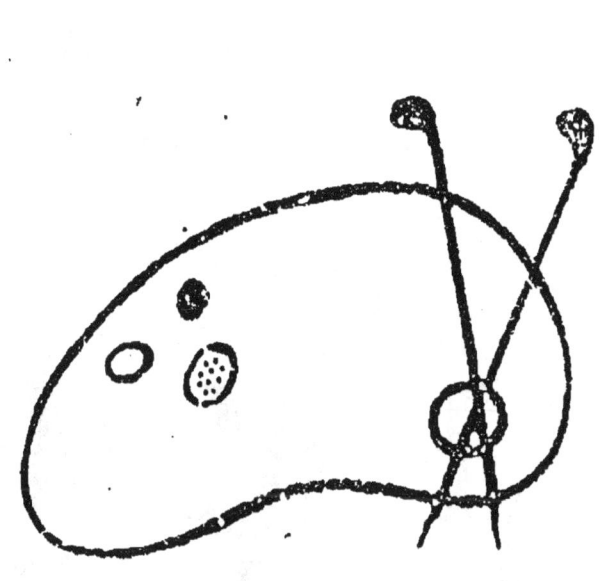

Couvertures supérieure et inférieure en couleur

Collection Jules Rouff
1 fr. 50 le volume

PAUL DE KOCK

ŒUVRES COMPLÈTES

UNE

FEMME
A
TROIS VISAGES

TOME SECOND

NOUVELLE ÉDITION

PARIS
JULES ROUFF ET Cⁱᵉ, ÉDITEURS
14, CLOITRE SAINT-HONORÉ, 14

Jules ROUFF et Cie, Éditeurs
PARIS, 14, Cloître Saint-Honoré, 14, PARIS

PAUL DE KOCK

OEUVRES COMPLÈTES

A 1 franc 50 centimes le volume.

Monsieur Dupont	1 v.	Une femme à trois visages	1 v.
Mon voisin Raymond	1 v.	La Fille aux trois jupons	1 v.
La Femme, le Mari et l'Amant	1 v.	Friquette	1 v.
L'Enfant de ma Femme	1 v.	Une Gaillarde	1 v.
Nouvelles et Théâtre	1 v.	La Grande Ville	1 v.
Georgette	1 v.	Les Enfants du boulevard	
Le Barbier de Paris	1 v.	— Les Nouveaux Troubadours	1 v.
Madeleine	1 v.	— Un Petit-Fils de Cartouche	1 v.
Le Cocu	1 v.	Une Grappe de groseille	1 v.
Un bon Enfant	1 v.	L'Homme aux trois culottes	1 v.
Un Mari perdu	1 v.	Monsieur de Volenville	
Gustave le mauvais Sujet	1 v.	— Berlingot et Cie	1 v.
André le Savoyard	1 v.	Un Jeune Homme mystérieux	1 v.
La Pucelle de Belleville	1 v.	La jolie Fille du Faubourg	1 v.
Un Tourlourou	1 v.	M. dame de Mondanquin	1 v.
La Maison blanche	1 v.	Madame Pantalon	1 v.
Frère Jacques	1 v.	Madame Tapin	1 v.
Zizine	1 v.	Un Mari dont on se moque	1 v.
Ni jamais, ni toujours	1 v.	La Mariée de Fontenay-aux-	
Un Jeune homme charmant	1 v.	Roses	1 v.
Sœur Anne	1 v.	Ce Monsieur	1 v.
Jean	1 v.	M. Chérami	1 v.
Une Fête aux env. de Paris	1 v.	M. Choublanc	1 v.
Contes et chansons	1 v.	Papa Beau-Père	1 v.
La Laitière de Montfermeil	1 v.	Le Petit Bonhomme du coin	1 v.
L'Homme de la nature	1 v.	La Petite Lise	1 v.
Moustache	1 v.	Les Petits Ruisseaux	1 v.
L'Amoureux transi	1 v.	La Prairie aux coquelicots	2 v.
Mon ami Piffard	1 v.	Le Professeur Fiche-Claque	2 v.
L'Âne à M. Martin	1 v.	Sans Cravate	2 v.
La Baronne Blaguiskoff	1 v.	Le Sentier aux prunes	1 v.
La Bouquetière du Chât. d'Eau	2 v.	Taquinet le Bossu	1 v.
Carotin	1 v.	L'Amour qui passe et l'Amour	
Corisette	1 v.	qui vient	1 v.
Les Compagnons de la Truffe	2 v.	La Mare d'Auteuil	
Le Concierge de la rue du Bac	1 v.	— Madame Saint-Lambert,	
L'Amant de la Lune	3 v.	— Benjamin Godichon	1 v.
La Dame aux trois corsets	1 v.	Paul et son Chien	1 v.
La Demoiselle du cinquième	2 v.	Les Époux Chamoureau	1 v.
Les Demoiselles de magasin	2 v.	Le Petit Isidore	1 v.
Une drôle de Maison	1 v.	Le Petit Isidore. — Alexis et	
Les Étuvistes	2 v.	Georgina	1 v.
La Famille Braillard	2 v.	Flon, Flon, Flon, Lariradon-	
La Famille Gogo	2 v.	daine	1 v.
Les Femmes, le Jeu et le Vin	1 v.	Un Monsieur très tourmenté	1 v.

Paris. — Imp. Vve P. LAROUSSE et Cie, rue Montparnasse, 19.

UNE FEMME

A

TROIS VISAGES

Jules ROUFF et Cie, Éditeurs
PARIS, 14, Cloître Saint-Honoré, 14, PARIS

PAUL DE KOCK

OEUVRES COMPLÈTES

A 1 franc 50 centimes le volume.

Monsieur Dupont	1 v.	Une femme à trois visages	2 v.
Mon voisin Raymond	1 v.	La Fille aux trois jupons	1 v.
La Femme, le Mari et l'Amant	1 v.	Friquette	1 v.
L'Enfant de ma Femme	1 v.	Une Gaillarde	2 v.
Nouvelles et Théâtre		La Grande Ville	1 v.
Georgette	1 v.	*Les Enfants du boulevard :*	
Le Barbier de Paris	1 v.	— Les Nouveaux Troubadours	1 v.
Madeleine	1 v.	— Un Petit-Fils de Cartouche	1 v.
Le Cocu	1 v.	Une Grappe de groseille	1 v.
Un bon Enfant	1 v.	L'Homme aux trois culottes	1 v.
Un Mari perdu	1 v.	Monsieur de Volenville.	
Gustave le mauvais sujet	1 v.	— Berlingot et Cie	1 v.
André le Savoyard	1 v.	Un Jeune Homme mystérieux	1 v.
La Pucelle de Belleville	1 v.	La Jolie Fille du Faubourg	1 v.
Un Tourlourou	1 v.	Madame de Mouflanquin	2 v.
La Maison blanche	1 v.	Madame Pantalon	1 v.
Frère Jacques	1 v.	Madame Tapin	1 v.
Zizine	1 v.	Un Mari dont on se moque	1 v.
Ni jamais, ni toujours	1 v.	La Mariée de Fontenay-aux-Roses	1 v.
Un Jeune homme charmant	1 v.	Ce Monsieur	1 v.
Sœur Anne	1 v.	M. Chérami	1 v.
Jean	1 v.	M. Choublanc	1 v.
Une Fête aux env. de Paris	1 v.	Papa Beau-Père	1 v.
Contes et chansons		Le Petit Bonhomme du coin	1 v.
La Laitière de Montfermeil	1 v.	La Petite Lise	1 v.
L'Homme de la nature	1 v.	Les Petits Ruisseaux	1 v.
Moustache	1 v.	La Prairie aux coquelicots	2 v.
L'Amoureux transi	1 v.	Le Professeur Fiche-Claque	1 v.
Mon ami Piffard	1 v.	Sans Cravate	2 v.
L'Ane à M. Martin	1 v.	Le Sentier aux prunes	1 v.
La Baronne Blaguiskoff	1 v.	Taquinet le Bossu	1 v.
La Bouquetière du Chât.-d'Eau	2 v.	L'Amour qui passe et l'Amour qui vient	1 v.
Carotin	1 v.	*La Mare d'Auteuil :*	
Corisette	2 v.	— Madame Saint-Lambert	1 v.
Les Compagnons de la Truffe	2 v.	— Benjamin Godichon	1 v.
Le Concierge de la rue du Bac	1 v.	Paul et son Chien	1 v.
L'Amant de la Lune	3 v.	Les Époux Chamoureau	1 v.
La Dame aux trois corsets	1 v.	Le Petit Isidore	1 v.
La Demoiselle du cinquième	2 v.	Le Petit Isidore. — Alexis et Georgina	1 v.
Les Demoiselles de magasin	2 v.	Flon, Flon, Flon, Laricadondaine	1 v.
Une drôle de Maison	1 v.	Un Monsieur très tourmenté	1 v.
Les Étuvistes	2 v.		
La Famille Braillard	2 v.		
La Famille Gogo	2 v.		
Les Femmes, le Jeu et le Vin	1 v.		

Paris. — Imp. Vve P. Larousse et Cie, rue Montparnasse, 19.

ŒUVRES COMPLÈTES
DE
PAUL DE KOCK

UNE FEMME A TROIS VISAGES

TOME SECOND

PARIS
JULES ROUFF ET Cie, ÉDITEURS
14, CLOITRE SAINT-HONORÉ, 14

UNE FEMME
A TROIS VISAGES

I

XXXIII

Les actions de charbon de terre.

Depuis la visite de Sincère, l'aimable enjouement de Camille a fait place à une sombre mélancolie qui étonne beaucoup les locataires de la maison Pothery. Chacun fait ses petites conjectures, dont le résultat est presque toujours ceci :

« — Cette dame semblait enchantée lorsque M. le vicomte de Léoville est venu la voir. Pourquoi donc est-elle si triste maintenant ? »

Personne n'avait rencontré Sincère, mais, deux jours après la visite que celui-ci a faite à Camille, Léoville revient aux Prés-Saint-Gervais, empressé de revoir celle qu'il aime. En la retrouvant triste et chagrine, il s'inquiète, il s'informe, et la jeune femme lui dit en soupirant :

— Vous m'avez trompée... ce n'est pas bien !... Je vous pardonne cependant, car je sais que c'est votre attachement pour moi qui vous a fait parler ainsi... Mais à quoi bon mentir, mon ami ? la vérité finit toujours par être connue !...

— Comment ? Que voulez-vous dire ? En quoi vous ai-je trompée ?... s'écrie Léoville.

— Dans ce que vous m'avez dit... sur mon père...

— Eh bien !... je vous ai rapporté ce que j'ai appris.

— Alors, c'est vous que l'on a trompé !...

— Qui peut vous faire supposer cela ?

Camille raconte tout ce que Sincère est venu lui apprendre touchant M. de Saint-Croisy. Lorsqu'elle a cessé de parler, Léoville frappe du pied avec colère, en s'écriant :

— Ce petit garçon a donc juré de mettre toujours des obstacles à mon bonheur !... Venir vous dire des choses pareilles !... Il savait très-bien vous faire de la peine... et il dit qu'il vous aime !...

— Il ne faut pas lui en vouloir... Il souffrait en m'apprenant tout cela ; mais il ne sait pas trahir la vérité.

— Et pourquoi ajoutez-vous plutôt foi à ses rapports qu'aux miens ?

Camille soupire en répondant :

— J'aimerais bien mieux ne croire qu'aux vôtres... mais il y a une raison qui m'en empêche !

— Je vous certifie que l'on m'a dit sur M. de Saint-Croisy ce que je vous ai rapporté... Maintenant, admettons qu'une partie de ce que Sincère vous a appris puisse être vrai... d'abord, ce pauvre garçon, qui n'a aucune expérience, exagère les choses... et ce n'est pas sur les propos d'un concierge que vous devez condamner votre père. Je veux bien admettre encore que la conduite de celui-ci ne soit pas exemplaire... qu'il ait fait des dettes dans un hôtel et oublié de les payer... Est-ce donc un si grand crime ?...

— Mais... ce fait plus grave... chassé de Verdun?...

— Rien ne prouve que cela soit vrai!... Celui qui aura dit cela aura confondu votre père avec un autre! Pourquoi ajouter foi à ces propos, lorsqu'ici vous avez entendu tout le contraire? M. de Saint-Croisy n'a-t-il pas été présenté par un monsieur qui en faisait un grand éloge, qui se félicitait de le connaître?

— C'est vrai...

— Ce monsieur-là, n'est-ce pas un homme dont on connaît la position dans le monde?

— Sans doute; c'est M. Endymion Dufourré; on le connaît ici depuis longtemps... Il est riche... Il ne fait rien, que chercher à plaire aux dames; il est très-ridicule par ses prétentions, mais c'est du reste un homme dont la position n'est point équivoque.

— Eh bien! lorsque ce monsieur lui-même vous a fait l'éloge de M. de Saint-Croisy, il me semble que vous devez plutôt ajouter foi à ses paroles qu'aux propos que le jeune Sincère a entendu tenir à un concierge.

Les discours de Léoville jettent une nouvelle incertitude dans les idées de Camille : en écoutant celui qu'elle aime, elle se laisse entraîner à le croire; tous ses désirs sont d'accord avec les assurances qu'il lui donne; d'ailleurs, Sincère ne revient pas apporter d'autres renseignements sur M. de Saint-Croisy, tandis qu'au contraire, Léoville revient presque chaque jour aux Prés-Saint-Gervais presser Camille de consentir enfin à faire son bonheur ; celle-ci n'oppose plus qu'une faible résistance. Un jour enfin, elle dit à Léoville :

— Eh bien! je vous promets de ne plus résister... je vous promets de consentir à être votre femme... ce qui, vous le savez bien... sera pour moi la plus grande félicité!... mais, avant, je veux revoir encore une fois M. Endymion Dufourré. Qu'il me répète ce qu'il m'a déjà dit sur... mon père, et, je vous le jure, je ne mettrai plus d'obstacle à vos vœux.

— Mais si ce monsieur était longtemps sans revenir ici ? dit Léoville, qui préférerait beaucoup que l'on s'en rapportât à lui.

— Ce n'est pas présumable, dit Camille ; voilà déjà près d'un mois qu'il n'est venu, la saison est encore fort belle, et ce monsieur voudra en profiter.

Le jeune amoureux soupire, en disant :

— Puisque vous le voulez... attendons ce monsieur Endymion Dufourré !... Il se fait bien désirer, ce monsieur ! Savez-vous son adresse à Paris ?

— Non.

— Votre propriétaire le connaît, elle doit la savoir.

— Que vous importe où demeure ce monsieur ?

— On pourrait très-bien le prier de venir aux Prés..., en lui disant que vous désirez lui parler...

— Oh ! mon ami, ne faites point cela !... Je dois vous avouer que ce M. Dufourré me faisait la cour, m'accablait de ses galanteries, et que cela m'ennuyait beaucoup..., je ne veux pas qu'il croie que j'ai le moindre désir de le revoir.

— Soit ! Pauvre homme ! je le plains... mais franchement, d'après ce qu'on m'en a dit, je ne suis pas jaloux de lui.

L'événement du mollet retourné avait tellement mortifié Endymion qu'il s'était juré de ne plus retourner à l'hôtel Pothery. Cependant, le souvenir de la belle Camille le poursuivait encore, et alors il regrettait beaucoup de ne plus la voir. De temps à autre, il disait à Jolibeau :

— Crois-tu qu'une crampe puisse faire passer un mollet sens devant derrière ?

— Oui, monsieur, j'en suis persuadé, répondait le valet de chambre. J'ai vu, une fois, en scène, un de nos jeunes premiers qui avait ses deux mollets par devant.

— Et c'était l'effet d'une crampe ?
— Du moins, il l'a dit au public.
— Et le public l'a cru ?
— Le public lui a demandé *bis*... Mais votre ami, M. de Saint-Croisy, qui ressemble tant à mon camarade Bellaflores, il ne vient donc plus voir monsieur ?
— C'est vrai!... Je l'attends, il a des titres à échanger avec moi... contre des promesses... Il est sans doute très-occupé en ce moment.
— Ah! monsieur... vous n'avez pas voulu me croire!...
— Eh bien! Jolibeau ?
— Eh bien!... Je ne vous en dirai pas plus...

Cependant les jours se passaient, et Endymion, n'entendant plus parler de Saint-Croisy, qu'il ne rencontre nulle part, se décide un matin à se rendre chez son ami Théobald, pour tâcher d'y avoir de ses nouvelles.

L'homme de lettres est enfermé dans son cabinet, et, suivant l'habitude de ces écrivains qui suent sang et eau pour parvenir à écrire deux lignes, il avait fait défendre sa porte !... Remarquons en passant que les grands talents sont toujours visibles et ne craignent jamais d'être dérangés. Si ceux-là perdent le fil d'une idée, ils en retrouveront cent pour la remplacer... Mais, les écrivassiers, qui se sont mis la tête à la torture pour en tirer quelque chose, ne laissent point arriver jusqu'à eux quand ils sont en train d'élaborer une phrase.

Endymion est donc introduit près de madame Rubencourt, qui était toujours visible, même lorsqu'elle n'était pas en toilette, ce qui, du reste, faisait l'éloge de ses charmes et de sa fraîcheur. Les femmes qui se laissent voir en déshabillé du matin nous prouvent alors qu'elles ne doivent pas tous leurs attraits au talent de leur couturière, et aux cosmétiques de leur parfumeur.

Abricotine fait une bouche pincée en apercevant l'élégant

Dufourré; car elle ne l'avait pas revu depuis qu'elle avait dîné aux Prés-Saint-Gervais, et qu'il était placé à table à côté de madame Édouard.

— Bonjour, charmante dame! dit Endymion en saluant avec un joli sourire l'épouse du journaliste.

— Ah! c'est vous, monsieur! répond la belle blonde d'un ton aigre-doux. Et par quel hasard... à quel événement inattendu devons-nous votre visite?...

— Mon Dieu! belle dame, il n'y a point de hasard... point d'événement... Je désirais depuis longtemps venir mettre mes hommages à vos pieds... mais des affaires... des invitations... le temps marche si vite à Paris!... Vous le savez... on a à peine le moment de s'habiller et la journée est finie.

— C'est que vous êtes un peu long à votre toilette, apparemment!

— Toujours pétrie d'esprit!...

— Et les affaires qui vous ont occupé ne vous ont point empêché d'aller aux Près-Saint-Gervais, à l'hôtel Pothery, je gage?...

— Vous croyez?... Mais non... Depuis près d'un mois je n'y ai pas mis les pieds!...

— En vérité!... Comment! seriez-vous brouillé avec votre belle... cette madame Édouard dont vous étiez si amoureux?

— Moi, amoureux de madame Édouard!... Qui est-ce qui a dit cela?...

— Cela sautait aux yeux... et sans doute c'est la violence de votre passion qui vous avait porté à la tête et donné ces douleurs qui vous ont obligé de garder votre chapeau... Ah! ah!... mon Dieu, que vous étiez drôle!...

Endymion dit du bout des dents, en murmurant :

— Mon Dieu, que vous êtes méchante!... Oh! les femmes!... elles font une montagne de l'incident le plus léger!

— Les femmes y voient très-clair, mon cher, et c'est ce qui vous vexe, vous autres hommes... Mais vous n'avez pas eu de nez ce jour-là en faisant venir M. de Saint-Croisy à l'hôtel Pothery. Il paraît que ce monsieur connaissait particulièrement votre dame... Elle a failli se trouver mal en le voyant... Ensuite, ils ont eu une conversation fort longue au fond d'un bosquet écarté... Ah! ah! ah!... Ça m'a bien amusée pour vous!

— Je vous remercie; mais je ne vois pas quel mal il y a dans tout cela... Dans un jardin, on cause sous un bosquet, comme ailleurs... Il y a des personnes qui tirent de tout des inductions malignes...

— Il y en a d'autres qui sont myopes... et dont on se moque sous leur nez sans qu'elles s'en aperçoivent!... Au reste, si cette dame est liée avec M. de Saint-Croisy, je ne lui en ferai pas mon compliment, car il paraît que c'est tout bonnement un filou, ce monsieur...

— Ah! mon Dieu!... qu'est-ce que vous me dites là!... Saint-Croisy... un filou! Un ami de votre mari!... Car c'est votre mari qui me l'a présenté...

— Eh! mon Dieu! ne savez-vous pas à quoi vous en tenir sur les gens de lettres!... Ils connaissent tout le monde... tout le monde les salue, vient causer avec eux, parler de la pièce nouvelle, de l'actrice en vogue... On se donne des poignées de main, on s'appelle : mon cher, mon bon!... Allez ensuite leur dire : « Quel est donc ce monsieur avec qui vous causiez tout à l'heure... qui vous a serré la main en vous quittant? » Ils vous répondront : « Ce monsieur... avec qui je causais... Ah! ma foi! je ne sais pas son nom, j'ignore ce qu'il fait... je le rencontre souvent au café, il vient me parler, il est très-aimable... mais je ne sais pas qui c'est!... » Et voilà, la plupart du temps, comme ils connaissent bien des gens qu'ils appellent : cher ami!...

— Mais celui-ci, Théobald le connaissait... Quand il me

l'a présenté au café... ce jour... que nous guettions une voiture... Enfin, pourquoi le traitez-vous maintenant de filou?... Qu'a-t-il fait pour mériter cette épithète plus que risquée?... Au nom de votre fille! répondez-moi, je vous en supplie!...

— Est-ce que je sais, moi! Tenez, voilà mon mari qui sort enfin de son cabinet... Dieu merci, il a mis le temps pour faire son petit feuilleton... C'est lui qui, l'autre jour, abîmait son cher ami Saint-Croisy. Interrogez-le!...

L'homme de lettres arrive en robe de chambre, l'abord fier, triomphant... Il est venu à bout de son article, il a cet air heureux d'un particulier à qui l'on vient d'arracher une dent qui lui causait beaucoup de douleur; il sourit à Endymion, et s'essuie le front, en s'écriant :

— Mon article est fait... et joliment fait!... Je crois qu'il aura du retentissement... J'en suis content... très-content!

— Il est toujours content de ce qu'il fait! murmure Abricotine, en se tournant vers Dufourré. Mais celui-ci ne laisse pas à Théobald le temps d'en dire davantage, il l'interrompt et s'écrie:

— Mon cher ami, ce que madame vient de m'apprendre serait-il vrai ?...

— Hein!... de quoi?... que je vais fonder un nouveau journal?... C'est mon projet.

— Non... que vous auriez su que Saint-Croisy n'est pas un riche capitaliste...

— Saint-Croisy?... C'est possible... Mais quel nom lui donnerai-je?... voilà le difficile...

— Est-ce qu'il a un autre nom, maintenant?...

— Il n'en a pas encore... j'en cherche un piquant... Si je l'appelais *le Menteur* ?...

— Vous êtes donc certain qu'il nous a menti?

— Qui?

— Saint-Croisy.

— Je vous parle de mon futur journal...

— Répondez-moi au sujet de Saint-Croisy... mon ami, je vous en supplie. Il s'agit pour moi de quarante mille francs, que je lui ai donnés contre des promesses d'actions de ses mines de charbon dans le département du Pas-de-Calais...

— Ah! bigre!... Comment, mon pauvre Dufourré, vous avez lâché votre argent sans être certain que vous le placiez bien... vous! associé d'agent de change!

— D'abord, je ne suis pas du tout associé d'agent de change... Je voulais l'être... mais on m'a refusé. Revenons à Saint-Croisy... Vous m'en avez fait un éloge pompeux...

— Eh! mon Dieu! qui n'y aurait été trompé!... Un homme qui a fort bonne façon, des manières distinguées, qui s'exprime très-bien... et qui a un aplomb!...

— Oui, dit Abricotine, il avait une fameuse *platine!*...

L'homme de lettres jette un regard courroucé sur sa femme, en s'écriant :

— Mon Dieu! madame, où apprenez-vous ces mots-là?...

— Au spectacle, monsieur; dans les pièces à succès, on parle presque toujours *argot*.

— C'est du joli!... Et ces gens-là trouveront mauvais que je les éreinte!

— De grâce, revenons à Saint-Croisy. Qui vous fait penser maintenant que ce soit un filou?

— Voici le fait. Il y a huit jours, j'étais au café Anglais; Saint-Croisy y déjeunait et très-somptueusement, je vous assure...

— Le gredin! il mangeait mon argent!

— Un monsieur entre dans le café. C'était un Allemand, un homme qui avait un air très comme il faut. Il aperçoit Saint-Croisy, le regarde quelques instants, puis s'écrie :

« — Ah! vous voilà, drôle! qui m'avez si bien volé à

Vienne, avec des cartes bizeautées! Mais ici il n'en sera pas de même, et je vous ferai connaître pour ce que vous êtes, partout où je vous rencontrerai. »

« A ces paroles, Saint-Croisy montre une grande colère; il s'écrie :

« — Vous me prenez pour un autre, monsieur; je me nomme de Saint-Croisy... Vous ne me connaissez pas !... Je n'ai jamais été à Vienne...

« — Je vous reconnais très-bien, répond l'étranger. A Vienne, vous aviez un autre nom, c'est vrai, vous vous faisiez appeler : le baron Ragotry; mais c'est bien vous... Je ne fais pas erreur...

« Alors Saint-Croisy s'emporte, s'écrie qu'on l'insulte... qu'il tuera ce monsieur, qu'il va chercher le commissaire et des témoins pour prouver son identité... et, là-dessus, il sort du café comme un furieux, toujours criant, toujours menaçant !... Mais l'Allemand s'assied tranquillement à une table, en disant :

« —Qui est-ce qui veut parier vingt napoléons avec moi que cet homme ne reviendra pas ?... » J'avais presque envie de tenir le pari... Certainement, si j'avais eu vingt napoléons sur moi, je l'aurais tenu ! Heureusement je ne les avais pas, car j'aurais perdu... Saint-Croisy ne reparut pas !...

— Il n'est pas revenu ?...

— Or, vous comprenez qu'un homme qui se laisse traiter de voleur et qui ne vient pas en demander raison, en prouvant que l'on a menti... ma foi !... il faut que cet homme mérite le nom qu'on lui a jeté à la face...

— Ah! mon Dieu !... c'est épouvantable !... Alors ces mines de charbon... dans le département du Pas-de-Calais ?...

— Il est probable que vous êtes volé aussi, mon cher !... Pour en revenir à ce journal que je veux créer...

— Je cours chez mon agent de change... à la Bourse, prendre des informations... Ah ! le fourbe ! je ne m'étonne pas s'il me recommandait de ne parler à personne de ses mines de charbon !...

— Si je l'appelais *le Blagueur*, hein ?...

— Appelez-le le voleur, voilà son vrai nom !...

— Mais il y en a déjà un qui porte ce titre...

— Adieu !... Pardon... je vous quitte !... Madame, excusez-moi... Quarante mille francs !... c'est une somme !...

— Assurément... Ce cher monsieur Endymion !... Je vous plains bien !...

Endymion n'écoute plus ce qu'on lui dit; il prend son chapeau et sort précipitamment, tandis que Théobald, toujours occupé de son journal, lui crie dans l'escalier :

— Je tiens mon titre !... Je l'appellerai *le Fumeur*; tous les estaminets seront forcés de s'y abonner.

XXXIV

Nouveaux renseignements.

A la Bourse, on a ri au nez de Dufourré lorsqu'il a montré ses promesses d'actions pour les mines de charbon du Pas-de-Calais. Chez son agent de change, on en a fait autant. Le beau monsieur rentre chez lui furieux, et se jette dans un fauteuil, en s'écriant :

— Décidément, je suis fait et refait... Ah ! Jolibeau, pourquoi n'ai-je pas ajouté foi à tes paroles !...

Jolibeau, qui a vu son maître revenir tout bouleversé et l'a suivi au salon, murmure d'un air piteux :

— Monsieur, les gens d'esprit sont ceux que l'on trompe

le plus facilement, parce qu'ils n'ont pas celui du commerce...

— Tu as raison, Jolibeau, tu parles comme *Cicéron!* Oui, je suis trop confiant... je n'aime point à croire au mal. Et puis, ce Saint-Croisy se mettait si bien !... Il était parfaitement habillé...

— C'était Bellaflorès, monsieur !

— Oui, il y a tout lieu de croire que tu ne t'étais pas trompé.

— Il vous vole une grosse somme, monsieur ?

— Trente mille francs !

— Peste ! quelle tirelire !

— Oh ! je puis supporter cette perte... Je mettrai un peu plus d'économie dans mes dépenses, et, pendant quelque temps, je m'abstiendrai d'offrir des bouquets aux dames...

— Vous ne le pourrez pas, monsieur ; vous êtes si galant !...

— Tu comprends bien que, par bouquets, j'entends ces jolis cadeaux que j'y joignais... Oh ! ce qui m'exaspère le plus dans cette affaire, c'est de m'être laissé duper par ce floueur...

— Vous avez dit le mot, monsieur, c'est un floueur...

— Mais si je puis le retrouver, je te jure bien, Jolibeau qu'il passera un vilain quart d'heure !...

— Vous ne le retrouverez pas, monsieur ; avec votre argent, il est allé faire des dupes ailleurs...

— Jolibeau, on a sonné... Si c'était lui, par hasard, qui vînt pour me tendre un nouveau piége !...

— Ce n'est pas probable. Il a bien vu comme je le regardais la dernière fois qu'il est venu...

— Cours donc ouvrir.

Le concierge apporte une lettre pour M. Endymion Dufourré. Celui-ci regarde la suscription, en disant :

— Je ne connais pas cette écriture... Si c'était de ce Saint-Croisy !...

— Qui vous renvoie vos billets de banque ? ce n'est pas probable, monsieur.

Endymion se hâte de lire la lettre, qui ne contient que ces lignes :

« Pourquoi n'allez-vous plus aux Prés-Saint-Gervais, à l'hôtel Pothery ? Vous y êtes ardemment désiré ; on serait charmé de vous y voir. »

La lecture de ce billet ravit notre élégant ; il oublie la perte de ses trente mille francs et sourit à Jolibeau, en disant :

— Voilà qui est du dernier gracieux !... Que penses-tu de cela, Jolibeau ?

— Qui est-ce qui vous écrit ce billet, monsieur?

— Il n'y a pas de signature... mais tu comprends bien que je devine d'où me vient ce message...

— Ah ! vous savez de qui cela vient ?...

— Pardieu ! Et quelle autre qu'une femme m'écrirait ainsi : « Vous êtes ardemment désiré?... On sera charmé de vous voir?... »

— Le fait est que c'est presque une déclaration.

— C'en est une, Jolibeau !... Oh ! je m'y connais....

— Et vous pensez que c'est madame Pothery qui vous écrit cela?

— Madame Pothery !... que le diable t'emporte!... Où vas-tu penser à madame Pothery !...

— Dame!... comme c'est la propriétaire...

— Ce billet anonyme vient de la séduisante madame Édouard...

— La dame mystérieuse?...

— La dame ravissante à qui j'ai fait une cour très-prononcée... Elle s'est montrée sévère... elle m'a tenu rigueur... et comme elle voit que je ne retourne plus aux

Prés, elle se dépite de mon abandon, elle veut me revoir à ses pieds! Oh! que voilà bien les femmes!... Soyons sans cesse sur leurs pas... elles nous traitent comme des nègres; ayons l'air de ne plus penser à elles... aussitôt elles courent après nous!

— C'est vrai, monsieur, c'est vieux comme le monde, ce que vous dites là. Ça s'est mis dans toutes les pièces de théâtre; mais cela se fait toujours à la ville...

— S'il n'était pas trop tard, je me rendrais sur-le-champ aux Prés...

— Il vaut bien mieux vous faire désirer un peu, monsieur.

— Tu vois bien qu'on me désire beaucoup, puisqu'on me l'écrit... l'affaire de mon mollet doit être oubliée...

— Eh! mon Dieu, monsieur... c'était une crampe! et pas autre chose!...

— Tu as raison... Depuis un mois... cela ne peut plus être qu'une crampe! C'est égal, je mettrai un pantalon très-large qui ne dessine pas la jambe... mais tu serreras ferme mon corset... mon maudit ventre s'obstine à pousser en avant... c'est bien contrariant!... Si je ne mangeais pas, Jolibeau... si je ne me nourrissais que d'échaudés?... C'est peu nutritif?

— Ne faites pas cela, monsieur, vous vous perdriez l'estomac! Mangez beaucoup, au contraire... Voyez les gens maigres... ce sont toujours les plus gloutons; ils mangent comme des ogres!

— Tu as, ma foi! raison... Jolibeau; va m'acheter un pâté de foies gras... je vais me ruer dessus.

Le lendemain, sur les deux heures de l'après-midi, Endymion, qui étouffe dans son corset, parce qu'il a voulu absolument être mince de taille, mais qui ne peut se lasser d'admirer sa toilette, part pour les Prés-Saint-Gervais, et se dit en chemin :

— La dernière fois que j'ai causé avec la femme charmante, je crois me rappeler qu'elle m'avait beaucoup questionné sur ce... misérable Saint-Croisy... J'en avais même éprouvé un sentiment de jalousie... mais, pardieu!... si elle s'intéresse encore à ce monsieur, je lui en apprendrai de belles sur son compte.

Madame Pothery pousse ses exclamations de joie habituelles lorsqu'il lui arrive du monde de Paris, et ne manque pas de dire à Endymion :

— Vous venez dîner avec nous?

— Oui, certes, c'est mon intention, répond le petit joli homme.

— Tant mieux! cela se trouve bien... Nous devons justement aujourd'hui avoir le vicomte ; vous dînerez avec lui.

— Le vicomte !... quel vicomte?

— Le vicomte Léoville... un jeune homme charmant... beau cavalier... élégant comme vous ! des manières nobles et gracieuses... toutes nos dames en sont folles !...

— Voilà la première fois que j'entends parler de ce monsieur, il me semble?...

— Oui, il n'y a guère que trois semaines environ qu'il vient ici... et il y a plus d'un mois qu'on ne vous a vu.

— C'est vrai... j'ai été très-occupé... Est-ce vous qui m'avez écrit un petit mot?

— Quel mot?

— Enfin, vous ne m'avez pas écrit?

— Moi! je ne me serais pas permis cela. Et pourquoi?...

— Assez... l'affaire est vidée. Vous ne m'avez pas écrit, c'est tout ce que je voulais savoir. Et qui vous a amené cet élégant personnage... dont toutes les dames sont folles?

— Il est venu voir madame Édouard... et elle nous l'a présenté.

— Ah! c'est pour madame Édouard qu'il venait?...

— Et c'est pour elle qu'il vient toujours... Il en est amoureux comme on ne l'est pas!...

— Ah! il fait la cour à cette dame?...

— Après cela, on le suppose... Le major fait là-dessus ses cancans ordinaires... Moi, je répète ce qu'on dit... je n'affirme rien...

— Et madame Édouard... de son côté?

— Elle est au jardin... elle travaille dans le bosquet du fond... Pardon! je vous quitte... il faut que j'aille donner mes instructions à Rose-d'Amour... Vous et le vicomte à dîner!... il faut qu'il soit bien gentil... Si je vous faisais des artichauts frits... hein? C'est un joli plat, cela... Qu'en dites-vous?

— Je ne m'y oppose pas.

— Vous en aurez!... La friture, c'est le triomphe de Rose-d'Amour.

Endymion n'est pas enchanté de savoir qu'il vient maintenant à l'hôtel Pothery un beau jeune homme qui fait la cour à la belle locataire dont lui-même est amoureux; cependant, il se rend sur-le-champ au jardin, en se disant :

Après tout... madame Pothery me rapporte les propos qu'elle entend... cela ne prouve rien. D'ailleurs, puisque cette femme charmante m'a écrit qu'elle désirait ma présence, c'est que je lui plais davantage que ce vicomte qui lui fait la cour... et c'est bien elle qui m'a écrit!... Ce n'est pas la propriétaire... Quelle autre femme pourrait ici désirer ma présence?... la nièce du major?... Je suis très-froid avec elle... Madame Abraham?... Elle ne songe qu'à ses mioches... La dame veuve?... Je ne lui ai jamais fait un compliment... Le billet vient de la belle Camille, c'est positif.

Camille travaillait sous un berceau de lilas. Son ouvrage l'occupait peu, mais elle pensait à Léoville qui devait venir dans la journée; elle jouissait d'avance du bonheur qu'elle goûtait lorsqu'il était près d'elle... L'idée qu'elle pourrait être sa femme commençait à ne plus être pour elle une chimère. Car Sincère ne revenait pas, ce qui prouvait qu'il n'avait plus rien appris sur M. de Saint-Croisy, et Léoville, au contraire, continuait à lui faire sur son père les rapports les plus favorables.

En apercevant Endymion Dufourré qui arpente le jardin en se donnant des grâces et se dirige vers elle, Camille se sent vivement émue, car elle se dit que c'est de ce que ce monsieur va lui dire que dépend son bonheur. De son côté, en abordant Camille, Endymion remarque le trouble dans lequel la jette sa présence; il ne manque pas d'interpréter cette émotion en sa faveur.

— Ah! il y a bien longtemps qu'on ne vous avait vu, monsieur, dit la jeune femme en répondant aux saluts de Dufourré.

— Oui, belle dame... en effet... il y a quelque temps!... Je suis tellement pris à Paris!... J'ai rarement une journée à moi!... c'est bien aimable à vous d'avoir remarqué... le laps de temps... de mon absence.

— Je ne vous cacherai pas, monsieur, que j'avais le plus vif désir de vous revoir...

— Ah! vous me comblez!... Mais vous deviez être bien certaine que j'allais accourir... il n'était pas besoin de deux lignes pour cela... Un seul mot suffisait!...

— Comment, monsieur... de quelles lignes parlez-vous?

— Mais... les lignes du billet charmant... dont le voile anonyme est transparent pour moi...

— Je ne vous comprends pas du tout, monsieur.

— Elle ne veut pas convenir que c'est elle qui m'a écrit! se dit Endymion. Oh! les femmes!... toujours de la ruse!...

Enfin, puisque cela lui fait plaisir de garder l'anonyme, laissons-lui ce mystère !...

— Vous êtes venu seul, monsieur ? reprend Camille au bout d'un moment.

— Oui, belle dame... entièrement seul... Lorsqu'on a le cœur rempli par un doux espoir, on n'a pas besoin de compagnon de voyage...

Endymion fait suivre cette phrase d'un gros soupir et d'un regard brûlant ; il est tout surpris que l'on ne réponde rien à cette pantomime expressive, et se dit :

— Comme elle cache son jeu !... comme elle feint de la froideur !... Elle est très-coquette... elle abuse du pouvoir de ses charmes.

Camille, qui ne songe nullement à faire la coquette avec ce monsieur, mais qui voudrait déjà arriver au sujet qui l'intéresse, interrompt un long soupir que Dufourré vient encore de pousser, en lui disant :

— Et votre ami... ce monsieur qui est venu vous retrouver ici une après-dînée... et dont vous nous avez fait le plus grand éloge... M. de Saint-Croisy... y a-t-il longtemps que vous ne l'avez vu ?

— Ah ! bon ! tu recommences le chapitre du Saint-Croisy ! se dit Endymion. Je vais t'en dégoûter !...

— Eh bien ! monsieur, vous ne répondez pas ?...

— Pardon, madame, mais, en vérité... c'est que, si vous vous intéressez à ce monsieur... j'en suis fâché pour vous... car c'est un drôle ! un misérable !.... un polisson !... qui ne mérite que votre mépris !

Camille pâlit, et balbutie :

— Eh quoi ! c'est ainsi que vous traitez à présent un homme que vous avez présenté ici comme votre ami !... et dont vous disiez le plus grand bien !...

— Que diable ! voulez-vous.. ce n'est pas ma faute !... Quand j'ai dit du bien de ce... fripon... c'est que je le croyais un honnête homme !... J'ai été trompé, dupé, volé !... Qui n'y aurait été pris? Un homme habillé dans le dernier genre... ayant un aplomb... un bagou... un froufrou... enfin tout ce qui constitue un millionnaire !... Théobald aussi en disait du bien... mais il ne lui a rien confié... tandis que moi quarante mille francs!... pour des soi-disant actions de charbon de terre... dans le Pas-de-Calais... et c'est autant d'escroqué!... de perdu !... Impossible! de remettre la main sur mon filou !...

— Mais, monsieur... qui vous dit... qui vous prouve que ce monsieur... Saint-Croisy... ne reviendra pas chez vous... qu'il ne vous tiendra pas compte de cet argent que vous lui avez confié?...

— Lui!... me rapporter mon argent!... Ah! je puis en faire mon deuil... Cet homme est maintenant reconnu pour un escroc. En plein café, un monsieur l'a traité de voleur... et mon drôle s'est sauvé bien vite de peur d'être arrêté!... ce qui, j'espère, finira par lui arriver... Quant à moi, si je le retrouve, je le fais coffrer bien vite... et, alors... Mais, mon Dieu ! qu'avez-vous donc, belle dame? Vous changez de couleur... vous semblez indisposée?...

— Oui, monsieur, en effet... je ne me sens pas bien... Un étourdissement subit...

— Je vais vous chercher un verre d'eau...

— Merci, je vais rentrer chez moi...

— Alors, daignez accepter mon bras...

— C'est inutile... je préfère marcher seule...

— Mais ce ne sera rien... vous allez nous revenir?...

— Oui, monsieur, oui... ce ne sera rien.

Camille s'est éloignée. Endymion reste seul sous le bosquet.

XXXV

Le corset.

Le monsieur coquet ne sait trop à quoi attribuer la brusque disparition de la personne pour qui il est venu à l'hôtel Pothery. Il se dit :

— D'où peut venir ce mal subit qui a pris à cette jolie femme ?... Serait-ce ce que je lui ai appris au sujet de Saint-Croisy ?... Elle lui avait peut-être aussi confié des fonds !... Oh ! non, ce n'est pas probable ; les dames n'ont pas l'habitude de faire des placements... C'est plutôt ma présence qui l'aura trop vivement émue. Elle a voulu dissimuler cette émotion, et ça lui aura fait mal... Oui... c'est cela... elle est indisposée d'une émotion rentrée... Moi, je sens que mon corset me serre diablement... mais je m'y ferai... Aïe !... il me semble qu'un œillet a craqué...

— Tiens !... tiens... c'est Dufourré !... Ah ! quelle agréable surprise !...

Notre élégant lève les yeux au son d'une voix qui lui est familière, et reconnaît Étienne Vincent qui est en pantalon sale, en savates, en petite veste à demi boutonnée, et sa chemise toute débraillée ; enfin, dans la tenue de quelqu'un qui est chez soi. Toujours avec accompagnement de manuscrit sous le bras et de crayon à la main...

— Comment ! c'est vous, Etienne... vous ici ?

— Comme vous voyez.

— Et dans une tenue qui semblerait annoncer que vous y demeurez ?...

— Ma tenue dit la vérité ; il y a déjà quinze jours que je suis venu m'établir dans cette campagne... On y est bien mieux pour travailler... il n'y a rien de tel que le grand air pour vous donner des inspirations! Madame Pothery ne vous a pas dit que je logeais chez elle?

— Non, elle ne m'a parlé que d'un vicomte qui charme toutes les femmes... Est-ce que c'est vous, Etienne, qui êtes ce vicomte-là?

— Je ne crois pas... D'abord, je ne suis pas venu ici pour m'occuper de femmes... mais pour travailler.

— Vous y faites des statuettes?

— Eh! non... j'y termine mon drame...

— Comment! depuis le temps il n'est pas encore terminé?...

— Mon cher, je suis imbu de ce précepte : *Cent fois sur le métier remettez votre ouvrage*... C'est Boileau qui a dit cela.

— Oui, je sais bien que Boileau a dit cela. Aussi, dans sa vie, il me semble qu'il n'a pas fait grand'chose, Boileau... Vous me rappelez un auteur... c'est-à-dire un homme qui voulait être auteur. Toute sa vie, il a fait la même pièce... Quand elle était finie, il n'en était pas content et la recommençait... il est mort comme il remettait son ouvrage sur le métier pour la trentième fois. Il avait sans doute l'intention de suivre le précepte de Boileau; il n'a pas pu y arriver : c'est malheureux!...

— Oh! soyez tranquille! Moi, je finirai mon drame. J'ai aussi refait le commencement, c'est vrai... mais le fond est le même; je l'ai lu hier à M. Grandbec, qui en a été enchanté... C'est un homme de très-bon conseil; j'avais un portier dans ma pièce, il me l'a fait ôter.

— Vous aviez mis un portier sur le mont Vésuve?... Est-ce qu'il tirait le cordon aux personnes qui voulaient monter sur le volcan?...

— Bon! bon! plaisantez!... Vous ne connaissez plus ma

pièce, elle ne se passe point toujours sur le Vésuve... Je vais vous la lire.

— Non! oh! non!... je ne suis pas venu à la campagne pour me donner cet agrément... Faites ma statuette, cela vaudra beaucoup mieux!

— Impossible... je n'ai pas de cire molle...

— Etienne, puisque vous habitez ici depuis quinze jours, vous avez dû voir ce jeune vicomte dont madame Pothery parle avec tant d'emphase... Est-il vrai qu'il soit si séduisant... et qu'il s'habille aussi bien que moi?

— Il s'habille mieux que vous; car il n'a pas l'air d'étouffer dans sa redingote, comme vous en ce moment...

— J'ai l'air d'étouffer, moi!... Par exemple!... Je ne suis pas serré du tout...

— Que diable avez-vous donc dans le dos qui pointille et vous donne l'air bossu?

— J'ai quelque chose sur le dos?... Un hanneton, peut-être?...

— Non... c'est en dedans. Quelque chose qui finira par percer le drap de votre redingote si vous n'y mettez ordre...

— Ah! mon Dieu!... et où cela?...

— Donnez-moi votre main... Tenez, sentez-vous?...

— Ah! sapristi!... c'est une baleine de mon corset qui s'est échappée de l'ourlet... C'est cela qui a craqué tout à l'heure... Imbécile de Jolibeau!... il a trop serré...

— Quand je vous disais que vous étouffiez!

— Etienne, mon cher ami, soyez gentil... faites-moi le plaisir de passer votre main par-dessous mon gilet... Vous ferez rentrer cette baleine, ou plutôt vous l'ôterez entièrement...

— Désolé de vous refuser, mon cher, mais je ne suis pas femme de chambre pour homme... D'ailleurs, j'aperçois M. Lentille, auquel j'ai promis de lire mon neuvième tableau!... Mais, rassurez-vous, quand on vous voit en face, on ne s'aperçoit pas de ce qui se passe dans votre dos.

Le jeune artiste s'éloigne en riant.

— Oh! les hommes! s'écrie Endymion; il refuse de me rendre ce léger service, parce que je n'ai pas voulu écouter la lecture de sa pièce... Comment donc faire! Je ne puis pas me déshabiller dans ce jardin... ôter mon corset... c'est impossible; il faudrait me mettre tout nu. Si j'allais trouver Rose-d'Amour?... Mais si je la prie de passer sa main sous mes vêtements, elle croira que j'ai des intentions inconvenantes... elle jettera les hauts cris. D'ailleurs, elle irait ensuite apprendre à tous les locataires que je porte un corset!.. Ah! décidément, cette maison m'est fatale!... Bon! voilà les dames qui viennent par ici!... Adossons-nous à un arbre... En appuyant mon dos avec force, je ferai peut-être rentrer cette malheureuse baleine... Je dis baleine, et elle est en acier... Ça doit me donner l'air bossu!.. Je ne me retournerai pas.

Mademoiselle Eolinde s'avançait avec madame Abraham et deux autres dames. Dufourré fait force salutations à la société qui passe devant lui, mais sans s'éloigner de l'arbre qu'il a pris pour dossier. Les dames passent sans s'arrêter:

— Je suis sauvé, se dit Endymion. Et, maintenant, tâchons de gagner le joli pavillon entouré de roses... Une fois dedans, je m'y enferme, et il faudra bien que je parvienne à retirer cette maudite baleine...

Mais, avant d'arriver au pavillon, au détour d'une allée, notre élégant se trouve face à face avec le major.

— Eh! c'est monsieur Dufourré! dit le major en jetant un regard curieux sur les jambes du dandy; vous avez été bien longtemps sans venir nous voir?...

— Oui, en effet... j'ai eu des douleurs... des crampes.

— Dans l'estomac?

— Non... dans les jambes.

Tout en répondant à M. Piquevert, Endymion faisait son possible pour rester de face devant lui ; mais il sent bien qu'il ne peut pas s'en aller à reculons, et cherche dans sa tête comment il fera pour dérober son dos aux regards curieux et perçants de ce monsieur. L'arrivée de M. Grandbec augmente son embarras. Le propriétaire-portier vient se mêler à leur conversation ; il est bientôt suivi de M. Lentille, qui est toujours armé de son télescope, comme Etienne de son manuscrit. Endymion se décide alors à s'adosser de nouveau contre un arbre, espérant que ces messieurs iront rejoindre les dames ; mais ils n'y pensent pas, et les regards du major semblent déjà remarquer l'obstination avec laquelle le beau visiteur frotte son dos contre un marronnier.

Ces messieurs causaient depuis quelque temps, et Endymion se tenait toujours collé contre son arbre, et l'astronome tournait son télescope vers les nuages, lorsque Léoville paraît à l'autre bout du jardin.

— Voici M. le vicomte de Léoville, dit M. Grandbec d'un air respectueux ; il paraît qu'il dîne ici aujourd'hui.

— Tant mieux ! dit le major, il paye presque toujours du champagne au dessert... C'est un charmant convive!...

— Je crois que je lui vois une queue, dit M. Lentille.

— Comment !... Où voyez-vous une queue ?

— A cette étoile qui se montre derrière Vénus...

— Vous voyez des étoiles à présent?...

— Il y en a toujours, monsieur!... Il ne s'agit que de les trouver.

Cependant, en entendant nommer le vicomte, Endymion a fait un mouvement en avant, en s'écriant :

— Où est donc ce vicomte?... de quel côté?

Dans ce mouvement, il s'est éloigné de son arbre, et le major, qui voit tout, s'écrie :

— Ah! mon Dieu!... vous avez donc fait une chute, monsieur Dufourré?...

— Moi! pourquoi cela?... Mais pas du tout...

— Comment donc vous est venue cette bosse dans le dos?...

— Je n'ai pas de bosse dans le dos... vous vous trompez!...

— Tenez, messieurs, voyez plutôt... cela saute aux yeux...

— Ah! je sais ce que c'est!... Oui, oui, c'est ma bretelle qui est cassée... et qui est remontée...

— Ah! c'est votre bretelle?... C'est différent!... Il paraît que vous avez des élastiques bien durs!...

— Oui... ils sont anglais... ça ne prête pas... c'est plus solide...

— Pas déjà si solides, puisqu'ils sont cassés...

La présence de Léoville interrompt cette conversation ; le jeune homme qui, tout en marchant dans le jardin, regardait de côté et d'autre, vient saluer les locataires en leur disant :

— Messieurs, avez-vous aperçu madame Édouard par ici?... Elle n'est pas chez elle... je pense qu'elle est dans ce jardin.

— Je ne l'ai pas aperçue, dit le major.

— J'ai eu l'avantage de voir cette dame, dit Endymion ; j'ai même beaucoup causé avec elle... mais il y a déjà assez longtemps qu'elle a quitté le jardin... Elle rentrait chez elle... se sentant légèrement indisposée...

— Elle serait malade?

— Oh! rien du tout... un étourdissement.. une vapeur peut-être...

— Monsieur est sans doute monsieur Endymion Dufourré? dit Léoville en regardant avec plus d'attention ce personnage qu'il voit pour la première fois.

Endymion prend un air d'importance, et se met bien de face, en répondant :

— Oui, monsieur... je le suis... je l'ai toujours été...

Léoville semble avoir l'intention de continuer la conversation, lorsque madame Pothery paraît au bout d'une allée...

— Ah! je crois que nous allons dîner, dit le major; notre hôtesse vient nous annoncer cette nouvelle... Ôtez donc votre bretelle, monsieur Dufourré, cela doit vous gêner...

— Mais, laissez-moi tranquille, major, ne vous occupez pas de cela...

— Comment! vous allez dîner avec cette bosse dans le dos?... Je vais vous l'ôter, moi, si vous voulez...

— Sapristi! c'est insupportable!... Vous êtes toujours après moi!... Ma bretelle ne me gêne pas du tout... Laissez-moi tranquille, encore une fois!...

— Ah! très-bien... je comprends!... C'est une crampe que vous avez dans le dos.

Madame Pothery a rejoint la société; mais elle est très-agitée et fait de grands gestes, qui annoncent un événement quelconque.

— Ah! mon Dieu!... le rôti doit être brûlé! murmure le major.

— Messieurs!... mesdames... vous me voyez bien surprise... je n'en suis pas encore revenue! s'écrie madame Pothery; j'étais si loin de m'attendre à cela!... Encore si j'en connaissais les raisons!... mais je ne les connais pas...

— Et nous non plus, dit le major. De quoi s'agit-il?...

— De madame Edouard!

— Madame Edouard! s'écrie Léoville. Que lui est-il arrivé, de grâce?...

— Je ne sais pas ce qui lui est arrivé, mais elle est partie...

— Partie !... Comment !... partie tout à fait ?

— Il paraît que oui... C'est Rose-d'Amour qui vient de me remettre ce billet, que cette dame a laissé pour moi... Voici ce qu'il contient, écoutez : « Chère dame, le sort qui m'accable de nouveau m'oblige à quitter sur-le-champ votre maison... Veuillez dire à ceux qui s'informeront de moi que je suis bien malheureuse... mais qu'il est de mon devoir de les fuir pour jamais !... »

— O mon Dieu !... perdue encore !...

— Pardon, monsieur le vicomte, je n'ai pas fini... « fuir pour jamais !... Vous trouverez sur la cheminée de ma chambre l'argent de la quinzaine de mon loyer. » C'est vrai, je l'ai trouvé... Elle me paye même trois jours de trop... « Croyez, chère dame, à mes regrets, et recevez mes remerciments pour les bontés que vous avez eues pour moi !... »

Madame Pothery passe sa main sur ses yeux en murmurant :

— Pauvre chère dame !... elle m'attendrit... Des bontés... je n'en ai pas eu assez !...

— Mais, madame, elle ne peut être loin... elle n'a pu emporter ses effets ?...

— Pardonnez moi, monsieur le vicomte. Voilà comme cela s'est fait, à ce que m'a dit Rose-d'Amour : Un fiacre passait à vide dans la rue. Madame Edouard l'a appelé ; à l'aide du cocher, elle a aussitôt fait descendre sa malle, ses cartons, puis elle a écrit ce petit mot qu'elle a donné à ma cuisinière, en la priant de ne me le remettre qu'à l'heure du dîner... et elle est partie...

— Cela nous privera de la société de cette dame... mais cela ne doit pas nous empêcher de dîner, dit le major.

Léoville court à Endymion, et, se plaçant devant lui, s'écrie, avec un accent où perce la colère :

— Monsieur, c'est vous qui êtes cause du départ de Camille !...

— Moi, monsieur ?... Comment... et pourquoi en serais-je cause? répond le petit lion en cherchant derrière lui un arbre pour s'y adosser.

— Vous avez eu un entretien avec elle aujourd'hui?

— Oui, monsieur... en effet, j'ai causé avec cette dame... Il me semble que cela n'était pas défendu?...

— Elle vous a questionné au sujet de M. de Saint-Croisy?

— C'est vrai... Nous avons parlé d'autres choses aussi... mais principalement de cela...

— Et que lui avez-vous dit de ce monsieur?

— Pardieu ! je lui ai dit ce que j'ai su trop tard malheureusement, que ce Saint-Croisy est un drôle... un fripon... un voleur... qui m'emporte quarante mille francs !...

— Eh! monsieur, voilà justement ce qu'il ne fallait pas dire !...

— Pourquoi donc cela... puisque c'est la vérité ?..

— Il y a des vérités que l'on doit cacher... quand elles font le désespoir de la personne à qui on les apprend...

— Pourquoi le désespoir ?... Saint-Croisy emporterait-il la fortune de cette dame ?...

— Vous voyez qu'elle est partie... qu'elle me fuit de nouveau... que vous faites mon malheur...

— Monsieur, je ne sais pas si je fais votre malheur, mais je sais que je perds quarante mille francs, ce qui n'est pas agréable non plus !

— Eh! monsieur ! je vous les aurais rendus si vous aviez voulu m'aider à tromper Camille...

— Qu'est-ce à dire! Pour qui me prenez-vous, monsieur?... Est-ce que je vous demande l'aumône, moi? Est-ce que je veux recevoir de l'argent de vous?...

— Eh! monsieur! vous ne me comprenez pas...

— Je comprends que votre proposition me blesse... et que je pourrais me fâcher...

Léoville prend le bras d'Endymion et le secoue avec force, en s'écriant :

— Monsieur, prenez garde !... Si je ne retrouve pas Camille, c'est à vous que je m'en prendrai.

Puis, faisant faire une demi-pirouette au beau monsieur, le jeune homme sort du jardin à pas précipités.

— Comment ! monsieur le vicomte s'en va aussi ? dit madame Pothery d'un air pétrifié.

— Je crois que le dîner est servi, dit Grandbec. Rose-d'Amour est déjà venue nous avertir deux fois.

— Y comprenez-vous quelque chose ? demande Endymion. Ce monsieur que je ne connais pas, et qui me menace parce que cette dame est partie...

— Il aura deviné que vous étiez son rival, dit le major ; il soupçonne peut-être que vous savez où elle est...

Endymion semble flatté de cette supposition ; il se caresse le menton en balbutiant :

— Vous croyez ? Oh ! cependant, je vous jure... elle ne m'a rien dit... mais elle était très-émue...

— Voici M. Étienne avec son manuscrit, dit madame Pothery.

— Oh ! alors... sauve qui peut !

— Allons dîner...

— Comment, monsieur Dufourré, vous dînerez avec cette bosse dans votre dos ?...

— Non, major, non, je vais m'en débarrasser.

Et Endymion, s'éloignant à grands pas, sort du jardin, puis de la maison, en se disant :

— A propos de quoi resterais-je davantage dans cette campagne que la belle Camille a abandonnée ?... Je ne veux plus mettre les pieds dans cette maison... où il m'arrive toujours des incidents... désagréables... et qui renferme un tas d'originaux fort insupportables!... Mais, d'après ce que j'ai pu comprendre, la charmante locataire s'est sauvée pour ne plus revoir le vicomte... c'est lui qu'elle fuit... mais ce n'est pas moi !... Essayons donc de la retrouver. Je serais enchanté de la souffler à ce beau monsieur, qui s'est permis de me secouer le bras d'une façon fort inconvenante.

XXXVI

La femme du ciseleur.

Trois heures de l'après-midi venaient de sonner ; un violent orage avait éclaté dans la nuit ; il s'était à peine apaisé au milieu de la journée, et maître Harzmann, que le bruit du tonnerre empêchait toujours de dormir, venait de se retirer dans sa chambre et de s'étendre sur un lit de repos pour y chercher le sommeil qu'il n'avait pu goûter dans la nuit.

Lorsque le ciseleur dormait, personne ne devait entrer dans sa chambre... personne, pas même son fils, ne pouvait approcher de lui ; sa femme seule avait le droit de le veiller ; mais c'était elle-même qui avait établi cette consigne sévère et sur laquelle elle se montrait inflexible.

Plus d'une fois le petit Justin, encore enfant, avait dit à sa mère :

— Maman, pourquoi donc ne veux-tu jamais que j'aille auprès de papa pendant qu'il dort ?... Je te promets que je ne ferais pas de bruit ; je serai bien sage, je ne le réveillerai pas... mais, quand il ouvrira les yeux, je courrai tout de suite l'embrasser, et cela lui fera plaisir.

Hélène regardait alors son fils avec une profonde expression de tristesse, et lui répondait :

— Mon ami, c'est la volonté de votre père que personne ne vienne dans la chambre où il repose. Je dois la faire respecter, et vous devez plus que tout autre encore donner l'exemple de l'obéissance.

— Et pourquoi papa ne veut-il pas qu'on le voie dormir... du moment qu'on ne fait pas de bruit?...

— Mon fils, votre père n'a point à vous rendre compte des motifs qui le font agir... vous devez lui obéir sans murmurer contre ses volontés.

L'enfant avait fini par s'habituer à cette consigne, et, en grandissant, lorsqu'on lui disait :

« Votre père dort. » Il savait bien que cela voulait dire : « Vous ne devez pas le voir maintenant. »

Dans les premiers temps de son mariage avec maître Harzmann, la belle Hélène n'avait point établi cette défense. Mais alors la femme du ciseleur ignorait que son mari, sans être précisément somnambule, parlait fort souvent en rêvant; que, pendant son sommeil, il lui arrivait quelquefois de conter fort distinctement ses plus secrètes pensées, ses souvenirs d'autrefois, ses craintes pour l'avenir, ses terreurs pour le présent. Ce sommeil agité, fatigant, effrayant même, n'était point toujours le partage de Harzmann; il lui arrivait aussi de dormir, sinon paisiblement, mais du moins sans parler. Il est probable que pendant les premiers temps de son mariage avec une femme qu'il aimait passionnément, l'amour avait chassé les idées noires, les souvenirs pénibles ; mais les lunes de miel ne durent pas éternellement; et, en se calmant, l'amour avait laissé revenir les tristes pensées et les rêves agités.

Une nuit, Hélène avait été réveillée par la voix de son mari : il parlait tout haut et fort distinctement. D'abord, la jeune femme, croyant que Harzmann était éveillé, lui avait demandé ce qu'il désirait, mais elle n'avait reçu aucune réponse à sa demande; cependant, son mari avait continué de parler; alors, bien qu'il eût les yeux tout grands ouverts, elle avait reconnu qu'il dormait.

Quelles paroles le ciseleur avait-il prononcées ? Quel secret avait-il révélé ? Par quelle action de sa vie son repos pouvait-il être troublé ? C'est ce que sa femme n'avait jamais dit à qui que ce soit. Gardant pour elle les confidences que son époux lui faisait sans le savoir, Hélène n'avait proféré aucune plainte, laissé échapper aucun reproche ; mais, à dater de ce moment, elle avait établi cette surveillance continuelle, cette consigne sévère qui ne permettait à personne d'approcher de maître Harzmann lorsqu'il dormait; ainsi cette femme prudente et sage, n'avait pas voulu que personne autre qu'elle ne fût mis dans la confidence des mystères que le hasard lui avait fait découvrir.

Mais ce fut aussi à dater de cette époque que la belle Hélène perdit sa gaieté et cet air de douce sérénité qui, auparavant, l'embellissait encore. A la place de ce gracieux sourire que l'on avait vu si souvent errer sur ses lèvres, on ne vit plus qu'une expression sérieuse et froide ; ses yeux se baissèrent avec une tristesse dont on ne comprenait pas la cause, son front devint soucieux, sa voix n'était plus la même, car c'est la voix surtout qui laisse deviner l'état secret de son âme. C'est alors que chacun fit des conjectures, des commentaires sur le changement survenu dans l'humeur et dans le physique de la femme du ciseleur.

— Son mari ne la rend pas heureuse ! disait-on ; la pauvre jeune femme aura découvert chez lui quelque vice qu'il lui avait caché.

Et ce fut à qui obtiendrait la confidence de la jeune femme, à qui parviendrait à savoir ce qui pouvait avoir tout à coup rendu son front si sombre, son abord si sévère. Mais en vain, les commères, les voisines, et celles qui se disaient des amies, mirent en jeu toute leur éloquence pour faire parler Hélène ; celle-ci répondit toujours aux questions :

— Je suis très-heureuse... Je n'ai aucun chagrin... Je ne sais ce que vous voulez dire !... Je n'ai rien à reprocher à mon mari !... Il m'aime toujours autant... Je ne comprends rien à vos questions.

Quand on vit que madame Harzmann était bien résolue à ne rien dire, on cessa de la questionner, puis de s'occuper d'elle ; on ne fit plus attention au changement de son humeur, et il en arriva de cela comme de tout ce qui arrive de nouveau dans le monde : cela surprend d'abord, et au bout de quelque temps on n'y pense plus.

Ce qui paraîtra plus extraordinaire, c'est que, même avec son mari, Hélène garda le silence. Celui-ci était loin de se douter qu'il lui arrivait de parler pendant son sommeil ; il se plaignait à son réveil d'un cauchemar dont il avait souffert et qui souvent rendait ses nuits bien pénibles ; mais il ne savait pas qu'alors il pensait tout haut, et que ce qu'il croyait bien caché au fond de son âme, sa bouche le révélait à ceux qui se trouvaient près de lui.

Il fallait une grande force à cette femme pour conserver dans son sein des secrets dont la révélation avait détruit son bonheur et changé toute son existence. Était-ce par amour pour son mari qu'elle se conduisait ainsi ? Était-ce par pitié, par dignité, par égard pour son enfant ?... Quel que fût le motif qui la faisait agir, Hélène n'était point une femme ordinaire. Il y a des dévouements cachés qui peuvent aller de pair avec des prix de vertu.

Ce jour-là, à la suite de l'orage qui affectait toujours le moral de maître Harzmann, il était rentré dans sa chambre en annonçant l'intention d'y prendre du repos.

Il y avait à peu près une demi-heure que le ciseleur s'était retiré, lorsqu'on entendit retentir la sonnette du carré.

La domestique s'en fut ouvrir; elle savait ce qu'elle devait répondre aux visiteurs.

— Monsieur n'y est pas, dit la bonne à l'aspect d'un homme qu'elle ne reconnut pas, quoiqu'il fût déjà venu plus d'une fois voir son maître. Mais il s'était opéré un si grand changement dans la mise, la tenue et toute la personne de cet homme, qu'il fallait un coup d'œil bien exercé pour le reconnaître d'abord.

Le personnage qui venait de se présenter chez le ciseleur n'était autre que Saint-Croisy; mais ce n'était plus ce monsieur élégant qui allait déjeuner au café Anglais. Maintenant, Saint-Croisy est vêtu d'une blouse bleue, sous laquelle passe un pantalon de velours de coton olive; pour chaussures, il a de gros souliers chargés de clous; autour de de son cou est roulée une cravate de couleur; enfin sur sa tête est une casquette brune, avec une visière fort grande et qui est posée de façon à cacher ses yeux pour peu qu'il tienne sa tête baissée. Enfin il a laissé pousser toute sa barbe, et, bien qu'elle ne soit pas encore longue, elle garnit déjà d'une nuance brune tout le bas de son visage, et lui donne un autre aspect.

— Vous dites que Harzmann n'y est pas?... reprend Saint-Croisy en regardant fixement la domestique. Pas pour des étrangers... c'est possible... mais pour moi, il y est toujours !... Ah! c'est que vous ne me reconnaissez pas... je le conçois... je suis aujourd'hui en costume de voyageur... mais je n'en suis pas moins Saint-Croisy... Voyons, me reconnaissez-vous maintenant?

La paysanne regarde d'un air méfiant celui qui lui parle, puis reprend :

— Ça m'est égal que vous soyez ce que vous voudrez... mais vous ne pouvez pas voir monsieur maintenant.

— Et pourquoi cela?

— Parce que monsieur dort... et, quand il dort, on ne va pas le réveiller...

— Ah! il dort!... quoi! dans le milieu de la journée!...

— Dame! si c'est son idée...

— Eh bien! alors, j'attendrai qu'il soit éveillé.

En disant cela, Saint-Croisy se jette sur le premier siége qu'il aperçoit dans la pièce qui sert d'entrée, mais la domestique va à lui en s'écriant :

— Monsieur, on n'attend jamais ici... Mon maître ne veut pas qu'on reste à l'attendre... Allez-vous-en... Si vous voulez revenir plus tard, vous reviendrez!...

— Laissez-moi donc tranquille, la fille, je ne veux pas m'en aller pour revenir... Je vous dis que j'aime mieux attendre ici.

— Mais puisque je vous dis qu'on ne veut pas que vous attendiez...

— Alors, allez réveiller Harzmann, je n'aurai pas besoin d'attendre...

— Par exemple! réveiller monsieur!... D'abord, personne n'approche de lui quand il dort... excepté madame... Voyons, encore une fois, voulez-vous vous en aller?

— Eh! non! mille fois non, je ne m'en irai pas!

Une porte s'ouvre et Hélène paraît. Elle s'avance d'un air sévère, en disant :

— Que se passe-t-il donc ici?... et qui se permet de faire du bruit dans notre demeure?

— C'est monsieur que v'là, dit la servante, qui demande à parler à maître Harzmann et qui veut l'attendre ici parce que je lui ai dit qu'il dormait.

A l'entrée d'Hélène, Saint-Croisy s'est levé pour la saluer. La femme du ciseleur l'examine un moment ; mais ce temps lui a suffi pour le reconnaître, malgré son déguisement. Alors sa physionomie s'assombrit encore, ses yeux se détournent de ce monsieur avec une expression de mépris et presque de colère; cependant elle commande bientôt à cette impression du moment, et lui dit :

— Ah ! c'est vous, monsieur?... Quel singulier costume avez-vous aujourd'hui ! Il faut bien vous regarder pour vous reconnaître...

— Mais vous ne vous y êtes pas trompée, cependant, madame, ce qui prouve que je ne suis pas encore méconnaissable...

— Je vous ai plutôt deviné que reconnu... car peu de personnes reconnaîtront en vous... monsieur de Saint-Croisy...

— C'est ce que je désire... Je vais voyager... incognito... et, pour voyager, j'aime me mettre à mon aise.

Hélène a fait un signe à sa servante qui sort aussitôt. Saint-Croisy se rassied. La femme du ciseleur prend un siége et s'assied aussi, mais à une place fort éloignée de ce monsieur. Pendant quelques instants, tous deux gardent le silence. Saint-Croisy semble contraint devant Hélène, et celle-ci paraît l'observer attentivement.

Pendant les premières années de son mariage, Hélène n'avait jamais entendu parler de cet ami de son mari; ce fut seulement vers la fin de la troisième année qui suivit cette union, que ce monsieur se présenta chez maître Harzmann qui, à son aspect, parut éprouver une émotion violente et comme une espèce de terreur; puis le ciseleur s'était enfermé avec son ami et avait eu avec lui un long entretien; mais, lorsque sa femme lui avait demandé quel était ce monsieur dont il ne lui avait jamais parlé, Harzmann n'avait fait que des réponses évasives et s'était empressé de changer l'entretien.

Alors la mise de Saint-Croisy était fort modeste; alors aussi sa physionomie avait un autre aspect : il portait des favoris épais, de longues moustaches et affectait de se tenir voûté. A cette époque, ses visites avaient été rares; mais, lorsqu'il venait chez maître Harzmann, celui-ci s'empressait de s'enfermer avec lui, et personne, pas même sa femme, ne connaissait le sujet de ces secrets entretiens.

Quelques années s'étaient écoulées, sans que cet ami mystérieux revînt chez le ciseleur. Lorsqu'il s'y était présenté de nouveau, c'était sous une autre physionomie; alors c'était M. de Saint-Croisy dans tout son brillant : belle toilette, manières élégantes, beaucoup d'aplomb, de suffisance même, affectant enfin les manières d'un homme qui va dans le grand monde. Maître Harzmann semblait toujours éprouver une sensation désagréable à chacune de ses visites, qui, du reste, avaient été rares, mais se passaient constamment avec le même mystère.

Saint-Croisy n'avait donc eu que fort peu de rapports avec la femme de celui qu'il nommait son ami. Cependant, ces courtes relations avaient suffi pour qu'Hélène manifestât une profonde répulsion pour lui, car elle avait remarqué l'effet que sa présence produisait sur son mari, puis la sombre préoccupation dans laquelle Harzmann restait plongé après les entretiens secrets qu'il avait avec Saint-Croisy. Peut-être avait-elle encore d'autres motifs que, selon sa coutume, elle cachait au fond de son cœur.

En revoyant cette fois Saint-Croisy sous le costume d'un ouvrier, il n'est donc pas surprenant qu'elle l'ait reconnu ou plutôt deviné, ainsi qu'elle le lui a dit, et l'on comprend pourquoi cette femme, qui doit penser qu'il existe un lien mystérieux entre cet homme et son mari, l'observe avec autant d'attention et semble chercher à lire dans le fond de sa pensée.

C'est Saint-Croisy qui, le premier, a rompu le silence.

— Est-ce que Harzmann se sentait malade, qu'il a eu besoin de dormir dans la journée?

— Non, monsieur; seulement, l'orage l'empêche toujours de goûter le moindre repos... et celui de cette nuit a été terrible.

— Oui... je le crois... Du reste, j'y ai peu fait attention... je n'ai pas peur de l'orage, moi !

— Cela ne vous empêcherait pas de voyager ?...

— Nullement... J'aime beaucoup à courir le monde...

— Et vous aimez aussi à changer de forme... de costume... d'aspect, enfin ?

— Oui, cela m'amuse... ça procure des aventures piquantes !... C'est cela que je cherche...

— Mais, en changeant de mise, il est probable que vous changez de nom aussi... Il me semble que celui de Saint-Croisy irait mal avec cette blouse et cette casquette !

— Vous trouvez ?...

— Vous en avez déjà porté d'autres sans doute... La première fois que vous êtes venu voir mon mari... après notre mariage... je crois que c'est sous un autre nom que vous vous êtes fait annoncer...

— Vous croyez ? répond Saint-Croisy en regardant Hélène avec une expression singulière. Mais non... à moins que je n'aie dit seulement Oswald, qui est mon prénom...

— Il me semble que ce n'est pas ce nom-là que j'ai entendu... Ne vous appelez-vous pas aussi Bouginier ?

En entendant prononcer le nom de Bouginier, Saint-Croisy devient livide ; il n'est pas maître d'un brusque mouvement de terreur. Puis, portant ses yeux sur Hélène, il attache sur elle des regards qui ont l'expression du tigre, et semblent chercher à fasciner, à jeter l'épouvante. Mais la femme du ciseleur soutient ce regard avec un grand calme et sans se troubler. Puis elle reprend :

— Est-ce que vous ne m'avez pas entendue ?

— Pardonnez-moi, répond Saint-Croisy en cherchant à se remettre, mais je ne sais pas ce que vous voulez dire... Le nom que vous venez de prononcer m'est entièrement inconnu... c'est la première fois que je l'entends... A qui donc l'avez-vous entendu prononcer?...

— Mon Dieu ! je ne me le rappelle pas... Ce nom me revient à la mémoire... quelqu'un l'aura dit devant moi... mais il me serait impossible de dire qui... Au reste, cela a peu d'importance...

Saint-Croisy ne répond rien ; mais, à dater de ce moment, sa figure prend une expression plus sombre ; il jette autour de lui des regards inquiets et soupçonneux, et ne paraît pas disposé à continuer l'entretien.

Cinq minutes s'écoulent ; alors un timbre se fait entendre, et Hélène se lève en disant :

— Mon mari est éveillé.

Elle quitte la chambre, laissant Saint-Croisy seul. Celui-ci semble toujours absorbé dans de sombres pensées. Enfin, la servante revient dire :

— Not' maître attend monsieur... Si vous voulez venir par ici...

Saint-Croisy se lève brusquement, traverse une chambre qu'on lui ouvre et entre dans celle où est maître Harzmann. Celui-ci fait un salut assez froid à son ancienne connaissance, ne paraît aucunement surpris de le voir sous un nouveau costume, et lui montre un siège en lui disant :

— Bonjour... Vous avez à me parler... Asseyez-vous.

— Non, je ne m'assiérai pas... et je ne vous parlerai pas ici... car on n'est pas en sûreté chez vous ! répond Saint-Croisy à demi-voix et d'un ton irrité.

— Comment !... que voulez-vous dire ?... je ne vous comprends pas.

— C'est cependant fort simple : je dis que probablement, quand nous sommes ensemble, il y a quelqu'un de caché près de ces murailles, qui écoute, qui entend nos paroles...

— Et qui donc chercherait à nous écouter ?... Il n'y a ici

que ma femme et ma servante... Celle-ci travaille toujours dans sa chambre ; et vous ne soupçonnez pas, j'espère, ma femme de se livrer à cet espionnage?

En disant cela, la voix du ciseleur a pris un accent menaçant; il s'est levé, et ses yeux ont lancé des éclairs, car sa femme était pour lui un objet de vénération, et celui qui se serait permis d'en dire du mal aurait sur-le-champ éprouvé les effets de sa colère. Saint-Croisy n'ignorait pas jusqu'à quel point Harzmann portait ce sentiment d'estime et d'amour pour sa femme ; aussi s'empresse-t-il de répondre :

— Si ce n'est pas votre femme qui nous a écoutés, alors, c'est vous qui m'avez trahi !...

— Moi !... je vous ai trahi !...

— Il le faut bien... sans cela, expliquez-moi comment votre femme saurait mon nom... mon véritable nom?... Elle vient de le prononcer devant moi, en me demandant si je ne me nommais pas ainsi... et vous savez bien que ce n'est pas moi qui le lui aurais dit... vous savez quel intérêt j'ai à ce qu'on ne prononce jamais ce nom !... Qui le lui a dit ?... Ce ne peut donc être que vous, puisqu'il n'y a que vous ici qui le sachiez...

Harzmann semble confondu ; il balbutie :

— Hélène vous a appelé Bouginier ?...

— C'est-à-dire qu'après m'avoir demandé si je n'avais pas souvent changé de nom, elle m'a dit : « N'avez-vous pas aussi porté celui de Bouginier ?... »

— C'est inconcevable... Je suis bien certain de ne vous avoir jamais donné ce nom devant elle... ni devant d'autres, car je ne vois plus personne !...

— Alors, comment le sait-elle ?... Vous devez comprendre maintenant que je ne me soucie point de causer chez vous de mes affaires... Voulez-vous sortir avec moi?...

— Je ne sors jamais dans le jour.

Saint-Croisy fait avec ses épaules un mouvement de pitié, puis reprend :

— Eh bien ! le soir, alors... mais ce soir même... car je n'ai pas de temps à perdre... Voyons... où serez-vous, ce soir, à neuf heures, pour que je m'y trouve aussi ?

Le ciseleur réfléchit quelques instants, puis répond à voix basse

— Ce soir... à neuf heures... je me promènerai sur les bords du canal, après le pont de la rue d'Angoulême... de ce côté, en remontant vers la place de la Bastille...

— C'est bien, c'est entendu... j'y serai... Ah ! faites-moi le plaisir de m'apporter cinq cents francs en or... je n'ai plus le sou !... Ce diable de lansquenet !... J'ai joué avec des gaillards qui étaient encore plus forts que moi... cela m'a étonné... il y a de grands talents à Paris !... Cela ne vous contrarie pas de me prêter cette somme ? Je sais que je vous dois déjà quelques mille francs... mais soyez tranquille... quand la grande affaire sera terminée, je vous rendrai tout cela en bloc...

— Vous aurez les cinq cents francs.

— Merci... et j'espère qu'avant peu... mais adieu... ce soir nous causerons...

— Adieu... à ce soir.

Saint-Croisy quitte Harzmann. En traversant la pièce d'entrée, il y retrouve Hélène qui le regarde fixement, et devant laquelle il se contente d'incliner la tête en passant rapidement.

XXXVII

Promenade dangereuse.

En sortant de la maison dans laquelle demeure Harzmann, Saint-Croisy aperçoit un tout jeune homme en blouse et en casquette, arrêté devant la porte, et qui semblait attendre quelqu'un ; il ferait peu attention à cette circonstance, s'il ne remarquait que ce jeune homme le regarde d'une façon étrange et comme quelqu'un qui cherche à reconnaître sous sa blouse bleue le personnage élégant d'autrefois.

Cette persistance à le considérer irrite Saint-Croisy, qui est sur le point d'aller interpeller Sincère (car on a dû deviner que c'était lui) pour lui demander le motif de son obstination à le regarder. Mais il réfléchit qu'une discussion en pleine rue ne manquerait pas d'attirer sur lui l'attention des passants, des badauds, et qu'en ce moment c'est justement ce qu'il doit éviter. Il se met à marcher très-vite, gagne les boulevards, les traverse, se perd dans la foule et entre enfin dans un café qui fait le coin d'une rue ; là il se place à une table d'où l'on ne peut être vu du dehors.

Il n'y a pas trois minutes qu'il est assis, ayant une chope devant lui et la tête penchée sur un journal qu'il ne lit pas, lorsque le tout jeune homme qui l'a examiné avec tant d'attention entre à son tour dans le café, passe en revue les personnes qui s'y trouvent, l'aperçoit et vient se placer à une table qui est vacante tout à côté de la sienne.

Saint-Croisy ferme ses poings avec colère, en se disant :

— Décidément c'est bien à moi que ce gamin-là en veut... Est-il envoyé sur ma piste par quelques concierges des hôtels où j'ai fait des poufs ?... Nous allons tirer cela au clair.

Sincère a aussi demandé de la bière. De temps à autre il jette sur Saint-Croisy un regard tant soit peu moqueur, qui signifie assez clairement :

— Vous avez eu beau vous déguiser... vous voyez bien que je vous ai reconnu.

Au moment où l'on apporte la chope pour Sincère, Saint-Croisy dit au garçon :

— Mettez donc la chope de monsieur sur ma table,.... cela nous sera plus commode pour causer.

Le garçon, qui pense que ces deux individus se connaissent, fait ce qu'on lui dit, et Sincère, quittant sa place, va aussitôt s'asseoir vis-à-vis de Saint-Croisy, qui lui dit, en le regardant à son tour attentivement :

— N'est-ce pas que j'ai bien fait de dire qu'on vous serve sur ma table ?...

— Pourquoi cela, monsieur ?

— Puisque vous prenez tant de plaisir à m'examiner, cela vous sera plus commode pour me regarder...

— En effet, cela m'est plus commode...

— Et maintenant, mon petit bonhomme... car vous n'êtes pas encore un homme tout à fait...

— Monsieur !...

— Laissez-moi donc parler... vous aurez votre tour. Vous allez, s'il vous plaît, me dire pourquoi dans le faubourg Saint-Martin, vous m'avez regardé d'une façon si impertinente, que, si vous n'aviez pas été un morveux, je vous aurais tout de suite appris qu'il n'est pas permis de toiser un homme comme cela.

Au mot *morveux*, Sincère a mordu ses lèvres, il se lève à demi, empoigne sa chope de sa main droite, et, la mettant tout contre le visage de son vis-à-vis, lui dit d'une voix entrecoupée par la colère :

— Vous m'avez appelé morveux !..... S'il vous arrive encore de me donner de pareils noms, je vous casse ce cruchon sur la tête pour vous apprendre que les petits bonshommes comme moi ne craignent pas les hommes comme vous.

Saint-Croisy s'aperçoit qu'il a affaire à un garçon qui n'a pas peur, et chez qui la valeur a devancé le nombre des années ; alors, changeant de ton et tâchant de donner à sa figure une expression de bonhomie, il répond :

— Mon Dieu ! vous vous fâchez bien vite... et pour un mot qui n'a point d'importance ! Il me semble, cependant, que si quelqu'un de nous deux doit se fâcher, c'est plutôt moi que vous... car, enfin, pourquoi m'avez-vous suivi?... vous avez donc quelque chose à me dire ! Eh bien ! alors, parlez, je vous écoute... à moins que vous ne soyez chargé d'une de ces commissions secrètes que l'on ne peut pas avouer.

— Je puis avouer tout ce que je fais, monsieur, et je ne crains pas de le dire... Je vous ai regardé avec beaucoup d'attention, parce qu'au premier abord il m'a semblé reconnaître en vous un homme qui s'appelle Saint-Croisy... Oh ! la mise n'est plus la même : il était fort élégant, vous êtes mis en simple artisan... vous laissez pousser votre barbe et il n'en portait pas... Mais, voyez-vous... les yeux... l'expression du regard, voilà ce qu'on ne peut changer... La vôtre m'avait tellement frappé quand je vous ai vu, il y quelques semaines, descendre de voiture devant le café Anglais, qu'elle était restée là... gravée dans ma mémoire... Et voilà pourquoi je suis demeuré tout saisi en vous retrouvant sous un autre costume.

— Tout cela prouve, jeune homme, qu'il y a des ressemblances très-singulières !... dit Saint-Croisy en se versant de la bière d'un air d'indifférence. Car je ne me suis jamais appelé Saint... Saint-Croisy... je n'ai jamais porté d'autre costume... et je ne suis jamais entré au café Anglais... c'est trop cher pour ma bourse !

Sincère le regarde longtemps, puis reprend :

— Ainsi vous n'êtes pas monsieur de Saint-Croisy ?

— Je n'ai pas cet honneur ! Mais c'est donc quelque chose de bien important qui vous fait chercher ce personnage avec tant d'ardeur?... Est-ce qu'il vous doit de l'argent?...

— Qu'est-ce que cela vous fait, puisque vous m'assurez que ce n'est pas vous !

— Oh ! rien du tout... c'était pour parler... A votre santé.

Et Saint-Croisy avance son verre pour choquer celui du jeune homme ; mais celui-ci retire vivement le sien, en disant :

— Je ne trinque qu'avec les personnes que je connais.

Puis, appelant le garçon, il le paye et se lève en disant à son vis-à-vis :

— Puisque vous n'êtes pas Saint-Croisy, je n'ai plus affaire à vous... mais, si vous m'avez menti... nous nous reverrons.

— Singulier petit bonhomme ! se dit Saint-Croisy lorsque Sincère a quitté le café. Que pouvait-il me vouloir ?... Je ne sais pourquoi sa présence m'était désagréable...

On était au mois de septembre, le temps était encore à l'orage, et à neuf heures du soir il passait fort peu de monde sur les bords du canal, surtout à l'endroit que le ciseleur avait choisi pour son rendez-vous.

Saint-Croisy y arrive le premier. Il se retourne souvent pour s'assurer qu'il n'est pas suivi, puis il s'assied sur la chaîne qui sert de garde-fou au canal, en se disant :

— Harzmann ne tardera pas... Il est toujours exact... il sait bien que je n'aime pas à attendre.

En effet, le ciseleur ne tarde pas à se montrer sur le quai. Lui aussi regarde souvent derrière lui ; mais Saint-Croisy fait entendre une petite toux particulière ; alors Harzmann est bientôt près de lui. Il présente un rouleau à celui qui l'attendait, en lui disant :

— Tenez... voilà vos cinq cents francs...

— Ah ! merci, mon cher, merci... je vous rendrai cela avec le reste...

— Mais il n'y a pas longtemps que vous étaliez un luxe !... Je croyais que vous aviez fait fortune...

— En effet, j'ai eu un beau moment... grâce à un imbécile à qui j'avais vendu des promesses d'actions, pour des soi-disant mines de charbon... Mais, que voulez-vous !... Je ne sais pas garder de l'argent, moi... Vous me connaissez... je suis toujours le même !... Vous, c'est différent... vous avez su, avec ce que vous aviez, faire fortune, vous arrondir...

— A quel prix... ô mon Dieu !...

— Vous avez fait un beau mariage... Vous avez épousé la femme que vous adoriez...

— Oui.:... oui..... mais je n'en suis pas moins misérable...

— Ah ! vous allez recommencer vos jérémiades ?... Je vous demande un peu à quoi cela sert !... Mais il ne s'agit pas de cela... figurez-vous, mon cher, que j'ai retrouvé ma fille...

— Ah ! vous l'aviez donc perdue ?

— Vous savez bien qu'elle s'était enfuie de chez moi lorsque j'habitais Vienne... puis, qu'elle avait été admise dans le château de Lovenstein comme demoiselle de compagnie ?...

— C'est possible, je l'avais oublié...

— Vous prenez bien peu d'intérêt ce qui me regarde, Harzmann... vous savez pourtant que je vous ai dit cent fois : « Il faut que Camille fasse ma fortune... Elle est belle, elle a des talents, de l'esprit... elle tournera la tête à quelque riche seigneur ou financier, et, comme elle ne voudra pas être sa maîtresse, il faudra bien qu'il l'épouse... »

— Oui, je me souviens maintenant que ce fut toujours là votre espoir... Eh bien !... s'est-il réalisé ?

— Pas encore... Les choses étaient cependant en bon chemin: Un jeune homme fort riche... un vicomte, s'était épris de Camille. Mais, madame de Lovenstein étant morte, ma fille a dû quitter son château... Cette sotte-là avait refusé d'épouser le vicomte !...

— Pour quel motif ?

— Eh ! que sais-je !... des bêtises... des préjugés !... Elle aura probablement craint de lui donner un beau-père qui ne jouit pas d'une excellente réputation. Pendant quelque temps, j'ai perdu Camille de vue... Impossible de découvrir où elle s'était cachée... Mais je connaissais l'adresse du vicomte à Paris... et je savais que lui aussi cherchait toujours Camille, d'où je devais naturellement conclure qu'il en était toujours amoureux. Enfin, il y a quelques semaines, en allant par hasard dans une maison aux Prés-Saint-Gervais, j'y retrouvai Camille... toujours belle, fière, et aussi peu aimable avec moi... Je me disposais, par un avis indirect, à faire savoir au vicomte où se trouvait l'objet de ses amours, lorsque je le rencontrai lui-même qui se rendait à la campagne de Camille. « Bon ! me dis-je, cette fois je dois toucher au but !... Ma fille ne résistera pas toujours aux prières d'un fort joli garçon qui veut la faire vicomtesse. » Eh bien ! pas du tout !... Croiriez-vous que cette mijaurée vient encore de disparaître de la maison des Prés, et que voilà son amoureux obligé de la chercher de nouveau !...

— Et vous ne devinez pas ce qui a pu lui faire encore prendre ce parti ?...

— Ma foi, non !... c'est-à-dire... il y a peut-être là-dedans les propos de cet imbécile !... à qui j'avais dit avoir des mines de charbon... Il allait souvent à la maison des Prés-Saint-Gervais ; il aura crié, pesté après moi... il m'aura fort mal arrangé devant tous les locataires de cette campagne... et c'est encore cela qui aura décidé Camille à fuir le vicomte.

— C'est probable, en effet...

— Il faut pourtant que j'en vienne à mes fins... et, pour

cela, j'ai imaginé un moyen qui réussira, je l'espère. Je vais écrire à Camille une lettre bien touchante, bien attendrissante, dans laquelle je lui dirai que je me repens de mes fautes... que j'ai honte de ma vie passée, que je suis décidé à changer de conduite ; que pour cela je pars pour l'Amérique, d'où je ne reviendrai que si je suis en position de réparer mes erreurs passées. Que dites-vous de cela ?

— C'est assez adroit, en effet, mais je n'y vois qu'une difficulté : comment ferez-vous parvenir cette lettre à Camille, puisqu'elle a disparu de nouveau et que vous ignorez où elle est maintenant ?

— Oh ! ceci est un obstacle qui tombera bientôt !... Je retrouverai Camille ; elle doit être à Paris. Sous ce costume, il m'est plus facile de me livrer aux recherches... J'avais d'ailleurs des raisons pour cesser d'être maintenant le brillant Saint-Croisy. Ne m'aiderez-vous pas un peu, Harzmann, à retrouver celle sur qui je fonde mes espérances de fortune ?...

— Ne comptez pas sur moi. Je ne puis prendre aucune information...

— Cela vous intéresse cependant aussi... L'argent que je vous emprunte, je ne puis vous le rendre que si mon plan réussit..

— Vous ! me rendre ce que vous me devez !... Vous ne me le rendrez jamais !... et j'en ai fait mon deuil... Si vous aviez eu l'envie de vous acquitter avec moi, pourquoi ne l'avez-vous pas fait il y a quelque temps... lorsque ce M. Dufourré... cet imbécile, vous a remis quarante mille francs ?... Cela vous est échappé en causant avec moi... mais vous ne m'avez pas même proposé un à-compte !... et il en sera de même si en effet vous parvenez à vous faire donner de l'argent par votre... Camille !...

— Ah ! c'est là votre idée ?... Diable ! mais vous n'avez pas trop bonne opinion de moi ?

— Vous savez bien que je ne puis pas en avoir d'autre !...

— Décidément, vous n'êtes pas gentil, ce soir, Harzmann... Parce que j'ai fait sauter lestement quarante mille francs !... Eh ! mon Dieu, qu'est-ce que c'est que cela pour quelqu'un qui aime à jouir de la vie ?... Une bagatelle !... Quand je ferai chanter la petite, j'en aurai bien d'autres.

— Je ne sais pas ce que vous aurez, mais, je vous le répète, comme je sais que l'argent que je vous donne est perdu pour moi, vous trouverez bon qu'à l'avenir je refuse toute demande que vous pourriez me faire !... Voilà, depuis que je suis marié, onze mille cinq cents francs que je vous donne... Oh ! il n'y a pas d'erreur... Je l'ai mis en écrit... j'ai une modeste aisance, et point de fortune, comme vous le disiez tout à l'heure... mais cette aisance... qui m'a coûté si cher à acquérir... elle est maintenant l'avenir de mon fils. Et si je continuais à satisfaire à vos dépenses, j'y porterais atteinte... voilà ce que je ne veux pas ! Ainsi, c'est bien entendu... vous ne me demanderez plus d'argent ?

Saint-Croisy quitte la place où il était assis et fait quelques pas en murmurant :

— Ah ! c'est comme cela !... Ah ! voilà comme vous agissez avec un ancien ami.

— Ne me donnez donc pas ce nom !... Est-ce qu'il peut y avoir de l'amitié entre nous !...

— Soit !... Je suis toujours bien aise d'être averti... car j'aurais pu compter sur vous !... Je croyais mériter plus d'égards...

Harzmann hausse les épaules et ne répond rien. Saint-Croisy reprend :

— Car, enfin... vous le prenez sur un ton... dont il me serait facile de vous faire changer !...

— Je ne crois pas... Vous ne pourriez rien dire contre moi, sans vous perdre aussi... et vous aimez trop la vie pour compromettre la vôtre.

Le ciseleur avait aussi quitté sa place, il se promenait tout près du bord de l'eau, dont il regardait les reflets. Saint-Croisy, par un mouvement rapide, enjambe par-dessus la chaîne et s'avance vers Harzmann ; mais celui-ci se retourne et semble préparé à tout. Le monsieur en blouse bleue se rassied alors sur sa chaîne en murmurant :

— Je sais bien pourquoi vous m'annoncez que vous ne me prêterez plus d'argent... c'est votre femme qui vous l'aura défendu.

— Ne mêlez point ma femme à tout ceci ! répond le ciseleur d'un ton impératif. Hélène, grâce au ciel ! ne sait rien des affreux secrets qui nous lient... Ah ! si elle les connaissait... je ne pourrais plus supporter sa vue... Je n'aurais plus qu'à mourir... et ce serait bientôt fait...

— Votre femme ne sait rien ? Alors, pourquoi m'a-t-elle jeté à la face ce nom de Bouginier ?...

— Je n'y comprends rien !... À moins que pendant mon sommeil... votre nom ne soit sorti de mes lèvres...

— Diable !... si vous parlez en dormant, il faut prendre garde... cela pourrait être dangereux !...

— Ah ! ne me dites pas cela... de grâce !... vous me faites frémir !... Mais, non, cela n'est pas... Hélène m'aurait demandé des explications... j'aurais remarqué un changement dans ses manières avec moi... Non... non... je m'alarme à tort !... Je pense que vous n'avez plus rien à me dire... je vais rentrer... Bonsoir !

— Vous ne voulez pas me seconder dans mes recherches pour retrouver Camille ?...

— Je vous ai dit quelle existence je mène à présent... Vous voyez bien que je ne puis en rien vous être utile ; et, d'ailleurs...

— D'ailleurs... quoi ? s'écrie Saint-Croisy en fixant sur le ciseleur des regards perçants.

— Rien ! répond Harzmann en pinçant fortement ses lèvres. Puis il s'éloigne en reprenant le chemin par lequel il est venu. Saint-Croisy le regarde s'éloigner en murmurant :

— Ah ! malheur à toi si j'ai découvert quelle était ta secrète pensée !...

XXXVIII

Changement à vue.

Lorsque Camille avait appris par Endymion qu'en plein café on avait traité d'escroc et de voleur l'homme qui avait le droit de la nommer sa fille, son parti avait été pris, et nous avons vu qu'à peine remise de l'émotion que lui avait causée le récit de l'élégant Dufourré, elle l'avait quitté vivement pour se rendre à la hâte chez elle.

Camille savait que Léoville devait venir dans la journée aux Prés-Saint-Gervais ; elle ne voulait pas attendre son arrivée pour fuir de l'hôtel Pothery. La jeune femme se défiait encore de sa faiblesse, et cependant sa résolution était bien arrêtée ; elle s'était dit : « La fille d'un homme que l'on traite publiquement de voleur ne peut pas, ne doit pas devenir la femme du vicomte Léoville ; car, tôt ou tard, il rougirait de lui avoir donné son nom. »

Pendant que Camille faisait à la hâte un paquet de ses effets, un fiacre, qui avait amené du monde à la campagne et s'en revenait à vide, avait passé dans la grande rue des Prés. Appeler le cocher, lui faire prendre ses effets, monter dans la voiture et partir, tout cela avait été pour la jeune femme l'affaire de quelques minutes, et en se jetant dans la voiture, elle avait simplement dit au cocher :

— A Paris !

Mais après avoir descendu la route de Pantin, au moment de passer la barrière, le cocher avait arrêté ses chevaux, et, tournant la tête vers l'intérieur de la voiture, avait dit à la personne qu'il conduisait :

— Ma petite dame, voilà que nous allons entrer dans Paris... dans quel quartier faut-il vous mener ?... car, alors, je saurai si je dois prendre cette barrière ou une autre.

Où faut-il aller ? cette question que le cocher lui adressait, Camille se la faisait à elle-même depuis qu'elle était dans le fiacre, et elle n'avait pas encore pu y répondre d'une façon satisfaisante. Un moment, elle avait songé à retourner près de la grand'mère de Sincère; elle savait bien que la bonne madame Monclair serait heureuse de la recevoir, de lui offrir un asile chez elle, mais elle avait dû renoncer à ce projet, en se disant :

— Léoville sait maintenant que c'est dans cette maison que j'ai demeuré longtemps ; il connaît le tendre attachement que me portent Sincère et sa vieille mère ; c'est là qu'il ira d'abord me chercher, et je connais la franchise de mon jeune ami ; il voudra en vain dissimuler, il ne sait pas mentir... Léoville apprendra bientôt la vérité. Si je veux qu'il ne me retrouve plus, si je veux pour toujours échapper à ses recherches, il faut que mes bons amis ignorent aussi ma retraite... sans quoi, les visites de Sincère la feraient bien vite découvrir. Mais où donc aller ?... que devenir ?... que faire pour que l'on ne me retrouve plus ?... Je ne puis cependant me condamner à vivre éternellement dans une chambre sans en sortir... Quitter Paris !... où irais-je ?... Et, d'ailleurs, si je ne veux plus que ceux que j'aime me voient, je ne veux pas me condamner, moi, à ne plus les apercevoir... je veux pouvoir quelquefois me donner le plaisir de les contempler ; je veux, sans qu'ils s'en doutent, jouir de leur présence... ce sera mon seul bonheur ; et, si je quittais Paris, il me faudrait aussi y renoncer... Non, je resterai à Paris... il faut seulement qu'on ne me reconnaisse pas !...

Pendant que Camille se disait tout cela, la voiture marchait toujours, et lorsque enfin le cocher s'arrête au moment d'entrer dans Paris et lui demande dans quel quartier il doit la conduire, elle répond en balbutiant :

— Prenez cette barrière... conduisez-moi ensuite sur les boulevards. Je cherche un magasin... je vous dirai où il faudra m'arrêter.

La voiture repart ; on entre dans Paris, on arrive sur les boulevards. Tout à coup, en passant devant un grand magasin de vêtements pour homme, une idée surgit à Camille ; aussitôt elle fait arrêter le cocher, descend et entre dans les magasins.

Les commis s'empressent autour de la jeune femme :

— Que désire madame ?

— Un vêtement complet pour un jeune homme.

— Très-bien, madame. Quelle taille... quelle grosseur à peu près ?

— Ma taille, mince comme moi... Prenez vos mesures comme si c'était pour moi.

— Oh ! alors, c'est très-facile... Vous voulez le pantalon, le gilet, et le paletot ou l'habit ?

— Le paletot, et tout cela un peu large... Ah ! s'il y avait aussi moyen d'avoir la cravate, un chapeau et des bottes ?...

— Oui, madame, nous vous aurons tout cela... Il y a un chapelier en face et un bottier à côté... Des cravates, nous en avons dans le meilleur goût.

Camille a bientôt fait choix d'un paletot, d'un pantalon et d'un gilet. Le chapelier apporte plusieurs chapeaux ; elle prend celui qui va à sa tête. Le bottier apporte des bottes ; elle montre son pied en disant que c'est pour un pied semblable. En fort peu de temps, elle a tout ce qui complète le costume d'un homme. On porte tout cela dans sa voiture ; elle y remonte elle-même et dit au cocher :

— Aux Champs-Élysées !

Et le cocher referme la portière en murmurant :

— Bon ! mes chevaux ont de l'agrément.

A peine Camille est-elle dans la voiture, qu'elle baisse les stores, puis procède à un changement de toilette complet. Après s'être débarrassée des vêtements de son sexe, dont elle ne garde que ce qui peut ne point lui être incommode sous ceux d'un homme, elle met les bottes, passe le pantalon, le gilet, noue la cravate autour de son cou et endosse enfin le paletot. Tout cela lui va bien. Plusieurs fois, dans son adolescence, Camille s'était amusée à se mettre en garçon ; chez madame de Lovenstein, pour courir dans la campagne, elle avait souvent revêtu les habits qu'un jeune apprenti-jardinier avait laissés au château, lorsqu'il avait dû endosser l'uniforme du soldat.

La toilette est terminée, et le changement serait complet si les beaux cheveux de la jeune femme ne trahissaient pas son sexe, et ces cheveux-là empêchent le chapeau d'homme de bien tenir sur sa tête ; il faut se résigner à en faire le sacrifice. Camille prend de grands ciseaux dans sa valise, et, en un instant, les beaux cheveux bruns sont coupés... pas sans que l'on pousse de gros soupirs, car de beaux cheveux sont la plus charmante parure d'une femme ! Rien ne remplace cela... excepté une perruque.

Les cheveux une fois coupés, la transformation est complète ; Camille est un jeune et joli garçon de dix-huit à dix-neuf ans, et maintenant son air sérieux, la pâleur de son visage, servent merveilleusement à lui donner un air masculin.

La jeune femme relève les stores de la voiture ; le cocher entrait dans l'avenue des Champs-Élysées. Camille se rappelle qu'avant de demeurer dans la même maison que Sincère, elle a habité quelques jours dans une maison de l'allée des Veuves, dont la concierge était fort obligeante et lui sous-louait une petite chambre à peu près meublée. Aussitôt elle crie au cocher :

— Allée des Veuves... je vous avertirai où je vais.

On arrive bientôt à l'endroit désigné. Camille reconnaît la maison et crie au cocher d'arrêter. Celui-ci descend de son siège pour ouvrir la portière et pousse un cri de surprise en voyant sortir de son fiacre un homme, au lieu d'une femme qu'il conduisait.

— Ah ben ! en voilà une bonne !... les jupons qui sont devenus des culottes ! s'écrie le cocher en accompagnant ces paroles d'un gros rire bête.

Mais Camille se hâte de lui mettre dix francs dans la main en lui disant :

— Taisez-vous !... C'est une gageure que j'ai faite, ne me trahissez pas.

— Oh ! soyez tranquille... ma bourgeoise... ou plutôt mon petit bourgeois... du moment que ça vous amuse, assez causé ! Nous ne sommes pas en carnaval, c'est vrai ; mais nous voyons des gens qui se déguisent toute l'année... c'est une occupation comme une autre.

— Restez ici un moment pendant que je vais entrer là.

— Oui, bourgeois... ou bourgeoise. Mais c'est que ça vous va joliment tout de même !... Vous portez ça crânement !

Camille entre dans la maison et y retrouve heureusement la même concierge, à laquelle elle demande si elle peut lui donner une chambre dans sa maison.

Pendant qu'elle parle, la concierge l'examine, puis elle lui dit :

— C'est singulier, monsieur, je ne vous connais pas, et pourtant votre figure me rappelle quelqu'un...

— Ma sœur, madame, qui a logé chez vous il y a deux ans environ... madame Édouard.

— Madame Édouard... Ah! c'est cela... une charmante petite dame... Elle n'est restée que peu de temps ici, parce que ce quartier était trop éloigné... elle avait peur en rentrant le soir. Ah! vous êtes son frère.... oui, vous lui ressemblez, en effet.

— C'est ma sœur qui m'a dit de m'adresser à vous, madame, dont elle m'a vanté l'obligeance... Pouvez-vous me louer une chambre ?

— Une chambre, oui, j'en ai une... mais je n'ai pas de meubles... Celle que je louais à votre sœur est occupée. Ce n'est pas une maison garnie ici.

— C'est pour cela que je préférerais y loger... Oh! je ne suis pas difficile!... un lit de sangles, un matelas, en attendant que j'achète ce dont j'aurai besoin; et cela me suffira.

— S'il ne vous faut qu'un lit de sangles, j'en ai deux au grenier, et nous trouverons bien un matelas... mais le reste...

— Nous l'enverrons acheter dans le voisinage... C'est entendu, je suis votre locataire.

Camille accompagne ces mots de l'argument irrésistible, qu'elle glisse dans la main de madame Mignonnette, c'est le nom de la concierge. Puis elle va retrouver sa voiture et se fait apporter sa malle et les paquets qui sont dedans. Madame Mignonnette, que le denier à Dieu a rendue très obligeante, s'empresse de chercher ses clefs et dit Camille :

— Veuillez me suivre... je vais vous conduire... C'est un peu haut.

— Cela m'est égal.

— Mais la vue est charmante... les Champs-Élysées, le Petit Moulin-Rouge... un traiteur très en vogue... Vous apercevrez même l'entrée du jardin Mabille.

— Qu'est-ce que c'est que ce jardin Mabille ?

— Un endroit où l'on danse... C'est très-brillant ! très-bien illuminé !

— Peu m'importe, je n'aime pas la danse.

— C'est cependant de votre âge... Après cela, chacun son goût... Moi, j'ai dansé beaucoup autrefois.

XXXIX

Monsieur Julien

La concierge s'arrête au troisième étage, ouvre une porte, et introduit Camille dans une petite chambre un peu mansardée, mais qui reçoit un beau jour par deux fenêtres qui donnent sur l'allée des Veuves.

— Voilà le logement... Vous convient-il ?

— Parfaitement.

— Alors, je vais faire monter votre malle et vos paquets par mon petit neveu... Il va ensuite chercher un lit de sangles au grenier... Ah ! mais, il vous faudrait au moins deux chaises.

— Si cela était possible.

— Oui. Il y a le monsieur dont je fais le ménage en face... il est seul, il sort dès le matin et ne rentre que pour se coucher... Il n'a pas besoin d'avoir une douzaine de chaises. je vais lui en prendre deux, il ne le verra seulement pas.

— Je les lui rendrai plus tard.

— Pardi! vous ne les mangerez pas. A propos, votre nom, s'il vous plaît? car si l'on vient vous demander ou si l'on vous apporte des lettres, faut bien que je sache le nom de mon locataire.

— Je me nomme Julien.

— Julien quoi?

— Julien... et c'est tout.

— Ah! C'est différent... Eh bien! monsieur Julien, vous ressemblez beaucoup à votre sœur, madame Édouard... Elle viendra sans doute vous voir ici?

— Non, elle a quitté Paris.

— Tant pis!... Elle me plaisait beaucoup, cette petite dame-là... Je vas vous envoyer vos effets. Ah! non, je vas d'abord aller prendre deux chaises chez mon locataire.. Regardez à la fenêtre, ça vous amusera... Mais c'est ce soir que vous serez émerveillé! Quand le jardin Mabile est illuminé, quand le vent donne, on entend d'ici la musique du bal... une fameuse musique!... Moi, je ne peux pas y tenir!... quand ils jouent des valses, j'empoigne mon neveu qui a treize ans, et je valse avec lui autour de mon poêle... ah! quel amour de musique! Mais ce polisson de Joseph ne peut jamais attraper la mesure... Joseph!... ohé! Joseph! monte tout de suite ici la malle et les paquets qui sont en bas... Dépêchons-nous un peu, vagabond!... Il est gentil, mais il est bien *feignant!*

Au bout d'une heure, Camille était installée dans son nouveau logement; elle n'avait que le strict nécessaire, mais elle se trouvait encore heureuse d'avoir trouvé un asile dans une maison honnête. Un lit de sangles lui servait de couchette; la concierge lui avait prêté des draps, une couverture et un oreiller. Son mobilier ne se composait que de deux chaises prises chez le locataire qui logeait sur le même carré, plus une petite table en bois blanc trouvée au grenier avec le lit de sangles. La jeune femme a envoyé le neveu de madame Mignonnette lui acheter un pot à l'eau, une cuvette, enfin tout ces objets indispensables à la toilette.

M. Joseph est un petit garçon de treize ans, gros et fort, mais très-petit pour son âge, et qui a un air madré et déjà très-effronté. Il fait les commissions en chantant, en sifflant, et, lorsqu'il revient la dernière fois avec de la bougie et un flambeau, il a dans la bouche une pipe parfaitement culottée.

Camille regarde ce petit garçon, qui fume avec l'aplomb d'un invalide, et lui dit :

— Comment, mon ami, vous fumez ?...

— Tiens ! je crois ben que je fume ! Ma tante me le défend, mais on lui dit zut !

— Déjà fumer, à votre âge ?

— Quoi ! j'ai treize ans... Il y a le fils du marchand de vins, qui n'a que neuf ans, et qui grille déjà ses deux pipes par jour.

— Et les parents permettent cela ?

— Puisque les parents fument, pourquoi donc que les enfants ne fumeraient pas aussi ?... Tout le monde fume à présent, c'est bon genre.

— Je ne m'en serais pas douté.

— Tenez, je vous ai apporté un paquet de cigares ; vous ne m'en aviez pas demandé, mais j'ai pensé que ça vous ferait plaisir... Après ça, si vous aimez mieux une pipe, je vais aller vous en acheter une... c'est pas loin.

— Merci, mais je ne veux ni pipe, ni cigares... je n'ai e pas de tout cela.

— Comment !... vous ne fumez pas ?

— Jamais.

Le petit gamin ouvre de grands yeux en s'écriant :

— Vous ne fumez pas !... De quel pays que vous venez donc ?

— D'un pays où les hommes ne veulent pas porter sur eux une odeur de corps-de-garde, où ils respectent encore assez les dames pour ne point fumer devant elles.

— Ah!... ça doit être loin d'ici.

La concierge monte un pâté, du pain, du vin et quelques fruits ; car Camille était partie des Prés-Saint-Gervais sans dîner, et, quoiqu'elle n'eût pas grand'faim, notre héroïne n'était pas de celles qui ne vivent que de soupirs et d'amour.

A l'entrée de sa tante, M. Joseph veut dissimuler sa pipe sous sa blouse, mais il ne peut le faire assez vite, et madame Mignonnette lui saisit le bras en disant :

— Voyez-vous, ce galopin ! encore sa pipe allumée ! Mais tu veux donc t'incendier le gosier, malheureux enfant ? Sans compter que tu brûles ta blouse, tous tes effets, et et qu'un de ces jours tu ficheras le feu à la maison... comme c'est arrivé au fils du menuisier à côté... car les trois quarts des incendies sont causés maintenant par l'imprudence ou la sottise des fumeurs !... C'est pas assez que ces messieurs nous empoisonnent avec leur tabac, il faut encore qu'ils nous brûlent, qu'ils nous ruinent, qu'ils mettent souvent de pauvres familles sur la paille !... Ah ! il faut avouer que les Français étaient bien plus propres autrefois et qu'ils se sont bien gâtés en prenant les modes allemandes, flamandes et hollandaises... Est-ce que vous fumez, monsieur Julien ?

— Non, madame, jamais !

— Vous ne fumez pas ?... Ah ! je vous trouvais déjà gentil, mais, à présent, je vous porte dans mon cœur ! Un jeune homme de... Quel âge que vous pouvez avoir ?

— Vingt ans, madame.

— Un jeune homme de vingt ans qui ne fume pas, c'est un vrai phénix... Vois-tu, petit sans-cœur de Joseph, toi qui dépenses tous tes petits sous en pipes et en tabac !..

Monsieur Julien, avez-vous tout ce qu'il vous faut?

— Oui, madame... Demain, je compléterai ce qui me manque.

— Voilà la nuit... Joseph, allez allumer le réverbère de la cour.

— Oui, ma tante.

— Auparavant, donnez-moi votre pipe.

— Pourquoi faire, puisqu'elle est éteinte?

— C'est égal, je vous dis de me donner votre pipe. Voyons, dépêchons-nous.

— Vous allez me la casser... C'est des bêtises, ça!...

— Je ne la casserai pas, si vous êtes obéissant et sage... Voyons... finissons-en!...

Le petit garçon se décide, en rechignant, à retirer sa pipe de dessous sa blouse. Il la présente avec humeur à sa tante; celle-ci veut s'en saisir; mais, comme M. Joseph ne la lâche pas, la pipe se casse en plusieurs morceaux. Alors le petit garçon frappe du pied avec colère en s'écriant :

— Là! voyez-vous.... vous me l'avez encore cassée... Deux sous de fichus...

— C'est votre faute, polisson!... Taisez-vous et descendez allumer... Et si vous avez le malheur de racheter une pipe... vous verrez!

M. Joseph s'en va en chantant à demi-voix sur un refrain très-canaille :

— *J'en rach'trai! j'en rach'trai! j'en rach'trai!...*

— Ah! monsieur Julien!... on a bien du mal maintenant avec les enfants... On dirait que la fumée dessèche aussi leur cœur; autrefois, ils respectaient leur parents... à c't' heure, ils s'en moquent!... Si c'est ça qu'on appelle du progrès!... merci, j'aime mieux les arriérés!... Je vous ai monté de l'eau... Vous n'avez plus besoin de rien?

— Non, madame; seulement, le matin, je déjeune avec

du café au lait... Et, comme je n'ai rien ici... si vous étiez assez bonne pour m'en faire...

— Très-volontiers... Pardi!... est-ce qu'un jeune homme sait faire du café?... J'en fais déjà pour votre voisin, M. Consonne... le maître d'écriture ; j'en ferai le double, voilà tout... Vous le faut-il de bonne heure?... Vous êtes sans doute étudiant en droit ou en médecine?

— Non, j'étudie... chez moi... je sors fort peu... que j'aie mon café à neuf heures, c'est bien assez tôt.

— Ça suffit... Votre servante, monsieur Julien!... Si vous avez besoin de quelque chose, appelez Joseph.

— Merci, madame.

La concierge redescend en murmurant :

— Un jeune homme qui ne fume pas!... Quelle trouvaille... malheureusement il sera le seul de la maison!

Camille avait hâte de se trouver seule pour penser, pour réfléchir, pour pleurer en liberté, car on ne quitte pas brusquement une position agréable, on ne renonce pas à tout un avenir d'amour et de bonheur sans que le cœur soit brisé, déchiré. Cependant la jeune femme avait du courage, et après avoir pleuré quelques instants, elle essuie ses larmes en se disant :

— J'ai fait mon devoir... cette pensée doit me donner la force de supporter mes chagrins ; du moins je serai restée digne de son amour... et si un jour il cesse de m'aimer, je suis bien sûre qu'il m'estimera toujours.

Camille ne se sentait pas à son aise dans un costume qu'elle n'avait jamais porté si longtemps. Après avoir bien fermé sa porte, elle ôte son paletot et passe une camisole ; alors elle respire plus librement. Cependant il lui manque encore plusieurs choses pour compléter son costume masculin. D'abord des chemises d'homme, puis un col noir, avec lequel elle veut remplacer sa cravate, puis des faux-cols, puis des bretelles, puis des chaussettes.

— J'achèterai tout cela demain, se dit Camille en se plaçant à table devant son pâté. Elle essaye de manger, mais elle n'a pas d'appétit. Elle songe à Léoville, à Sincère, et se dit :

— Ils ne me retrouveront plus !... Oh ! cette fois, il est impossible qu'ils me découvrent! Ce costume doit leur faire perdre ma trace ; c'est une bonne idée que j'ai eue là..., c'est une bien bonne idée !...

Et, tout en disant cela, Camille laisse tomber de ses yeux de grosses larmes, car la bonne idée la séparait à jamais de ceux qu'elle aimait.

Enfin la fatigue se fait sentir, et, comme le sommeil est le meilleur des consolateurs, Camille quitte la table en se disant :

— Couchons-nous et dormons... c'est ce que j'ai de mieux à faire maintenant.

Elle se hâte de se débarrasser de son gilet, de son pantalon, mais il lui reste ses bottes à ôter ; ses bottes, qui étaient un peu justes et qui l'étaient devenues davantage, parce que son pied mignon, peu habitué à ce genre de chaussure, était gonflé dedans.

Camille, qui avait mis les bottes sans beaucoup d'effort, s'imagine qu'elle les ôtera de même ; elle essaye de les retirer avec ses mains ; mais elle meurtrit ses petits doigts, et les bottes ne bougent pas.

— Ah ! mon Dieu ! comment donc ôte-t-on cela ? se dit la jeune femme en se promenant avec impatience dans sa chambre. Elles sont bien entrées... et mes pieds ne peuvent plus sortir !... Il doit y avoir une manière d'ôter cela... mais je ne la sais pas !... Si j'osais demander chez un voisin... mais on se moquerait de moi ; et puis... qui sait si, en me retirant mes bottes... on ne s'apercevrait pas que je ne suis pas un homme ?... Oh ! je ne veux pas m'exposer à ce que l'on découvre mon déguisement !... Mon

Dieu !... mon Dieu ! je voudrais pourtant bien ôter mes bottes !... Ah ! c'est bien plus agréable d'être en femme qu'en homme !

Camille essaye de nouveau en, appuyant le pied d'une chaise sur le bout de sa botte ; son pied, qui est fort petit, sortirait bien, mais, en revanche, elle a le cou-de-pied, très-haut, et c'est à cet endroit-là que cela ne glisse pas.

Après s'être consumée longtemps en vains efforts, elle y renonce et se dit :

— Allons ! puisqu'il n'y a pas moyen... je les garderai cette nuit. Ce ne sera pas commode !... on ne peut pas se mettre dans des draps avec des bottes... il faut donc que je me contente de me jeter sur mon lit en m'enveloppant dans la couverture... Oh ! par exemple, demain j'achèterai des souliers.

Et Camille, maudissant cette fois le costume masculin, se couche avec ses bottes.

XL

Un voisin incommode

La fatigue avait triomphé du chagrin. Camille dormait encore lorsqu'elle entend frapper à sa porte, et en même temps la voix de la concierge qui criait :

— Monsieur Julien, votre café est prêt, il est neuf heures passées... Je vous dis ça dans le cas que vous auriez affaire.

Camille se hâte de passer son paletot, qu'elle a soin de boutonner jusqu'au menton, et elle va ouvrir à madame Mignonnette qui porte sur une assiette un énorme bol de café et un petit pain. Mais, en marchant, Camille éprouve de la difficulté, ses pieds sont gonflés et lui font très-mal.

— Voilà votre déjeuner, monsieur Julien. Avez-vous bien dormi dans votre nouveau logement ?

— Oui, madame, assez bien, je vous remercie..

— Mais qu'est-ce que vous avez donc ?... on dirait que vous boitez en marchant... Est-ce que vous êtes blessé ?

— Non... mais je vais vous dire ce qui me fait boiter : hier au soir, je n'ai pas pu parvenir à ôter mes bottes, si bien que j'ai été obligé de me jeter sur mon lit avec... et, ce matin, mes pieds me font très-mal.

— Ah ! pauvre garçon !... Comment ! vous n'avez pas pu ôter vos bottes !... Elles sont neuves, peut-être ?

— Oui, madame.

— Au fait, il n'y a pas de tire-bottes ici... mais il fallait donc m'appeler !... Je n'ai pas de tire-bottes, c'est vrai ; mais j'en aurais bien trouvé un dans la maison... Attendez, M. Consonne n'est pas encore parti ; je vais lui emprunter le sien.

La concierge court sur le carré, frappe à une porte, et une voix qui ressemble aux notes que l'on tire d'un serpent, dit :

— Qui est là ?... que me veut-on ?... Je suis encore à demi-nu.... j'ai travaillé une partie de la nuit, et j'ai dû prendre sur le matin le repos que j'avais sacrifié le soir...

— Monsieur, c'est un tire-bottes que je viens vous emprunter... pour votre nouveau voisin...

— Ah ! c'est vous, dame Mignonnette... Alors je puis sans péril me montrer en robe de chambre ?

La porte du voisin s'ouvre, et un petit homme d'une cinquantaine d'années, extrêmement replet, le teint enluminé, le nez barbouillé de tabac, et les autres parties de son visage dans le même état que son nez, paraît, la tête couverte d'un bonnet de coton, autour duquel flotte un large ruban rose, et le corps enveloppé dans une robe de chambre qui ne descend qu'à moitié du mollet, et laisse voir deux jambes nues et poilues comme les cuisses d'un chevreuil.

— Pardon de vous déranger, monsieur Consonne... je vous croyais habillé...

— Je vous réitère que j'ai passé une partie de la nuit à confectionner des pièces d'écritures... Ne savez-vous pas, dame Mignonnette, que nous sommes à l'époque de la distribution des prix dans les pensions?...

— Ma foi, non. Avez-vous un tire-bottes?

— Un tire-bottes!... C'est un tire-bottes que vous venez m'emprunter?

— Sans doute... pour votre nouveau voisin qui ne peut pas ôter les siennes...

— Eh! pourquoi voulez-vous que j'aie un tire-bottes, puisque je ne mets que des souliers?... Votre demande est insolite... Règle générale, madame Mignonnette ; pour trouver un tire-bottes, allez chez les gens qui mettent des bottes.

— C'est juste, monsieur... je m'en vais au-dessous, chez M. Verbois; c'est un élégant, il doit porter des bottes.

Pendant que la concierge descend, M. Consonne, qui, tout en causant, est venu sur le carré, se dirige vers la porte de son voisin, que madame Mignonnette a laissée entr'ouverte, tout en disant :

— Ah! j'ai un nouveau voisin sur mon carré... Voyons donc... s'il avait par hasard besoin de prendre des leçons d'écriture... on en prend à tout âge.

Et M. Consonne pousse la porte et entre chez Camille qui est en train de prendre son café ; à la vue de ce monsieur qui a les jambes nues, des savates et une robe de chambre qu'il oublie quelquefois de croiser, la jeune femme fait un mouvement d'effroi, en s'écriant :

— Qu'est-ce que vous demandez, monsieur?

Le maître d'écriture répond avec sa voix de contre-basse, en s'asseyant devant Camille :

— Bonjour, voisin... on m'a dit que vous aviez besoin d'un tire-bottes... mais, ne portant point de bottes, je ne m'en sers jamais... sans cela je vous l'eusse prêté *ex abrupto...*

— Ah! c'est vous, monsieur, qui demeurez... sur le carré ?...

— La porte en face de la vôtre, positivement... Suis-je indiscret, jeune homme, en vous demandant quelle profession vous voulez embrasser?...

— Mon Dieu, monsieur, je ne sais pas encore ce que je ferai... je ne suis pas décidé.

— Avez-vous une belle main ?...

— Une belle main... mais, ma main est très-ordinaire, pas trop grande, voilà tout...

— Je crois, jeune homme, que nous ne nous entendons pas... Par belle main, j'entends ici belle écriture, bâtarde, cursive ou anglaise.

— Monsieur, j'écris assez bien pour ce que je veux faire...

— Assez bien! assez bien!... voilà les jeunes gens! Quand ce qu'ils griffonnent est lisible, ils s'imaginent qu'ils savent écrire!... La calligraphie est le premier des talents... il mène à tout!... Voyez, moi... je suis professeur... j'ai des élèves très-haut placés! Dans ce moment, j'apprends à écrire à une dame de soixante ans... dont on avait complétement négligé l'éducation... Il est vrai qu'elle était porteuse de pain... mais aujourd'hui elle a hérité, elle est riche ; elle éprouve le besoin de savoir signer son nom et d'écrire sur les pots de confitures qu'elle fait ce qu'il y a dedans... Elle y arrivera ; ce sera long, mais elle y arrivera.

Camille frappe du pied avec impatience, en murmurant :

— Mon Dieu !... Est-ce qu'il me faudra passer ma vie avec des bottes à mes pieds !...

— Vous souffrez des pieds ?... Voyons, sapristi ! je vais tâcher de vous ôter vos bottes, moi... Entre hommes, il faut s'aider. Mettez vos pieds sur mes genoux...

En disant cela, M. Consonne lâche tout à fait sa robe de chambre, sous laquelle il n'a que sa chemise et son gilet de flanelle, et laisse apercevoir des cuisses qui sont aussi poilues que le bas de sa jambe. Camille, qui craint que ce monsieur ne lui en fasse voir davantage, retire vivement son pied dont il veut s'emparer, en s'écriant :

— Non, monsieur, non, c'est inutile... vous ne pourriez pas... je vous salirais...

— Il n'y a pas de danger... donnez donc votre pied.

— Je ne souffrirai pas que vous preniez cette peine...

— Encore une fois, entre hommes, on se doit aide et secours... Je ne pourrais pas ôter mon pantalon à cause de mon ventre, que je viendrais chez vous et je vous dirais : « Voisin, ayez donc l'obligeance de me tirer ma culotte. Quand j'ai beaucoup dîné, je ne peux pas me plier... »

— Ah ! mon Dieu ! quel vilain voisin j'ai là ! se dit la jeune femme en se levant et marchant dans sa chambre... Heureusement, j'entends la concierge.

Madame Mignonnette revient d'un air désolé dire :

— Pas plus de tire-bottes que dans mon œil !... Celui-ci ne porte que des souliers, celui-là des galoches, le monsieur élégant ne met que des bottines... Décidément, les bottes s'en vont...

— C'est comme les carlins, dit M. Consonne, leur règne est passé !

— Mais, soyez tranquille, monsieur Julien, j'ai envoyé Joseph vous acheter un tire-bottes... Le petit gueux était déjà en train de bourrer sa pipe. Il m'a promis de se dépêcher !

— En ce cas, voisin, puisque vous n'acceptez pas mes offres de service, je vais rentrer chez moi achever ma toilette, qui n'est encore qu'ébauchée, et porter à mes élèves les superbes exemplaires faits à leur intention... Si l'envie vous venait de prendre quelques leçons d'écriture pour vous assurer la main je suis là, tout à votre service... et pas cher... d'ailleurs, entre hommes, il y a toujours moyen de s'arranger.

M. Consonne rentre chez lui, ce qui fait grand plaisir à Camille, quoique la concierge s'écrie :

— Voilà un bien brave homme !... Oh ! c'est un homme qui ne ferait pas tort d'un centime à un enfant !... C'est dommage que parfois... Enfin, vous me direz, nous ne sommes pas parfaits... et puis, ça ne lui arrive pas souvent.

— Quoi donc ?

— De se griser... de boire et de manger outre mesure... Alors il est malade la nuit, et cela n'en finit plus !... Il lui faut du thé, et, quelquefois, il faut jouer de l'instrument pointu !... Mais, moi, je suis toujours là au service de mes locataires. Je me dis : « Du moment qu'on est malade, il n'y a plus de sexe... »

— Votre neveu tarde bien.

— Ah ! dame ! par ici, il n'y a pas de boutiques comme dans le cœur de Paris. Pour un tire-bottes, je lui ai dit d'aller chez un ébéniste ; je pense que c'est eux qui tiennent de ça. Au reste, le petit drôle n'est pas bête ; il saura bien en trouver.

M. Joseph revient enfin avec le meuble demandé, en s'écriant :

— Est-elle jobarde, ma tante, qui m'envoyait chez un ébéniste pour acheter un tire-bottes !... Ils m'ont ri au nez... Ce sont les quincailliers bric-à-brac qui tiennent de ça... et encore j'ai eu de la peine à en trouver.

— Taisez-vous, mauvais sujet ! Vous sentez déjà la pipe.

— Tiens ! en se promenant, où est le mal ?

Enfin Camille parvient à ôter ses bottes, qu'elle se promet de ne point remettre de longtemps. Mais alors ce sont des souliers qu'il lui faut, et on envoie Joseph chez un cordonnier. Il ramène une ouvrière, qui lui apporte une douzaine de paires de souliers. Mais aucun ne va ; tous sont trop grands, et l'ouvrière s'écrie :

— Je n'ai jamais vu un pied d'homme comme celui-là... Il fallait m'avertir que monsieur avait un pied de femme... et encore, de jeune fille plutôt !

L'ouvrière retourne à sa boutique chercher d'autres souliers ; Camille parvient à être chaussée ; elle donne une pièce de vingt sous au petit Joseph pour avoir fait ses commissions, et le neveu de la concierge saute de joie en s'écriant :

— Je vas m'acheter une pipe turque avec un tuyau en caoutchouc !

Camille se trouve très-heureuse lorsqu'elle est enfin seule et qu'elle n'a plus ses bottes... Le voisinage du professeur d'écriture ne lui semble pas agréable, mais elle se dit qu'elle n'aura jamais affaire à lui, et qu'il est probable qu'il la dispensera de ses visites ; d'ailleurs, avec le costume qu'elle porte, il faut bien qu'elle s'attende à se trouver parfois dans des situations qui pourront ne pas lui plaire ; mais il ne faut pas qu'elle oublie qu'avec le costume masculin on ne doit plus avoir toutes les susceptibilités d'une femme.

XLI

Monsieur Consonne gris.

Après s'être habillée avec soin et avoir examiné si rien dans sa toilette ne peut trahir son sexe, Camille sort dans l'intention d'acheter ce qui lui manque encore dans son nouveau costume... Mais lorsqu'elle est dehors, lorsqu'elle se trouve dans les Champs-Élysées, la jeune femme se laisse aller au plaisir de se promener sous les beaux arbres qui bordent la route. Là passent les équipages élégants, les calèches et les cavaliers qui vont faire un tour au bois.

Camille se souvient que Léoville lui a dit quelquefois qu'un de ses plus grands plaisirs était de monter à cheval, que son oncle était aussi un fort bon cavalier, et qu'il leur arrivait très-souvent d'aller avant le dîner galoper au bois de Boulogne. Alors elle se dit qu'en venant souvent sur le chemin qui mène au bois, elle verra sans doute passer Léoville, et cet espoir la retient une grande partie de la journée dans les Champs-Elysées. L'heure arrive où les équipages sont extrêmement nombreux, puis les cavaliers qui veulent faire voir leur grâce à conduire un coursier et qui jettent en passant un regard sur les dames qui sont en voiture. Tout cela passe devant Camille qui regarde... qui examine chaque cavalier et ne voit point passer celui que ses yeux cherchent toujours.

Enfin elle rentre dans sa demeure, la vue fatiguée par le mouvement continuel de ce monde qui a passé devant elle, et se disant :

— Ce n'est pas maintenant que je le verrai à la promenade... car, maintenant, je suis sûre qu'il me cherche... qu'il parcourt tout Paris dans l'espoir de m'y retrouver! Cher Léoville!... il m'aime tant, et je lui cause bien de la peine... mais cela ne vaut-il pas encore mieux que de le faire rougir!

Plusieurs jours s'écoulent. Camille s'est acheté ce qui lui manquait pour rendre son déguisement parfait; elle a fait emplette d'une badine, cela lui servira de maintien, ce qui est la chose la plus difficile à acquérir lorsqu'on ne porte plus le costume de son sexe; mais Camille est grande, mince, elle se tient bien, elle porte la tête légèrement inclinée sur l'épaule droite; sa démarche est gracieuse, dégagée; ses cheveux, taillés comme ceux des hommes, encadrent naturellement sa jolie figure. Au bout d'une semaine, elle a entièrement pris la tournure masculine, et c'est un charmant cavalier.

Camille se fait chaque jour apporter à dîner de chez un petit traiteur voisin; pour le déjeuner et les commissions, cela regarde la concierge et son neveu. Madame Mignonnette croyait bien aussi que son jeune locataire la chargerait du soin de faire son ménage; mais, pour des raisons que l'on devine, le nouveau locataire se réserve pour lui-même cette besogne, en disant qu'il en a l'habitude et que c'est un ouvrage qui l'amuse. La concierge n'insiste pas, mais elle se dit :

— Je suis bien persuadée que son lit est fort mal fait.

Étant toujours rentrée avant son voisin, M. Consonne, Camille ne le rencontre jamais dans l'escalier; plusieurs fois, le matin, ce monsieur est venu frapper à sa porte, en lui criant :

— Voisin, je viens de faire de charmants modèles d'écriture anglaise avec des paraphes à main levée... Voulez-vous voir cela?

Mais Camille répond sans ouvrir sa porte :

— Je vous remercie, voisin, mais j'ai mal à la tête et je veux encore dormir!

— Il est diablement paresseux, le jeune homme de mon carré! dit en sortant M. Consonne à la concierge. Comment, à neuf heures! quand je veux lui dire bonjour... lui montrer des exemples admirables, il me répond toujours: « J'ai encore envie de dormir. »

— Ah! c'est vrai qu'il ne se lève pas de bonne heure!... répond madame Mignonnette. Car il ne veut plus que je lui monte son café avant dix heures.

— Il se couche donc bien tard?... Il passe les nuits dehors?

— Par exemple! il est sage et rangé comme une demoiselle... toujours rentré à six heures pour dîner, ne sortant presque jamais le soir; il se couche très-tôt.

— Alors il est donc de la race des marmottes!

— Et ne recevant personne. Il n'y a pas à dire, depuis qu'il demeure ici, pas un chat n'est venu le demander.

— Ni une chatte?

— Ah! monsieur Consonne!... pouvez-vous dire de ces choses-là!... Ah! fi!... ce n'est pas beau!

— Histoire de plaisanter, madame Mignonnette... Mais, j'en reviens à mon opinion : ce jeune homme est paresseux... Je gagerais qu'il n'a pas une belle main.

Trois semaines se sont écoulées depuis que Camille a pris le costume masculin. Pendant tout ce temps, elle n'a pas rencontré, pas aperçu une seule personne de sa connaissance. Elle fait son possible pour vaincre sa tristesse, mais parfois le chagrin et l'ennui se font trop vivement sentir; alors elle pleure en se laissant aller à ses souvenirs du passé.

Madame Mignonnette, qui s'intéresse à son jeune locataire, a plus d'une fois remarqué sa tristesse et la rougeur de ses yeux. Elle dit à M. Consonne :

— Ce pauvre M. Julien... je crains qu'il n'ait quelques peines secrètes!... il est souvent pâle... parfois, il a les yeux très-rouges!

— Parce qu'il dort trop! dit le professeur d'écriture. Il faut du sommeil, pas trop n'en faut!... c'est comme la vertu!

— Moi, je suis persuadée que ce jeune homme a quelque sujet de tristesse qu'il ne veut pas dire... On voit bien qu'il a de l'ennui!

— Tiens! pardi! s'écrie le petit Joseph, je crois bien qu'il doit s'ennuyer... il ne fume pas!

Par une belle journée d'automne, Camille, pour se distraire, pousse sa promenade plus loin que d'habitude ; elle gagne le bois de Boulogne et se trouve bientôt sur les bords du lac dont on a embelli cette promenade. Mais, là, c'est le rendez-vous des promeneurs. Beaucoup de dames descendent de leur voiture pour venir marcher un peu au bord de l'eau.

Fâchée de se trouver au milieu de tant de monde, Camille s'en éloigne en gagnant une allée qui donne dans une autre partie du bois. Là, elle s'assied sur un banc et se laisse aller à ses rêveries. Mais elle en est tirée par le galop de deux chevaux qui viennent de son côté. Ils sont montés par deux cavaliers, un jeune homme et un monsieur d'un âge mûr. Camille a porté ses regards du côté des cavaliers... Bientôt tout son sang a reflué vers son cœur : dans le jeune cavalier elle a reconnu Léoville.

C'était en effet le vicomte et son oncle qui parcouraient à cheval le bois de Boulogne. Ils passent tous deux contre Camille, à laquelle Léoville ne fait pas attention, car, dans ce jeune homme qui est assis sur un banc, il est bien loin de se douter qu'il retrouverait la femme qu'il cherche partout. Quant au comte de Rochemart, il a jeté en passant un regard sur Camille, et, bien qu'il ait paru frappé de surprise en voyant son visage, son cheval l'a emporté si rapidement que cette impression s'est vite effacée.

Les cavaliers sont déjà loin, et Camille les suit toujours des yeux ; enfin ils disparaissent... Alors elle se laisse retomber sur son banc en se disant :

— Pauvre Léoville ! comme il était pâle ! comme il a l'air triste !... et c'est moi qui suis cause qu'il est malheureux !... Fatale destinée !... Ah ! je voudrais qu'il m'oubliât !... Mais, non... non... je me mens à moi-même... L'amour rend égoïste !... et, au fond du cœur, je désire qu'il m'aime toujours.

Absorbée par ses pensées, toute au souvenir de celui qu'elle vient de revoir, Camille oublie le temps; elle ne se rappelle plus qu'elle est loin de sa demeure. C'est seulement lorsque la nuit la surprend qu'elle reconnaît qu'elle est dans le bois de Boulogne. Aussitôt elle se lève et songe à regagner les Champs-Élysées; mais elle est obligée de demander plusieurs fois son chemin, car elle ne connaît pas bien cette promenade, et il est près de huit heures lorsqu'elle arrive à la barrière de l'Étoile. Elle rentre dans Paris, mais elle pense qu'il sera bien tard pour envoyer chercher son dîner, et se décide à entrer dans un des petits restaurants qu'elle trouve sur son chemin.

Ne voulant pas entrer dans un salon où il y a beaucoup de monde, parce qu'il lui semble toujours que ceux qui la regardent doivent deviner son sexe, Camille se fait servir à une table qui est dans un petit jardin en avant de la maison. Là, elle ne peut être remarquée. Il lui semble cependant, pendant qu'elle dîne, qu'un homme vêtu d'une blouse et coiffé d'une casquette a passé bien souvent devant le petit jardin du traiteur; puis, une fois, cet homme s'est arrêté à peu de distance, il s'est appuyé sur le grillage qui clôt le jardin, et ses regards se sont longtemps arrêtés sur elle.

Camille se place de façon à être moins en vue; elle enfonce son chapeau sur ses yeux, et ne tourne plus la tête qu'au bout de cinq minutes; mais alors elle ne voit plus personne, l'homme en blouse a disparu, et la jeune femme se persuade qu'elle s'est alarmée à tort.

Après avoir achevé son repas, Camille redescend les Champs-Élysées, toute préoccupée du souvenir de Léoville qu'elle a été si heureuse de revoir; elle ne se sent nullement l'envie de se livrer au sommeil, et, au lieu de rentrer dans l'Allée des Veuves, elle continue de marcher, puis s'arrête devant ces cafés chantants qui pullulent maintenant dans les Champs-Élysées. Mais elle écoutait depuis quelques instants un morceau de musique, lorsque tout à coup, en se retournant, elle voit fort près d'elle ce même individu en blouse et en casquette qui s'était arrêté devant le traiteur pour la regarder dîner. Camille éprouve comme un sentiment d'effroi ; pourtant elle veut examiner les traits de ce personnage qui semble épier ses actions, mais, déjà cet homme n'est plus là ; il s'est perdu dans la foule qui est considérable pour écouter la musique.

— Rentrons chez moi, se dit Camille, n'attendons pas qu'il soit plus tard ; car, je ne sais pourquoi, mais il me semble que cet homme me guette.

Dix heures sonnaient lorsque le soi-disant Julien rentre dans la maison qu'il habite.

— Ah ! c'est mon jeune locataire ! s'écrie madame Mignonnette. Je suis contente que vous soyez revenu... ce n'est pas qu'il soit bien tard, mais comme, habituellement, vous rentrez toujours pour dîner et qu'on ne vous a pas aperçu, ça m'inquiétait de ne pas vous voir arriver... Il ne vous est rien survenu de fâcheux ?

— Non, ma chère dame, merci ; seulement, me trouvant attardé au bois de Boulogne... j'ai dîné par là...

— Oh ! vous avez bien fait de vous distraire un peu, ça ne vous arrive pas si souvent !... Je suis sûre que vous n'êtes jamais entré au bal qui est ici à côté... chez Mabille ?

— Non, madame, jamais !

— Eh bien ! vous avez peut-être tort... il paraît que c'est fort brillant... et qu'on y danse dans la perfection !... Un jeune homme, il faut que cela s'amuse un peu... Je vous vois toujours soupirer ; ce n'est pas de votre âge...

— Je n'aime pas la danse, je ne m'amuserais pas au bal.

— Eh bien ! il paraît que votre voisin, M. Consonne, s'est amusé aujourd'hui, lui... Ah ! dame ! il était d'un grand dîner... entre professeurs... Il s'était fait superbe, tout en noir !... et, dame !... il ne s'est pas ménagé... Il vient de rentrer, et j'ai bien vu tout de suite qu'il était gris... Il ne pouvait pas trouver l'escalier.

— Ah ! c'est bien vilain, cela !

— Écoutez donc, monsieur Julien, tout le monde n'est pas sage comme vous. Ce pauvre M. Consonne ! pourvu qu'il ne soit pas malade cette nuit !... Par précaution, je vas mettre bouillir de l'eau.

Camille prend sa lumière et monte ses trois étages. En approchant de son carré, elle entend pester, jurer et frapper à une porte. Arrivée sur son palier, elle aperçoit le professeur d'écriture qui est en manches de chemise et cogne avec ses pieds et ses poings sur la porte de son voisin en balbutiant d'une voix entremêlée de hoquets :

— Holà ! mon voisin... monsieur Julien !... Hé ! jeune Julien !... ouvrez-moi donc, s'il vous plaît... j'ai recours à vous... Sapristi ! qu'il a le sommeil dur !

— Me voilà, monsieur. Pourquoi frappez-vous ainsi chez moi ?... Que me voulez-vous ? dit Camille en paraissant avec sa lumière. Le professeur la regarde et part d'un éclat de rire hébété en s'écriant :

— Tiens ! le voilà !... il était dehors !... Et moi je le croyais dedans !... Eh bien ! elle est bonne, la plaisanterie !... Ah ! ah ! j'aurais frappé longtemps, dites donc ; je m'escrimais des pieds et des mains... et vous étiez dehors !... Ah ! la farce est bien bonne... n'est-ce pas, voisin ?

Camille a doucement repoussé ce monsieur afin d'ouvrir sa porte. Elle va rentrer chez elle ; mais, avant qu'elle puisse refermer sa porte, le gros homme s'est jeté dedans au risque de la faire tomber avec sa lumière, et il entre dans sa chambre.

— Mais, monsieur, que me voulez-vous donc ? dit Camille avec humeur. Vous entrez dans ma chambre presque de force... vous vous jetez sur moi, vous manquez de me faire tomber... Savez-vous que je n'aime pas ces manières-là ?

M. Consonne, qui n'a pas écouté ce qu'a dit Camille, va se jeter sur une chaise en faisant :

— Ouf !... J'ai de la peine à respirer... et tout cela parce que j'ai un pantalon trop étroit... Vous me direz : « Pourquoi l'as-tu mis ? » Je l'ai mis, parce que c'est mon plus beau, et que, pour dîner en ville... avec des collègues, il faut être en tenue... Oh ! quel dîner, mon jeune ami, et quel joli vin de Volney !... et quel champagne !... avec des truffes !... Il y en a que ça grise... moi, jamais... j'ai une tête solide !... Il y avait Monicaud, qui voulait jouter avec moi... il n'a pas pu... j'ai enfoncé Monicaud... je lui rends des points à table !

— Monsieur, tout cela m'est fort indifférent. Il est tard, je désire me coucher ; voulez-vous me faire le plaisir de rentrer chez vous ?

— Ah ! minute, petit voisin, je rentrerai après, quand vous m'aurez aidé à me mettre à mon aise... Entre hommes, on ne doit pas se gêner... n'est-ce pas ?... Tout à l'heure, je suis parvenu à ôter mon habit... c'est bien... J'ai eu de la peine, mais enfin j'y suis parvenu !... Pour le reste, pas moyen... mon scélérat de ventre s'y oppose !... Mais vous allez me faire le plaisir de me le retirer... sans quoi je serais très-malheureux toute la nuit.

— Qu'est-ce que vous voulez donc que je vous retire, monsieur ?

— Mon pantalon, cher ami.

— Par exemple !... jamais !

— Ce sont de ces petits services qui ne se refusent pas entre hommes... Vous voyez bien que je ne puis pas me plier !... J'ai engraissé, il est devenu trop étroit des jambes... Mais vous le tirerez par en bas, et cela viendra... Ah ! attendez, je vais d'abord me déboutonner entièrement.

— Monsieur, ne faites pas cela..; je vous le défends!...
D'abord, je ne vous tirerai pas votre pantalon.

Mais M. Consonne n'écoute pas Camille, et il commence à se déboutonner. Alors la jeune femme court sur son carré en appelant de toutes ses forces la concierge. Madame Mignonnette monte tout effarée en s'écriant :

— Qu'est-ce qu'il y a donc, mon Dieu! Est-ce que le maître d'écriture se trouve mal?

— Non, madame, mais il veut se mettre en chemise chez moi, et cela ne me convient pas.

— Eh bien!... c'est pour cela que vous appelez au secours? Je vous demande un peu qu'est-ce que ça peut vous faire que ce cher homme se déshabille chez vous?... Moi, qui suis une femme, je n'y fais pas attention!... Avec ça qu'il est si laid!...

La concierge est entrée chez Camille; on trouve le professeur qui est assis en chemise et attend que l'on vienne lui retirer son pantalon, tout en chantonnant :

— *Vive le vin! vive ce jus divin!...*

En apercevant madame Mignonnette, il s'écrie :

— Ah! voilà quelqu'un qui va me retirer ma culotte!... Figurez-vous, estimable concierge, que mon petit voisin n'est pas complaisant du tout... il refuse de me rendre ce léger service... Apprenez, jeune homme, qu'*Horace* aurait retiré la culotte à *Mécène*, si *Mécène* en avait porté ; mais il n'en portait pas... Les Romains ne connaissaient pas cela. Ils s'habillaient bien mieux que nous, ils étaient plus à leur aise... Et, voyez, *Jean-Jacques*, qui n'était pas non plus une bête, bien qu'il s'intitulât l'homme de la nature, sur la fin de sa vie il avait pris le costume arménien, avec lequel on ne met point de pantalon... toujours pour se rapprocher de la nature. Je ne comprends pas, Rousseau étant fort admiré dans ce temps-là, que l'on ne se soit pas empressé de se mettre en Arménien comme lui.

Pendant que le maître d'écriture bavarde, madame Mignonnette s'est mise à genoux devant lui et lui retire son pantalon. Camille va regarder à sa fenêtre pendant cette opération.

— Merci, vertueuse concierge! s'écrie M. Consonne en se levant. Maintenant, me voilà aussi à mon aise qu'un Romain, et prêt à vous danser un fandango... Voulez-vous voir?

Le maître d'écriture s'apprête à danser en chemise; mais Camille court le pousser vers la porte, en lui disant :

— Non, monsieur, nous ne voulons rien voir ; allez vous coucher et laissez-moi en paix.

La concierge prend le bras de M. Consonne, qui a le vin très-gai et voudrait absolument danser depuis qu'il est débarrassé de son pantalon. Mais madame Mignonnette l'entraîne, et Camille referme enfin sa porte en s'écriant :

— Mon Dieu! quel vilain voisin! Cet homme-là me forcera à déménager.

XLII

Dangers du costume masculin.

Le lendemain de cette soirée, madame Mignonnette, en apportant le café chez Camille, lui dit :

— Monsieur Julien, j'ai quelque chose à vous remettre... Ce n'est pas pour vous ; mais je crois que vous trouverez que j'ai bien fait de m'en charger.

— Expliquez-vous, madame...

— Voilà ce que c'est. Ce matin, d'assez bonne heure, un homme est entré dans la maison et m'a dit : « N'est-ce pas ici que loge madame Édouard?... »

— Ah! mon Dieu! et comment était cet homme?

— En blouse, en casquette... mais un dessous fort propre..., au total, n'ayant pas l'air d'un ouvrier, bien qu'il en affectât le langage.

— Vous lui avez dit qu'il se trompait, j'espère?

— C'est-à-dire que je lui ai répondu : « Monsieur, madame Édouard a demeuré dans cette maison pendant peu de jours, mais il y a déjà longtemps de cela; aujourd'hui elle n'y loge pas, mais nous avons son frère, monsieur Julien... un jeune homme bien rangé... »

— Vous avez dit cela?... Ah! il ne fallait pas!...

— Pourquoi donc?... puisqu'alors cet individu a dit : « Ah! si vous avez son frère, c'est la même chose... Tenez, voilà une lettre pour madame Édouard, donnez-la à son frère, il se chargera de la lui remettre. « Là-dessus, sil m'a donné cette lettre... et il est parti... Est-ce que j'ai eu tort de prendre la lettre?... Moi, je pensais que ça vous ferait plaisir d'obliger votre sœur.

Camille prend le billet que lui tend la concierge, en murmurant :

— J'aurais préféré qu'on ne sût pas que j'habite ici..... Mais vous avez cru bien faire... je vous remercie.

Madame Mignonnette s'éloigne en se disant :

— Singulier jeune homme!..... C'est donc toujours du mystère avec lui?... Tout le contraire... Ah! ben! s'il avait vu monsieur Consonne sur le carré... quand il a dansé la froteska!...

Dès qu'elle est seule, Camille ouvre la lettre qui est adressée à madame Édouard; ses yeux cherchent d'abord la signature, et elle voit... Saint-Croisy. On doit juger alors avec quel empressement elle lit ce qui suit :

« Ma fille, j'ai su que vous aviez quitté brusquement la maison que vous habitiez aux Prés-Saint-Gervais et que vous aviez rompu toutes relations avec les personnes qui vous aimaient. Je crains que ma dernière faillite ne soit encore cause de la résolution que vous venez de prendre ; il me tarde donc de vous faire savoir que, dorénavant, vous n'aurez plus à rougir de votre père. Je veux changer de conduite ; je veux me corriger et rentrer dans la bonne voie. En attendant, je vais partir pour l'Amérique, où je tâcherai, par un travail honorable, de me créer des ressources. J'ignore si je reviendrai jamais en France et si je vous reverrai... c'est peu probable ; en tout cas, recevez les vœux que je forme pour votre bonheur. Je ne sais si cette lettre vous parviendra. Je la confie à un ami qui me promet de faire ses efforts pour vous trouver. Adieu !

« SAINT-CROISY. »

Camille relit plusieurs fois ce billet ; elle veut être bien certaine que ses yeux ne l'abusent point ; un sentiment de bonheur pénètre dans son âme, l'espérance d'un avenir plus heureux vient aussi ranimer son cœur.

— Mon Dieu ! s'il était vrai, se dit-elle, si mon père se repent de ses fautes... s'il a quitté pour jamais la France... je n'aurais plus à craindre que sa présence vienne troubler mon repos... qu'il ne me couvre de honte en m'appelant sa fille !... Et le monde pourra ignorer les liens qui m'attachent à lui.

Puis la jeune femme se demande comment cette lettre a pu lui parvenir ; mais elle se rappelle cet homme qui la guettait la veille, et ne doute pas que ce soit lui qui l'ait reconnue malgré son déguisement.

Toute la journée, Camille songe à ce que son père lui a écrit ; mais déjà elle est moins triste, moins abattue que d'ordinaire, et, en lui montant son dîner, madame Mignonnette s'écrie :

— Il me semble, monsieur Julien, que vous n'êtes plus

fâché que je vous aie donné la lettre pour votre sœur; vous avez l'air de bien meilleure humeur que ce matin!

— En effet, madame; comme ma sœur n'a point de secrets pour moi, j'ai pris connaissance de cette lettre, et... ce qu'elle contient m'a fait plaisir...

— Tant mieux!... car, hier au soir... vous étiez bien méchant avec votre voisin... ce pauvre monsieur Consonne!...

— Mon voisin n'a nullement besoin de venir chez moi pour que je lui ôte son pantalon. Et dites-lui bien de ma part que je lui défends de recommencer! Je trouve ce monsieur beaucoup trop famillier!

— Décidément, mon jeune locataire est très-fier! se dit la concierge en redescendant à sa loge, dans laquelle elle trouve son petit neveu étalé à terre, les jambes croisées sous lui et fumant dans une longue pipe, dont le tuyau en caoutchouc se termine par une petite tête turque que M. Joseph a posée sur un tabouret devant lui.

— Ah! polisson... je t'y prends!... Qu'est-ce que tu fais là?...

— Vous le voyez bien, ma tante... je fume en sultan!

— En sultan!... Il ne manquait plus que cela!... Et monsieur a maintenant des pipes avec des tuyaux longs comme des aiguilles!

— C'est une pipe turque, ma tante; on appelle ça un narghilé...

— Un marguillier!... comment! tu fumes en marguillier, petit drôle!... Et tu empestes ma loge!... Attends, je vais t'apprendre à faire le sultan, moi!

Madame Mignonnette applique à son neveu un coup de pied qui l'oblige à quitter sa position horizontale. M. Joseph se sauve avec sa pipe, en murmurant:

— C'est bon!... on ne veut pas me laisser fumer nulle part... mais je vais acheter des chimiques, et je fumerai dans mon lit.

Cependant Camille, qui se sent moins disposée à la retraite, sort après son dîner, sans trop savoir de quel côté elle portera ses pas. C'était un samedi, le beau jour pour les bals chez Mabille. En passant devant ce jardin, la jeune femme s'aperçoit qu'il est brillamment illuminé ; une foule nombreuse se presse devant la porte, des voitures amènent des femmes très-parées et des hommes élégants ; pendant quelques instants, Camille s'amuse à regarder entrer le monde. Mais tout à coup, parmi ces messieurs à la mode qui entrent au bal Mabille, elle reconnaît son adorateur, Endymion Dufourré.

Ce monsieur avait toujours une mise excentrique, et d'ailleurs sa figure et sa tournure étaient faciles à reconnaître. Camille le suit des yeux ; elle le voit prendre son billet et disparaître dans le jardin. Alors elle se dit que par Endymion elle pourrait peut-être apprendre quelque chose touchant les personnes qui l'intéressent ; elle est persuadée qu'il ne la reconnaîtra pas, car elle a pu juger du peu de perspicacité de ce personnage ; enfin, elle ne sait pas encore ce qu'elle fera et si elle lui parlera, mais déjà elle est décidée à entrer chez Mabille. Elle affermit sa marche, enfonce son chapeau sur son front, va prendre son billet et la voilà dans le célèbre jardin.

Il y a beaucoup de monde, beaucoup de ces jolies femmes à conquêtes faciles, à danses risquées et qui ne vont là que pour faire des connaissances, cherchant de préférence les étrangers ou les jeunes provinciaux, qu'il est plus facile de mettre à contribution que les Parisiens. Camille, qui tremblait d'abord en se trouvant au milieu de tout ce monde, se rassure en voyant qu'on ne fait pas attention à elle.

Comme le jardin n'est pas grand, elle a bientôt retrouvé Endymion qui se promène en lorgnant les femmes, en souriant à l'une, en faisant un signe de tête à une autre, et Camille, qui marche à quelques pas derrière lui, entend les dames qu'il a saluées se dire entre elles.

— C'est ce serin d'Endymion !... toujours l'air aussi bête... aussi prétentieux !... Quelle huître, ma chère !... Je l'ai connu huit jours, c'était sept de trop !... et il a tout faux, depuis la tête jusqu'aux pieds... Il faudra qu'un jour je me donne le plaisir de lui ôter son toupet... nous le mettrons ensuite en loterie.

— Oh ! oui... oui !... Mais personne ne voudra prendre des billets.

— Alors, j'en ferai une housse que je mettrai sur le dos de ma levrette.

La musique donne le signal d'un quadrille ; les promeneurs entourent les danseurs ; on va faire cercle autour d'un quadrille exécuté par des *biches* fort agaçantes et dont la danse très-osée va jusqu'aux dernières limites permises par le sergent de ville. Camille s'est approchée comme les autres ; elles se sent rougir en voyant ces pas décolletés dont elle n'avait pas encore l'idée ; elle voudrait s'éloigner, mais il y a tant de curieux derrière elle, qu'il lui est impossible de bouger, et ces messieurs, qui regardent, se permettent tout haut des réflexions aussi hardies que la danse qui les provoque.

Camille n'est pas à son aise ; elle comprend que le costume qu'elle a pris a pour elle un bien mauvais côté.

Enfin le quadrille est terminé, les danseuses et leurs cavaliers se dispersent ; mais l'une de ces nymphes, qui avait cancanné avec le plus d'audace, passe près de Camille en donnant le bras à une autre femme. La figure du faux Julien semble la frapper ; elle s'arrête pour la regarder, puis dit tout haut à celle qui l'accompagne :

— Ah ! Cueillette... regarde donc ce jeune homme... quel joli garçon !... Oh ! mais, c'est qu'il est charmant !...

Celle à qui s'adressent ces paroles regarde à son tour Camille en disant :

— Tiens... c'est vrai... c'est un joli écolier... mais il a l'air un peu jocrisse... Il baisse les yeux quand on le lorgne !... As-tu fini !... Viens donc, Amanda, tu vois bien que nous embarrassons monsieur !

Ces dames s'éloignent enfin ; mais celle qu'on nomme Amanda se retourne encore plusieurs fois pour regarder Camille. Celle-là est une femme de vingt-six à vingt-sept ans, grande et fort bien faite ; elle a des cheveux très-noirs, des yeux de la même couleur, grands, bien frangés et dont l'expression n'est pas timide ; enfin elle a une grande bouche, de belles dents et un sourire très-provoquant. Mademoiselle Amanda est donc une des plus jolies lorettes du bal, et, comme à tous ces attraits elle joint une danse très-originale, elle a constamment autour d'elle une foule d'admirateurs et d'adorateurs.

Camille est demeurée toute surprise en entendant les compliments que mademoiselle Amanda ui adressait ; mais elle ne s'en alarme pas, parce que c'est une femme qui vient de les lui faire et qu'elle ne pense pas avoir rien à craindre d'une femme. Elle cherche des yeux Endymion qui n'est plus là.

Au bout de quelques minutes, l'orchestre joue la ritournelle d'une polka ; Camille va s'éloigner de la danse, lorsqu'en se retournant elle se trouve devant mesdemoiselles Amanda et Cueillette.

La première vient droit à Camille et lui dit :

— Jeune homme, vous allez me faire polker, n'est-ce pas ?

— Moi ! répond Camille tout étonnée, mais je ne vous ai pas invitée...

— Non, mais je vous invite, moi, ça revient au même. Allons, cher ami, venez, vous ne vous en repentirez pas ; vous aurez la meilleure danseuse du bal, rien que ça !

Et déjà mademoiselle Amanda a passé son bras sous celui de Camille ; mais celle-ci se dégage vivement en lui disant :

— Je vous remercie, madame ; mais je ne puis pas être votre cavalier, je ne sais pas polker.

— Ça ne fait rien, je vous montrerai. Je parie que je vous fais aller !... J'en ai formé bien d'autres.

— Mais, d'ailleurs, je ne veux pas danser...

— Vous ne voulez pas danser... quand c'est moi qui vous prie !... Moi, près de qui tous les hommes d'ici font queue pour obtenir un quadrille ou une polka !... Mais d'où sortez-vous donc, mon petit ? Vous arrivez donc de Pontoise ou de Brives-la-Gaillarde ?...

— Mais, madame... de grâce... je ne vous ai rien dit, moi.

— C'est justement ce qui me vexe... Je veux que vous me disiez quelque chose... Est-ce qu'on baisse les yeux comme cela quand on vient à Mabille ?... Est-ce que je vous fais peur... bel Adonis ?

Camille ne sait plus quelle contenance tenir, et mademoiselle Cueillette s'écrie avec un sérieux comique :

— Amanda, laisse donc ce jeune homme ; tu vois bien que tu l'affliges...

Mais la musique allait toujours, et un jeune gandin vient prendre la belle Amanda par la taille en s'écriant :

— Eh bien ! chère amie... est-ce que nous restons à rien faire ?... est-ce que nous n'entendons pas cette ravissante polka ?... Allons, vite, réparons le temps perdu !...

La belle brune se laisse emmener à la danse, tout en disant en riant à Camille :

— Oh ! je vous retrouverai, vous, homme de marbre !... Vous m'avez fait un affront, cela ne peut pas se terminer comme cela !...

Camille prend le parti de rire aussi, et va se perdre dans une allée tout en se disant :

— Il faut que j'aie bien l'air d'un homme, puisque j'ai fait la conquête de cette belle danseuse ; elle a l'air bien hardi, cette femme-là... Il paraît qu'ici ce sont les dames qui font la cour aux hommes... Mais, après tout, je n'ai rien à redouter dans cette aventure... Je ne vois plus M. Endymion... serait-il parti ? J'aurais pourtant bien voulu savoir quelque chose par lui !... Mais je ne puis l'aborder... sous quel pretexte ?... Ce serait m'exposer à être reconnue...

La polka est finie. Camille s'éloigne de la foule et se promène dans les bosquets. Tout à coup une voix lui crie :

— Jeune Adonis, bel indifférent... venez donc prendre un verre de punch avec nous !... Cela ne se refuse pas, ça... ce n'est pas comme une polka !...

La voix partait du fond d'un bosquet. Camille s'arrête, regarde et aperçoit mademoiselle Amanda assise devant une table avec son amie et un monsieur ; elle va passer sans répondre, lorsque dans le cavalier qui est assis près des deux femmes, elle reconnaît Endymion Dufourré. Alors, elle demeure indécise sur ce qu'elle veut faire. La belle brune, voyant cela, se lève, va lui prendre le bras et la fait entrer dans le bosquet en s'écriant :

— Mais venez donc vous asseoir là avec nous !... Il est vraiment par trop timide, ce petit, et, si on ne l'encourage pas un peu, on n'en fera rien.

Camille s'est laissé conduire ; elle s'assied sur une chaise à côté d'Amanda. Le bel Endymion se trouve presque en face d'elle, mais il n'a pas paru enchanté en voyant l'une des dames auxquelles il paye du punch appeler un jeune homme pour en boire avec eux. Aussi affecte-t-il en ce moment de ne s'occuper que de Cueillette, bien que réellement ce soit de son amie qu'il veuille faire la conquête.

— Garçon ! un verre de plus ? crie Amanda.

Camille a d'abord envie de refuser de boire, mais elle

réfléchit que cette conduite la rendrait par trop suspecte, et qu'avec un habit d'homme on ne doit pas craindre d'accepter un verre de punch.

— Mon jeune ami, dit mademoiselle Amanda à Camille, en lui montrant Endymion, je vous présente un de nos lions des plus à la mode... On ne dit plus lion maintenant... je le sais bien, on dit : gandin ! mais, moi, j'aime mieux lion... je trouve que cela convient mieux à un terrible séducteur... comme ce petit Endymion, par exemple, l'homme le plus spirituel que je connaisse !... Au reste... pour peu que vous causiez avec lui quelques minutes, ça vous sautera aux yeux !

Mademoiselle Amanda a dit ces derniers mots d'un ton tellement moqueur, qu'il fallait être bien infatué de sa personne pour les prendre au sérieux ; mais Endymion gobe tout cela comme s'il lui tombait du ciel des faisans tout rôtis ; il salue son vis-à-vis en disant :

— Ah ! monsieur, il ne faut pas croire absolument tout ce que dit madame ; elle va trop loin... elle a trop de bontés pour moi !...

— Voyez-vous, ce mauvais sujet, qui dit que j'ai des bontés pour lui !... Vous allez trop loin aussi, mon cher...

— Quand je dis des bontés, délicieuse Amanda... je veux dire... j'entends par là... je veux... je...

— Eh bien ! voyons .. il ne peut pas sortir de ce qu'il veut dire... Garçon ! une perche pour monsieur qui se noie !...

Endymion, tout en parlant, avait regardé Camille, et ses traits le frappaient. Il se tait un moment, puis reprend :

— Pardon... si je perds un peu le fil de mon discours !... c'est qu'en regardant monsieur, j'ai été frappé par sa ressemblance avec une personne que je connais beaucoup... une dame charmante !... Oh ! c'est singulier, ce sont les mêmes traits... mais, cependant, je dois convenir que ce n'est pas la même expression dans la physionomie.

— Ah! voyez-vous cela! ce beau jeune homme ressemble à une dame... il est assez gentil pour cela!... Voulez-vous nous dire votre nom, bel indifférent?

— Je me nomme Julien...

— Julien!... Allons, va pour Julien!... A votre santé, cher ami.

La belle brune choque son verre contre celui de Camille, en lui disant à demi-voix :

— Julien... je t'aime... je suis folle de toi!...

Camille boit son verre de punch en retenant avec peine une envie de rire que provoque l'aveu qu'on vient de lui adresser, et elle dit à Endymion :

— Cette dame à laquelle vous trouvez que je ressemble, monsieur, habite-t-elle Paris?

— Oui, c'est-à-dire non... elle demeurait aux Prés-Saint-Gervais... mais, maintenant, je ne sais plus où elle est, car elle a quitté subitement la campagne, il y a quelque temps... à la suite d'un entretien que je venais d'avoir avec elle...

— Ah! voyez-vous cela! s'écrie Amanda. Monsieur lui aura fait des infidélités... et ils se sont fâchés; car cette dame est ou était votre maîtresse, je présume... petit Apollon?

Endymion se dandine sur sa chaise et fait sa bouche en cœur en murmurant :

— Oh!... si je vous disais que non... vous ne me croiriez pas... j'avoue que j'ai été fort amoureux de la belle Camille...

— Ah! elle se nomme Camille?...

Et en regardant monsieur, qui lui ressemble étonnamment, cela m'a rappelé des moments bien agréables...

— Assez, polisson, on vous devine!

Camille sent le feu de la colère lui monter au visage ; elle serre ses poings, et, si elle ne craignait de se trahir, elle appliquerait un soufflet à ce monsieur qui se vante d'avoir été son amant : elle tâche de se contenir, tout en lui disant d'une voix altérée :

— Ainsi, monsieur... cette dame... dont vous ne craignez pas de dire le nom... ce qui est déjà assez inconvenant... cette dame à qui je ressemble... vous prétendez avoir été son amant ?...

— Eh bien ! mais, pourquoi pas, jeune homme ?... Et qu'est-ce que cela peut vous faire ?... Pardieu ! j'ai été l'amant de bien d'autres, qui n'en ont pas été fâchées...

— Mais vous n'avez pas été l'amant de cette Camille, monsieur, et vous mentez en disant le contraire !...

Endymion demeure tout interdit du ton avec lequel son vis-à-vis vient de lui parler ; il ne sait plus que répondre, et balbutie :

— Comment !... je mens !... Ah ! bien !... je trouve le mot coquet !... Ah ! mais... c'est fort drôle !...

Cependant Amanda retient Camille, qui veut se lever, en lui disant :

— Eh bien !... qu'est-ce que cela signifie ?... Voilà mon beau Julien qui prend feu comme la poudre à présent... et pour une femme qu'il ne connaît pas !... Voyons, monsieur, est-ce que vous la connaissez, cette personne qui vous ressemble tant ?... Est-ce que ce serait votre sœur ?...

— Non, ce n'est pas ma sœur... mais je la connais ; et je sais bien que monsieur la calomnie en ce moment...

Endymion, qui sent qu'il est de sa dignité de ne point se laisser maltraiter devant les deux lorettes, et qui, d'ailleurs, en examinant la personne qui l'attaque, pense qu'il n'a affaire qu'à un écolier, reprend son air suffisant, en répondant :

— Jeune homme, vous voulez vous faire le chevalier

des dames, je vois cela ! vous pensez que cela vous fera réussir près d'elles... mais prenez garde ! cela pourrait vous attirer des aventures... désagréables !

— Je ne crois pas, monsieur, que l'on puisse jamais se repentir de défendre une femme qui est lâchement calomniée...

— Encore !... Oh ! mais c'est trop fort..., Est-ce que vous avez été l'amant de madame Édouard ?

— Pas plus que vous, monsieur... qui osez le prétendre...

— Messieurs !... messieurs ! de grâce en voilà assez !... s'écrient Amanda et Cueillette. Que l'on se querelle pour nous, passe encore ! mais pour une femme que nous ne connaissons pas...

— Ma foi, dit Endymion, il est vrai que cette Camille n'en vaut guère la peine !...

Notre élégant vient à peine d'achever ces mots que cette Camille a saisi le bol de punch et lui en a lancé tout le contenu au visage... Endymion pousse de grands cris en disant qu'on lui a brûlé les yeux. Mademoiselle Cueillette rit aux larmes en voyant les grimaces que fait ce monsieur; mais Amanda se lève, prend le bras de Camille et l'entraîne en disant :

— Décidément, il faut séparer ces deux hommes-là.

XLIII

Effets de la pipe turque.

Camille s'est laissé emmener sans résistance, car elle sent qu'elle ne peut plus supporter la présence d'Endymion ; et, dans les premiers instants, encore toute préoccupée par ce qui vient de se passer, elle ne fait aucune attention à ce que lui dit Amanda, qui, tout en s'appuyant amoureusement sur son bras, murmure à son oreille :

— Julien, je t'aimais... je t'adore à présent que tu as jeté le punch au nez de cet imbécile !... Tu es brave !... tu n'y vas pas par quatre chemins, toi ! voilà comme j'entends un homme... mais tu n'aimes point cette Camille, n'est-ce pas ? Dis moi que tu ne l'aimes pas, ou je t'arrache les yeux...

— Mon Dieu !... qu'est-ce que cela vous fait que j'aime ou que je n'aime pas cette personne ?...

— Ce que cela me fait ?... Mais je suis jalouse comme une panthère, moi !

— Je veux m'en aller...

— Moi aussi, partons ; nous allons souper ensemble...

— Oh ! non, je vous remercie, je ne soupe pas, moi !

— Veux-tu te taire ! On soupe toujours... c'est le repas le plus agréable...

— Je vous assure que je ne soupe pas.

— Et moi je te dis que je vois la ficelle... tu ne veux pas me mener souper chez un traiteur, parce que probablement tu n'as pas d'argent sur toi ! Mon Dieu ! ce n'est pas un crime, ça ! et ce ne sont pas ceux qui dépensent le plus d'argent avec nous que nous aimons le mieux... Alors, c'est moi qui te donne à souper chez moi... Oh ! nous y trouverons encore de quoi vivre !... J'ai un restant de terrine de Nérac..., des sardines, un peu de volaille, des biscuits... nous ne mourrons pas de faim !

— Vous êtes bien honnête, madame, mais je ne puis accepter ; il faut que je rentre chez moi...

— Par exemple !... plus souvent !

Ces dames étaient arrivées à la porte de sortie. Amanda entraîne Camille vers une voiture, en lui disant :

— Il faut que tu me reconduises...

— Je vous dis que cela ne se peut pas... et qu'il faut que je rentre chez moi.

— Eh bien! en ce cas, c'est moi qui vais te reconduire.

— Mais nous n'avons pas besoin de voiture, car je demeure presque en face.

— Nous serons plus vite arrivés alors.

Mademoiselle Amanda passe son bras sous celui de Camille qui, ne pouvant faire autrement, marche avec elle jusqu'à la porte de sa demeure, où elle s'arrête en disant :

— C'est ici... Vous voyez que je n'avais pas besoin de voiture.

— C'est vrai... tu es très-voisin de Mabille, c'est commode!...

— Et maintenant, madame, permettez-moi de vous dire adieu, en vous remerciant de toutes vos politesses...

— Comment! adieu!... Mais je ne te quitte pas... je vais monter chez toi...

— Monter chez moi!... Et pourquoi faire?

— Ah! il est à encadrer!... Allons, sonne donc!... ne restons pas ainsi à la porte...

— Non, madame, je ne puis pas... je ne veux pas vous recevoir chez moi... et je ne sonnerai que quand vous vous serez éloignée...

— Voyez-vous, ce petit monstre, qui me fait poser depuis deux heures et qui refuse de me recevoir!... Mais vous ne m'aimez donc pas, petit scélérat?

— Madame, je vous en prie, terminons cette scène inconvenante, laissez-moi rentrer...

— Ah! vous croyez que je vous laisserai ainsi!... Mais je n'entends point qu'on se moque de moi... Ah! vous ne me connaissez pas, cher ami!... J'ai une mauvaise tête aussi... et si vous jetez du punch au nez de ceux qui vous embêtent... moi, je bats... je tape... j'égratigne ceux qui ne font pas mes volontés !...

En disant cela, la grande brune avait empoigné Camille par le parement de son paletot, et, comme celle-ci cherchait à lui échapper, mademoiselle Amanda la saisit avec plus de force par ses vêtements, et elle tire si fort qu'elle ouvre entièrement le paletot et le gilet. Alors des charmes qui n'ont jamais été l'apanage des hommes se trouvent à découvert... La lorette les aperçoit; aussitôt elle pousse un cri et lâche Camille, en murmurant :

— Ah! mon Dieu!... Est-ce possible! une femme!...

— Vous savez mon secret, dit Camille, en se hâtant de reboutonner son paletot sur sa poitrine. J'espère que vous ne me trahirez pas...

— Moi, vous trahir?... jamais!... Mais il fallait donc me le dire plus tôt!...

— Je n'osais pas... je craignais d'être entendue...

— Ah! ah!..., l'aventure est bien drôle!... Et notre imbécile qui trouvait que vous ressembliez à cette belle Camille!.. Je gage que c'est vous qui êtes Camille?...

— Peut-être !...

— Je vais rentrer au bal... rejoindre Cueillette... Oh! comme nous allons rire aux dépens du Dufourré!..

— Vous m'avez promis de ne point lui dire mon secret?

— Soyez tranquille ; mais cela ne nous empêchera pas de nous moquer de lui. Adieu, madame... vous ne m'en voulez plus?

— Pourquoi vous en voudrais-je?...

— Mais, en vérité, vous êtes trop bien en homme ! Méfiez-vous ; car si vous retournez à Mabille, il vous arrivera souvent des aventures pareilles...

— Oh! je n'irai plus.

Mademoiselle Amanda prend la main de Camille, la

presse dans la sienne, puis s'éloigne en riant. Alors, notre héroïne peut enfin rentrer chez elle, où, très-fatiguée des événements de cette journée, elle se hâte de se mettre au lit et ne tarde pas à s'endormir.

La nuit était fort avancée lorsque Camille est éveillée par des cris, du bruit, du tapage qui se fait entendre dans le bas de la maison; à cela se joint une odeur de fumée déjà très-forte; enfin les mots toujours si effrayants, si terribles : Au feu! retentissent distinctement à ses oreilles. Il n'y a point de sommeil qui cède à ce cri fatal. Camille saute en bas de son lit, court ouvrir sa porte pour s'informer où est le feu, et la fumée qui monte d'en bas et envahit déjà l'escalier lui permet à peine d'avancer.

Le feu était en effet tout à côté de la loge de la concierge; il avait pris dans une soupente où couchait le neveu de madame Mignonnette, et la pipe turque était l'auteur de cet incendie.

On doit se rappeler que le petit Joseph, fort en colère de ce que sa tante lui avait appliqué un coup de pied au derrière, parce qu'il fumait en sultan dans sa loge, s'était promis de se dédommager en fumant dans son lit. Ce monsieur s'était muni de cette invention si dangereuse et si connue sous le nom d'allumettes chimiques, avec laquelle nous voyons à chaque instant des enfants mettre le feu dans la chambre qu'ils habitent et en être les premières victimes. Mais M. Joseph sait se servir d'allumettes, et ce n'est pas avec cela qu'il se brûlera... Le petit garçon couche dans une soupente qui est placée au-dessus d'un petit bûcher, tout près de l'escalier et de la loge de sa tante; pour se coucher, il est obligé de monter à une petite échelle qu'il applique contre l'entrée de sa soupente.

Cette nuit-là, tourmenté par sa malheureuse envie de fumer, Joseph n'est monté dans sa soupente que lorsque tous les locataires de la maison sont rentrés, bien que sa tante lui ait dit plusieurs fois :

— Joseph, allez donc vous coucher! Demain matin on ne pourra plus vous tirer du lit, et les bottines et souliers des locataires ne seront pas faits quand on vous les demandera.

Enfin Joseph est monté dans sa soupente, muni de sa pipe turque et de ses chimiques. Il commence par se coucher, et, avant de se mettre à fumer, veut attendre que sa tante ait fermé sa loge et se soit couchée aussi.

Lorsqu'il est bien certain qu'on ne peut plus savoir ce qu'il fait, il bourre sa longue pipe, l'allume à l'aide de ses allumettes, puis, plaçant la tête de son narghilé sur le plancher, dont il n'est séparé que par la hauteur d'un matelas, il s'étale dans son lit en se mettant le tuyau dans la bouche. Alors, fier comme un pacha, heureux comme tous les écoliers de faire ce qu'on lui défend, M. Joseph fume avec délices, ne s'interrompant que pour chanter des passages de : *Ohé! mes petits agneaux !... qu'est-ce qui casse les pots ?*

Tout est bien qui finit bien ! dit une vieille comédie allemande; mais il est très-rare que cela finisse bien quand on fume dans son lit. D'abord, malgré le charme de la pipe et de la chanson des *Petits Agneaux*, M. Joseph ne tarde pas à s'endormir, sans songer à éteindre sa pipe, parce qu'à douze ans le sommeil vient vite et est plus fort que votre volonté. Si la cheminée de la pipe était restée sur le plancher où le petit garçon l'avait placée, probablement elle y aurait consumé le tabac sans que rien de fâcheux fût arrivé; mais l'imprudent dormeur tenait toujours le tuyau de caoutchouc dans sa main droite; en se retournant dans son lit, il avait attiré à lui la cheminée embrasée, et le tabac en feu était tombé sur la couverture et le drap.

L'effet avait été fort long à se produire; la couverture en

coton avait d'abord brûlé très-lentement ; mais, lorsqu'une fois le drap avait pris feu, il avait fait des progrès plus rapides. Alors M. Joseph s'était éveillé ; il sentait qu'un de ses bras avait beaucoup trop chaud, il avait aperçu la flamme qui bientôt l'aurait enveloppé, et, pris d'une terreur panique, était sorti de son lit et s'était jeté du haut de sa soupente à terre, sans se servir pour cela de l'échelle.

Une fois en bas, et ne craignant plus pour lui, le petit garçon, qui sentait bien qu'il était l'auteur de cet incendie, avait voulu essayer de l'éteindre à lui seul. Il y avait une pompe dans la cour, un seau était toujours à côté ; Joseph va prendre le seau, et pompe jusqu'à ce qu'il soit plein. Alors il revient avec son seau devant sa soupente, dans laquelle il veut le jeter ; pour cela il faut monter à l'échelle, sans quoi le contenu du seau n'arriverait jamais dans l'intérieur de la soupente ; mais, en se jetant en bas, il a renversé l'échelle, et déjà la fumée le gêne pour la trouver. Pendant qu'il la cherche, madame Mignonnette a entendu du bruit, puis elle a senti l'odeur de la fumée ; alors elle s'est levée, elle passe à la hâte un jupon et sort de sa loge. Elle arrive au moment où Joseph, qui avait enfin trouvé son échelle, la montait avec son seau plein d'eau... mais, dans sa terreur, à l'aspect de la fumée, la concierge se jette brusquement contre l'échelle qu'elle ne voit pas ; ce mouvement inattendu manque de faire tomber Joseph, qui, en cherchant à se retenir, lâche son seau, dont tout le contenu se renverse sur madame Mignonnette. La pauvre femme, qui n'a qu'une camisole et un jupon, est véritablement inondée, justement lorsqu'elle est obligée de crier au feu.

Mais les locataires ont entendu ; ils se lèvent, appellent les voisins. On trouve l'infortunée concierge trempée comme une soupe, et qui crie au feu en grelottant. On établit une chaîne ; il était temps : le feu de la soupente commençait à se communiquer au bûcher au-dessous, et la fumée qui montait dans l'escalier répandait la terreur chez les locataires qui étaient restés chez eux.

C'est en ce moment que Camille s'est réveillée, et qu'à peine vêtue elle a couru sur son carré. La vue de la fumée, les cris que jettent plusieurs dames qui logent au second répandent la terreur dans son âme ; pour achever de l'épouvanter, M. Consonne, n'ayant qu'un caleçon et sa robe de chambre, sort de chez lui comme un trait, descend quelques marches de l'escalier, puis les remonte en s'écriant :

— Pas moyen de descendre... la fumée suffoque !... Mesdames, c'est fait de nous... A moins que nous ne nous sauvions par les fenêtres... nous sommes fumés !... Mon petit voisin, vous qui êtes jeune et leste... essayez donc de descendre.

Mais Camille, à qui le professeur adressait la parole, au lieu de descendre l'escalier, perd connaissance et se laisse aller dans les bras de M. Consonne, qui l'emporte contre une fenêtre qu'il ouvre en lui disant :

— Eh bien ! jeune homme !... comment ! vous vous trouvez mal ?... Allons ! du courage... nous ne sommes pas... nous ne sommes pas...

M. Consonne ne peut pas achever sa phrase, parce qu'en cherchant à ranimer Camille, qu'il soutient dans ses bras, il vient aussi de s'apercevoir que son voisin est une voisine. Il demeure frappé de surprise, il en oublie le feu et s'écrie :

— O métamorphose !... O transformation !... En croirais-je mes yeux !... le genre masculin est devenu du féminin !...

Disons vite, à l'honneur du professeur, que, loin d'abuser de sa découverte et de profiter de l'état de Camille pour pousser plus loin ses recherches, il se hâte de l'envelopper le mieux possible dans l'espèce de peignoir qu'elle avait à la hâte jeté sur elle, et n'ose plus même lui serrer la taille. Cependant l'air qui arrive par la fenêtre a fait revenir la jeune femme, et pendant ce temps le feu a sensiblement diminué.

XLIV

Bonheur!

En ouvrant les yeux, Camille se voit soutenue par M. Consonne, qui lui dit d'un ton fort respectueux :

— Rassurez-vous... remettez-vous... la fumée diminue beaucoup... il paraît que nous ne serons pas encore rôtis cette fois...

— Ah! monsieur... j'ai eu bien peur!...

— Cela se conçoit... au milieu de la nuit... être réveillé par un incendie, c'est très-effrayant... et surtout pour une personne... qui n'est pas obligée d'avoir notre courage, à nous autres !...

— Comment!... Que voulez-vous dire, monsieur ?

Le professeur met un doigt sur sa bouche, en répondant à voix basse :

— Ne craignez de moi aucune indiscrétion, belle dame, je serai muet... et recevez mes excuses pour avoir osé un soir vous prier de me retirer mon pantalon ; si j'avais pu deviner... Ah! grand Dieu! moi qui ai toujours eu pour le beau sexe les plus grands égards!... Mais j'étais si loin de penser... J'ose espérer que vous me pardonnez ?...

— Ah! monsieur, je me fie à vous... puisque vous avez maintenant découvert la vérité...

— Oui, je l'ai découverte... sans le faire exprès... Elle s'est découverte toute seule !...

En ce momemt, plusieurs voix crient d'en bas :

— C'est fini... c'est éteint... il n'y a plus de danger !...

Et madame Mignonnette arrive au troisième, toujours grelottant, pour rassurer les locataires de chaque étage.

— Comment donc cela est-il arrivé ?... Où donc était le feu ?... lui demande-t-on de tous côtés.

— Eh ! mon Dieu !... c'est Joseph... mon polisson de neveu qui est cause de tout cela !... répond la concierge. Le petit drôle fumait dans son lit... on a trouvé sa pipe turquoise dans la soupente... Et, croiriez-vous, pendant qu'on cherchait à éteindre l'incendie, qu'il ne cessait de crier :

« — Sauvez ma pipe !... Elle est par terre... ne la laissez pas brûler ! » Ah ! le gredin !... Mais, soyez tranquilles, messieurs et mesdames, à compter de demain, il ne couchera plus ici. Les gens qui fument dans leur lit ne doivent coucher que dans la rue... au moins, là, ils ne brûlent pas leurs voisins.

Camille se hâte de regagner sa chambre, afin d'échapper aux saluts respectueux que lui fait M. Consonne chaque fois qu'elle regarde de son côté ; car, tout en voulant respecter le déguisement de sa belle voisine, le professeur, par son excessive politesse, ne tarderait pas à faire découvrir la vérité.

Camille se jette sur son lit, en se disant :

— Voilà mon secret bien aventuré !... Reconnue par deux personnes... puis-je espérer que d'autres s'y tromperont toujours ?

Puis, en se rappelant la lettre de son père, elle se demande s'il est absolument nécessaire qu'elle continue à se déguiser, à se cacher...

Le sommeil a surpris la jeune femme au milieu de ses

réflexions. Il est neuf heures du matin, lorsqu'elle entend frapper à sa porte. Persuadée que c'est madame Mignonnette qui lui apporte son déjeuner, elle s'habille à la hâte et va ouvrir; mais, au lieu de sa concierge, c'est Léoville qu'elle aperçoit et qui pousse un cri de joie en disant :

— C'est elle... on ne m'a pas trompé!... Ah! que je suis heureux!

Il n'y avait plus moyen de vouloir nier son identité; Léoville n'avait pas hésité un instant pour la reconnaître, et Camille, qui ne peut cacher le bonheur qu'elle éprouve à le revoir, lui tend la main en lui disant :

— Eh bien! oui, c'est moi... Mais, au nom du ciel, comment avez-vous su que j'étais ici?... Qui avez-vous demandé en bas?...

— Ah! je devrais d'abord vous gronder pour tout le chagrin que vous m'avez causé... cœur cruel!... qui condamne au désespoir ceux qui ne peuvent vivre sans elle!... Mais, vous voilà... vous m'êtes rendue... toutes mes peines sont oubliées. Sachez donc qu'une lettre anonyme que j'ai reçue hier au soir contenait ces mots : « Celle que vous aimez, que vous cherchez en vain en tous lieux, habite dans l'Allée des Veuves, presque en face du jardin Mabille; elle a pris le costume d'homme et se fait appeler Julien. » Oh! vous devez penser quelle joie me causa ce billet! Cependant je craignais d'être trompé par un faux avis... Il était trop tard hier pour venir chercher par ici le soi-disant Julien. Mais, ce matin, je suis accouru... J'ai demandé dans plusieurs maisons... enfin, je vous ai trouvée... Ah! quel que soit l'auteur de cet avis anonyme, je le bénis!... car il m'a rendu celle sans laquelle je ne puis exister.

Léoville a pris la main de Camille, il la couvre de baisers, puis il balbutie avec des regards suppliants :

— Camille, au nom du ciel... dites-moi que vous ne me fuirez plus?...

La jeune femme ne répond rien, mais elle va chercher la lettre qu'elle a reçue la veille et la présente à Léoville. Celui-ci la lit avec attention, et la joie que cette lecture lui fait éprouver éclate bientôt dans ses yeux. A peine l'a-t-il achevée qu'il se jette aux pieds de Camille, en s'écriant :

— Il se corrige... il part... plus d'obstacles maintenant !... O ma bien-aimée !... dites-moi que vous consentez enfin à être ma femme !

Pour toute réponse, Camille regarde Léoville en lui présentant sa main. Cette action, ce regard, en disaient assez. Léoville est au comble de ses vœux. Bientôt, regardant autour de lui, il s'écrie :

— Vous ne pouvez rester davantage dans ce misérable logement. Pendant que vous allez vous habiller et reprendre ces vêtements qui vous vont si bien, je cours louer pour vous un appartement que vous occuperez jusqu'à ce que nous soyons mariés.

— Faites, mon ami, dit Camille ; désormais, je vous laisse l'arbitre de ma destinée, et je n'aurai plus d'autre volonté que la vôtre.

Léoville est parti. Camille procède alors à sa toilette, et c'est avec un véritable plaisir qu'elle reprend les habits de son sexe. Elle vient d'achever de s'habiller, lorsque madame Mignonnette lui apporte son café. La concierge demeure à son tour stupéfaite en trouvant une femme à la place de son jeune locataire. Elle ne peut en croire ses yeux, et balbutie :

— Une dame !... une jolie dame !... et plus de M. Julien !... Mais, Dieu me pardonne... vous êtes madame Édouard !

— Oui, ma bonne madame Mignonnette !... Des circonstances imprévues m'avaient forcée à me déguiser, à prendre le nom de Julien... Grâce au ciel, je puis maintenant redevenir moi... Vous me pardonnez de vous avoir trompée, n'est-ce pas?

— Ah! chère dame!... c'est donc ça que cette nuit M. Consonne vous saluait jusqu'à terre... et que ce matin il m'a dit en descendant : « Madame Mignonnette, mon jeune voisin a eu très-peur cette nuit... je crains qu'il ne soit indisposé... Montez-lui de l'eau sucrée et de l'eau de fleur d'oranger. » il avait deviné le fin mot. Mais, est-ce que vous allez nous quitter?

— Oui, ce logement de garçon ne me convient plus; mais, voilà pour vous dédommager de tous les embarras que je vous ai causés.

Madame Mignonnette fait une profonde révérence en recevant une bourse que sa locataire lui met dans la main, et appelle son neveu pour qu'il descende les bagages de Camille, qui fait cadeau à sa concierge des meubles dont elle avait fait l'achat. Bientôt Léoville revient avec une voiture et emmène Camille.

Et, tout en portant les paquets dans la voiture, M. Joseph dit à sa tante :

— Votre monsieur Julien était une femme... C'est pas étonnant s'il ne fumait pas!

XLV

Une commission.

Lorsque Léoville avait appris aux Prés-Saint-Gervais que Camille venait de partir sans faire savoir où elle se rendait, le premier soin du vicomte, en revenant à Paris, avait été d'aller chez madame Monclair; il espérait encore que celle qu'il cherchait s'y serait réfugiée. Mais là, on ignorait encore cet événement, et Sincère avait partagé la douleur de Léoville en apprenant que Camille avait quitté l'hôtel Pothery pour ne plus recevoir les visites de ceux qui l'aimaient.

— Ah! je la retrouverai, car je ne puis vivre sans elle! avait dit Léoville.

Et Sincère s'était dit en lui-même :

— Il faut bien que je vive sans elle... car j'ai encore ma bonne grand'mère, moi... mais, c'est égal... je n'aurai pas de repos que je n'aie retrouvé Camille... qui m'appelle son ami et que j'aime comme ma sœur... puisqu'il ne m'est pas permis de l'aimer autrement.

C'était quelques jours après avoir appris la disparition de Camille, que Sincère, en revenant de faire une commission pour le peintre chez lequel il étudiait, avait rencontré, dans le faubourg Saint-Martin, Saint-Croisy affublé d'une blouse et coiffé d'une casquette; mais la figure de cet homme avait tellement frappé le jeune apprenti le jour qu'il l'avait vu descendre de calèche, que, malgré la différence du costume, il s'était dit : « Voilà le père de Camille ! »

Puis, voyant entrer cet individu dans une maison du faubourg, Sincère avait eu la patience d'attendre à la porte pour le revoir à la sortie. En revoyant Saint-Croisy, persuadé plus que jamais qu'il ne s'est pas trompé, nous savons que Sincère avait suivi ses pas puis, qu'enfin il était entré dans le café où ce dernier s'était réfugié; nous savons quel avait été le résultat de la rencontre au café, quel entretien avait eu lieu entre ces deux personnages, et comment Sincère avait quitté Saint-Croisy.

Sachons maintenant ce qu'il a fait lorsqu'il est sorti du café.

D'abord, le jeune garçon n'a pas douté un moment que c'était bien le père de Camille qui était devant lui; mais il a réfléchi qu'en lui laissant voir qu'il le reconnaissait, celui-ci prendrait bien plus de précautions pour lui échapper, qu'il serait bien plus sur ses gardes. C'est pourquoi il a feint de reconnaître qu'il s'était trompé et a quitté Saint-Croisy en le laissant entièrement tranquille sur ce sujet.

— J'ai été maladroit! se dit Sincère quand il est hors du café. J'ai laissé voir à cet homme que je le suivais... Désormais, il sera bien fin s'il s'en aperçoit.

En effet, Saint-Croisy, en sortant du café, n'a plus remarqué personne sur ses pas; il n'en a pas vu davantage en se rendant chez le petit traiteur où il a pris son repas, ni le soir en allant sur les bords du canal au rendez-vous qu'il avait donné à Harzmann, et cependant Sincère ne l'avait pas perdu de vue; le jeune apprenti, oubliant la commission dont on l'avait chargé, et l'inquiétude de sa vieille mère en ne le voyant pas revenir à l'heure du repas, n'avait pu se décider à quitter la piste de Saint-Croisy : quelque chose dont il ne pouvait pas se rendre compte lui disait qu'il avait lui-même intérêt à suivre cet homme, à connaître ses actions, à lui faire recevoir le châtiment de ses crimes, et lorsque le souvenir de Camille se représentait à sa pensée, lorsqu'il réfléchissait que ce serait l'affliger que de punir son père, il écartait cette idée, en se disant :

— Mais cet homme est un misérable !... J'en suis sûr, et moi, je serais coupable aussi si je ne le démasquais pas, si je ne l'empêchais pas de faire encore des dupes!

Sincère a donc assisté, mais de fort loin, et sans pouvoir rien entendre, à l'entrevue qui a eu lieu sur le quai Valmy, entre Saint-Croisy et le ciseleur. Lorsque ce dernier est parti pour regagner sa demeure, il a passé tout près de l'apprenti, caché alors contre un amas de pierres; quelques paroles entrecoupées s'échappaient de la bouche de maître Harzmann, encore ému par l'entretien qu'il venaît d'avoir avec Saint-Croisy. Ces paroles, Sincère veut les entendre... il quitte sa cachette en marchant avec précaution derrière le ciseleur, et parvient à saisir ces mots :

— Le misérable... il me menace !... Oh ! je ne le crains pas... Mais pourquoi l'ai-je connu ?... pourquoi ai-je cédé ?...

Sincère ne peut en entendre davantage, les paroles sont devenues inintelligibles ; mais il en sait assez pour deviner que quelque mauvaise action a lié cet homme qui est devant lui à la destinée de Saint-Croisy. Alors il veut pouvoir aussi reconnaître celui qui vient d'avoir sur le canal ce mystérieux entretien. On est arrivé au faubourg du Temple, le ciseleur a pris ce chemin ; Sincère hâte le pas, il a bientôt dépassé maître Harzmonn, et quand celui-ci passe devant une boutique très-éclairée, il est facile au jeune homme de bien voir son visage.

Sincère éprouve alors un sentiment d'effroi, de répulsion, semblable à celui qu'il a ressenti la première fois qu'il a vu Saint-Croisy ; mais il a commencé à suivre cet homme, il continuera, car il pense bien que maintenant il ne retrouvera plus Saint-Croisy sur le canal.

Le ciseleur est bientôt arrivé à son domicile, et Sincère reconnaît la maison devant laquelle il s'est déjà arrêté dans la journée.

Alors notre jeune apprenti se décide à regagner enfin son logis, où il arrive bien fatigué de sa journée. Sa vieille mère le gronde, parce que l'heure du repas est passée depuis longtemps. Pour s'excuser, Sincère raconte à madame Monclair tout ce qu'il a fait. Celle-ci, après avoir écouté son petit-fils avec attention, lui dit en secouant la tête :

— Mais, mon ami, à quoi tout cela te mènera-t-il ?... Que te sert d'avoir suivi cet homme que tu crois être le père de Camille... et cet autre qui semble ne pas valoir mieux ?... Si ces deux hommes ont commis de méchantes actions, il me semble que tout cela ne te regarde pas...

— Ah! bonne maman... c'est singulier, mais il me semble que cela me regarde, moi!...

— Parce que tu songes à Camille, que tu veux pouvoir la renseigner sur... sur son père; mais, crois-tu donc qu'elle regardera comme un service... qu'elle te saura gré de lui apprendre des choses qui lui feront du chagrin?...

— Elle m'en a prié, ma mère... j'ai cru que je devais lui obéir.

— Mon ami, dans le monde, il ne faut pas prendre à la lettre tout ce qu'on nous dit!... Nos amis veulent bien que nous leur annoncions des nouvelles agréables, ils ne nous savent jamais gré de leur en communiquer de mauvaises.

— Enfin, ma mère, puisque Camille a de nouveau disparu, puisque je ne puis pas parvenir à découvrir où elle se cache... Je pensais que par ce vilain homme... Ce Saint-Croisy... je pourrais peut-être la retrouver, car lui aussi, j'en suis persuadé, doit la chercher... Est-ce qu'un père peut être indifférent sur le sort de sa fille?...

— Oh! d'après la manière dont celui-là s'est conduit avec elle jusqu'à ce jour, il n'y aurait rien d'étonnant à ce qu'il ne s'en occupât pas du tout.

— J'ai perdu sa piste pour suivre celui qui parlait tout seul sur le canal... où il se croyait bien seul; mais je retrouverai le Saint-Croisy... il est probable qu'il retournera voir son ami!...

— Est-ce que tu comptes de nouveau passer tes journées à épier ces hommes... à surveiller leurs moindres démarches?... Alors, tu ne travailleras plus, tu te feras renvoyer de l'atelier de ton peintre, qui commençait à être content de toi... Ah! Sincère, cela me ferait bien de la peine!

Sincère rassure sa grand'mère, lui promet de travailler

avec plus d'ardeur que jamais, afin que l'on soit content de lui ; mais, en lui-même, il se promet aussi de retrouver le père de Camille, de percer le mystère dont il s'enveloppe, et de savoir quel est cet homme qui, la veille, s'est entretenu si longtemps avec lui sur les bords du canal.

Pour commencer, le lendemain avant de se rendre à son atelier, il court à la maison du faubourg Saint-Martin, entre dans l'allée noire, arrive au fond devant le marchand de vins, et, s'adressant à une femme qui sert les buveurs, lui dépeint exactement le personnage qu'il a suivi la veille, en lui demandant s'il demeure dans la maison.

— Pardi ! répond la marchande de vins, le portrait est assez ressemblant pour qu'on ne puisse pas s'y tromper... c'est de M. Harzmann que vous parlez !

— M. Harzmann ?

— Oui, ou maître Harzmann, comme beaucoup de personnes l'appellent.

— Et que fait-il, ce M. Harzmann ?

— C'est un ciseleur... c'est-à-dire c'était un ciseleur d'un grand talent à ce qu'il paraît ; mais il ne fait plus rien...

— Et il demeure dans cette maison ?

— Oui, au second.

— Je vous remercie, madame.

Sincère s'éloigne ; il sait le nom de celui chez qui se rendait Saint-Croisy, et pendant plusieurs jours il vient rôder, se promener, devant la demeure de Harzmann, espérant que le monsieur en blouse et en casquette y viendra de nouveau ; mais c'est en vain qu'il passe là des demi-heures, quelquefois des heures entières ; celui qu'il voudrait tant retrouver n'y paraît plus, et Sincère, ennuyé de guetter pour rien, renonce enfin à perdre son temps.

Trois semaines se sont écoulées. Sincère n'a plus rencontré Saint-Croisy, et maintenant il se repent de l'avoir laissé au bord du canal pour suivre les pas de l'homme qui était avec lui.

Le peintre chez lequel étudie le jeune rapin a commencé un grand tableau dont le sujet est pris à l'époque de la Renaissance, et, un matin, au moment d'y travailler, il s'écrie :

— Il me faut absolument un de ces beaux ouvrages d'art... un de ces beaux vases ciselés, comme en faisait *Benvenuto Cellini*... C'est indispensable sur ce meuble... Diable !... diable !... je n'en ai pas... Qui donc pourrait me prêter cela ?... Tous les confrères que je connais sont incapables d'avoir chez eux un objet d'une telle valeur... il n'y a que maître Harzmann qui ait cela ! Au fait, je lui ai jadis procuré plusieurs pratiques... il ne refusera pas de me prêter ce dont j'ai besoin.

Au nom de Harzmann, Sincère a levé le tête et écouté attentivement ; son maître s'est mis à écrire, et, quand il le voit plier sa lettre, il s'écrie :

— Est-ce que monsieur va envoyer ce billet chez le ciseleur Harzmann ?

— En effet ; pourquoi me demandes-tu cela ?

— Ah ! c'est que depuis longtemps j'ai entendu parler de ce ciseleur comme d'un homme d'un grand talent... et j'aurais été bien curieux de le connaître... Si monsieur voulait me permettre de porter cette lettre ?...

— Mon Dieu, si cela te fait tant de plaisir, je le veux bien... toi ou tout autre ; d'ailleurs, j'aime mieux que ce soit toi qu'un autre, car je prie maître Harzmann de me prêter un de ses beaux vases, ou une coupe, ou une buire, enfin un beau modèle dont j'ai besoin pour le tableau que j'entreprends ; il est bien probable qu'il ne me refusera pas. Il faudra donc te charger de l'objet qu'il te confiera, et prendre bien garde en l'emportant qu'il ne lui arrive quelque accident en chemin.

— Soyez tranquille, monsieur, je prendrai bien garde.

— Je n'ai pas besoin de te recommander de ne point flâner en route... comme cela t'arrive quelquefois ?

— Je promets à monsieur de revenir tout droit ici.

— C'est bien. Voici la lettre ; l'adresse du ciseleur est dessus.

— Ah ! je trouverai, monsieur ; mais si ce maître Harzmann était sorti ?

— Alors il faudrait attendre sa rentrée... cela vaudrait mieux que d'être obligé de retourner encore... car il me faut une réponse, un refus ou l'objet que je lui demande. Ah ! si on te le remet, tu diras bien à maître Harzmann que je ne sais pas au juste le temps que je le garderai, mais que, s'il en avait besoin, cela serait toujours à sa disposition... tu entends ?

— Oui, monsieur.

Sincère prend la lettre et part sur-le-champ ; il n'a pas besoin de chercher la demeure du ciseleur, elle lui est assez connue. Il arrive, monte au second et sonne à la porte qu'on lui avait indiquée.

Le ciseleur n'avait plus sa même bonne ; sa Picarde était devenue malade et avait voulu retourner dans son pays ; celle qui la remplace est plus jeune et n'a pas l'air d'avoir les mêmes qualités que la première, qui parlait à peine et ne se permettait jamais la moindre question. Celle-ci est curieuse et bavarde comme presque toutes les bonnes ; elle cache ses défauts autant que possible à ses maîtres, parce qu'elle voit bien qu'ils ne les toléreraient pas, mais, dès qu'elle en trouve l'occasion elle tâche de se dédommager.

— Monsieur Harzmann le ciseleur ? demande Sincère.

Et la jeune bonne, après l'avoir examiné des pieds à la tête, répond :

— C'est ici, monsieur.

— Est-il chez lui ?

— Oui, il y est.

— Je voudrais lui parler, j'ai une lettre à lui remettre, et il y a une réponse.

— Ah ! ça ne se peut pas à présent... parce que, je vas vous dire : monsieur est en train de dormir... Ça lui arrive assez souvent dans la journée... C'est drôle, un homme encore jeune qui dort dans la journée !... Je n'aimerais pas ça, moi... mais, ici, il paraît que c'est l'habitude...

— Eh bien ! est-ce que vous ne pouvez pas réveiller votre maître, en lui disant que quelqu'un demande à lui parler ?

— Le réveiller ! Ah ! bien, oui !... je me ferais une belle affaire... Non-seulement il m'est défendu de le réveiller, mais il ne faut même pas que j'entre dans la chambre de monsieur quand il dort... Il n'y a que madame qui ait ce droit-là !...

— Alors, priez madame d'aller réveiller monsieur ?

— Madame est sortie avec son fils pour lui acheter des livres d'études, et, quand même elle serait là, je n'oserais pas lui dire de réveiller maître Harzmann... Le plus court, c'est de laisser votre lettre ; vous reviendrez chercher la réponse.

— Oh ! non ; M. Delcour, le peintre qui m'envoie, m'a dit d'attendre et de ne pas revenir sans réponse.

— Eh bien ! alors, entrez et vous attendrez ; je le veux bien, moi, je ne m'y oppose pas.

Sincère entre dans l'antichambre, triste et sombre comme le reste de l'appartement. La jeune bonne lui présente une chaise, en lui disant :

— Asseyez-vous, monsieur... Est-ce que vous êtes peintre aussi, vous ?

— Pas encore, mais j'étudie pour le devenir.

— Ah ! c'est un joli état, ça... Je suis fâchée de ne pas

être entrée au service d'un peintre!... On doit voir tout plein de tableaux... c'est plus gai qu'ici... et ça n'a pas de peine à être plus gai !

— Cet appartement est bien sombre en effet!

— Et mes maîtres sont encore plus sombres que l'appartement. Jugez comme je dois m'amuser!

— Ah! vos maîtres sont tristes?

— Comme des corbillards... Jamais on n'entend ici ni rire, ni chanter... Et comme je chantais quelquefois, moi, en faisant mon ménage, car, chanter n'empêche pas de balayer... au contraire, eh bien! madame m'a dit : « Toinette, taisez-vous, nous n'aimons pas le bruit. » Comme si, une chanson, c'était du bruit!...

— Y a-t-il longtemps que vous êtes au service de M. Harzmann?

— Quinze jours, pas davantage, et, entre nous, je crois que je n'y ferai pas de vieux os... je m'y ennuie trop!... Des gens qui ne reçoivent presque jamais personne... qui ne donnent pas à dîner, qui ne vont pas dîner en ville... merci, on n'est jamais libre...

— Est-ce que vous ne voyez point venir assez souvent ici un homme qui s'appelle Saint-Croisy?

— Saint-Croisy!... Ma foi, non!... Qu'est-ce qu'il fait, cet homme-là?

— Ah!.... je n'en sais pas plus.

— Voyez-vous, je reste encore, parce qu'on est bien payé; ah! par exemple, on est bien payé... et puis, c'est moi qui vais au marché... et madame n'est pas trop chipotière sur les prix... Voilà le beau côté de la place. Mais, ne pouvoir jamais chanter, ni rire, ni causer!... Ah! ça ne pourra pas m'aller longtemps!...

— Vos maîtres sont à leur aise cependant?...

— Certainement, puisque monsieur ne fait plus rien... Oh! ils sont riches... Être riche et être triste... concevez-vous ça?... Moi, si j'avais de la fortune de quoi ne plus travailler, je danserais toute la journée... au lieu de dormir comme monsieur !... Et vous, aimez-vous la danse ?

Sincère sourit en répondant :

— Pas autant que vous.

— Cependant vous êtes tout jeune... Quel âge que vous avez bien ?

— Seize ans.

— Je suis votre aînée, j'en ai dix-neuf... C'est égal, je vous accepterais bien tout de même pour mon danseur... Allez-vous au bal souvent ?

— Jamais.

— C'est drôle ! Dans mon pays, les jeunes gens de votre âge sont bien plus gigoteurs que ça !

— Qu'entendez-vous par gigoteurs ?

— Tiens ! pardi !... gigoteurs... sauteurs... danseurs... et même rigoleurs !... Tout le monde sait ça !

— Mademoiselle Toinette, si votre maître était réveillé, comment le sauriez-vous ?

— Dès que monsieur ne dort plus, il frappe sur un timbre... qu'on entend bien ; alors, cela signifie qu'on peut entrer chez lui ; mais j'aime autant qu'il ne sonne pas, moi ; ça fait que je peux causer un brin avec vous... et c'est si bon de causer quand on n'en a pas souvent l'occasion ! Est-ce que vous êtes pressé ?

— Non... mais je voudrais cependant savoir si M. Harzmann prêtera à mon patron ce que celui-ci lui demande...

— Vous venez emprunter quelque chose ?

— Oui.

— Quoi donc ?

En ce moment le son du timbre se fait entendre.

— Votre maître est éveillé, dit Sincère à la bonne. Allez, s'il vous plaît, lui annoncer qu'on demande à lui parler...

— C'est bien ! j'y vais. C'est embêtant tout de même, on n'a pas une minute d'agrément ici !

Et mademoiselle Toinette se décide d'assez mauvaise grâce à faire sa commission.

Depuis le dernier entretien que le ciseleur avait eu avec Saint-Croisy, et dans lequel celui-ci lui avait appris que sa femme lui avait demandé s'il ne se nommait pas Bouginier, une inquiétude nouvelle, une crainte vague tourmentait Harzmann, et lorsqu'il se retrouve seul avec sa femme, il la regarde souvent à la dérobée et semble chercher à lire sur son front si elle ne lui cache pas aussi quelque triste secret.

Mais Hélène est toujours la même avec son mari, aussi douce, aussi attentive, aussi soumise. Plus d'une fois, au moment de la questionner, les paroles expirent sur les lèvres du ciseleur. Un jour, cependant, et lorsqu'il se sent prêt à s'abandonner au sommeil, Harzmann se lève vivement et se met à marcher dans sa chambre en disant :

— Non, non, je ne veux pas dormir... le sommeil est dangereux quelquefois !...

— Et pourquoi donc craignez-vous de dormir, mon ami ? dit Hélène en fixant ses doux yeux sur son mari.

— Je ne sais... j'ai un sommeil si agité, si pénible quelquefois... Mais vous le savez bien, d'ailleurs... Dites-moi... est-ce qu'en rêvant il ne m'arrive pas... parfois... de parler ?

— Non, mon ami, répond Hélène avec calme, car je n'appelle point parler une syllabe ou deux qui vous échapperont peut-être comme à tout le monde, lorsqu'on fait un rêve pénible...

Le front du ciseleur s'éclaircit ; sa femme reprend :

— Mais pourquoi me faites-vous cette question aujourd'hui ?

— Ah ! c'est que vous avez demandé à Saint-Croisy s'il

ne s'appelait pas... Bouginier... Où donc avec vous entendu ce nom ?...

Hélène est quelque temps sans répondre ; elle semble chercher dans sa mémoire, et dit enfin :

— Bouginier... Attendez... Mais, oui, je me souviens à présent, c'est vous, une fois, qui, en me parlant de votre ami Saint-Croisy, avez dit :

— Est-ce que Bouginier n'est pas venu ?... Puis, vous vous êtes repris et avez bien dit son nom... Vous n'y avez pas alors fait plus d'attention que moi... Mais je ne sais pourquoi, l'autre jour, ce nom m'est revenu à la mémoire, et l'idée m'a pris de demander à M. Saint-Croisy si ce n'était pas aussi le sien.

Le ciseleur paraît complétement satisfait de cette explication, et il reprend d'un air indifférent :

— Ah ! oui... en effet... j'ai connu autrefois quelqu'un qui portait ce nom... J'ai pu par inadvertance le donner à Saint-Croisy, mais ce n'est pas le sien.

Après cette conversation, maître Harzmann s'était de nouveau sans crainte abandonné au sommeil, tandis qu'Hélène s'était bien promis d'être plus prudente à l'avenir.

— Monsieur, il y a là un jeune garçon qui demande à vous parler et à vous donner une lettre, et il y a une réponse ; c'est pourquoi il a attendu, dit mademoiselle Toinette, en entrant dans la chambre de son maître.

— A-t-il dit son nom ? demande Harzmann.

— Non, monsieur, mais ça ne fait rien ; c'est un peintre qui l'envoie... Il vient pour emprunter quelque chose à monsieur.

— Faites-le passer dans le salon ; j'irai l'y rejoindre.

La domestique revient trouver Sincère, et lui dit :

— Venez, je vais vous conduire dans le salon... monsieur va y venir.

Sincère suit la jeune bonne. Il arrive dans le salon où

sont les étagères garnies d'objets précieux dus au talent du ciseleur.

— Restez ici, dit Toinette, monsieur va s'y rendre. Tenez, cette porte est celle de sa chambre... attendez !...

La domestique s'éloigne. Sincère examine d'un œil curieux la pièce dans laquelle il se trouve; entouré des magnifiques ouvrages du maître du logis, il les voit sans admiration et presque avec indifférence; une seule pensée l'occupe : c'est qu'il va voir en face cet homme qui avait un rendez-vous mystérieux avec Saint-Croisy, et qui, en le quittant, a laissé échapper de ses lèvres des paroles bien compromettantes. Cette attente fait palpiter son cœur et lui cause une émotion qu'il ne peut maîtriser.

Enfin, une porte s'ouvre :

Harzmann paraît, enveloppé dans sa vaste robe de chambre et la tête couverte de son bonnet de velours noir. A son aspect, Sincère sent un frisson parcourir tout son corps, comme on en ressentirait à l'aspect d'un serpent; il se hâte de présenter sa lettre en balbutiant :

— C'est de la part de M. Delcour, mon maître.

Harzmann prend le billet en regardant à peine celui qui l'apporte, et, après avoir lu, dit :

— M. Delcour désire pour modèle quelque chose d'élégant... de riche... mais il ne désigne pas précisément quoi.

— Il s'en rapporte à vous, monsieur.

— Eh bien ! alors... je vais vous donner cette coupe... je pense que cela fera son affaire.

Et le ciseleur prend sur une étagère une magnifique coupe, dont les deux anses sont formées par deux charmantes sirènes; il la remet à Sincère, en lui disant :

— Tenez... enveloppez cela avec soin dans votre mouchoir...

— Oui, monsieur... Ah ! M. Delcour m'a chargé de vous dire que, ne sachant pas au juste quand il aurait fini son

7.

travail, si, d'un moment à l'autre, vous désiriez ravoir cet objet, en le lui faisant savoir, il vous le renverrait sur-le-champ.

— C'est bien... c'est bien... Oh! je n'en suis nullement pressé!

Sincère a enveloppé la coupe, il s'incline légèrement et sort du salon. Dans l'antichambre, il retrouve mademoiselle Toinette, qui a bien envie de savoir ce qu'il emporte; mais le jeune apprenti ne s'arrête pas pour lui parler; il lui tarde d'être hors du logis du ciseleur; il s'y sent oppressé, il y étouffe, et ce n'est qu'en se retrouvant dans la rue qu'il respire à son aise.

XLVI

Le Nouveau-Monde.

Nous avons laissé Endymion Dufourré au jardin Mabille, essuyant son visage qui avait reçu une partie du punch, et criant comme un possédé, parce qu'un de ses yeux, ayant aussi reçu de la liqueur, lui cuisait horriblement. Mademoiselle Cueillette, tout en riant des grimaces que faisait ce monsieur, avait eu la charité de faire venir une carafe d'eau fraîche, et, à force d'en bassiner l'œil baigné de punch, avait calmé la douleur et rendu un peu de calme à Endymion, qui déplore alors toutes les taches qui jonchent son gilet et son habit.

— Me voilà dans un état pitoyable! dit notre élégant en se regardant d'un air désespéré. Mon habit... mon gilet... tout est perdu... mon pantalon en a reçu aussi!...

— Vous avez le moyen de réparer tout cela!

— Le moyen... Et mon œil me cuit toujours beau

ce a ne se répare pas !... Mais, concevez-vous quelque chose à l'action de ce petit bonhomme; car c'est un petit bonhomme... un gamin, qu'Amanda a fait la sottise d'inviter à s'asseoir près de nous.

— Elle en est folle, elle l'adore !...

— Vraiment ?... Je ne lui en ferai pas mon compliment... Il a de jolies manières, ce monsieur !... Elle a bien fait de l'emmener, sans quoi... je l'aurais pulvérisé : Qu'est-ce qui vous fait rire ?

— Je ris parce que je pense qu'Amanda va peut-être ramener Julien, et qu'alors vous allez être obligé de le pulvériser.

Endymion ne paraît pas enchanté de la supposition; il murmure :

— Après tout... je dois peut-être me montrer indulgent pour un enfant... qui ne sait pas ce qu'il fait... Il aura cru faire une drôlerie en jetant ce punch sur moi...

— Il vous aura pris pour un ruisseau !

— Mais pourquoi s'est-il mis si fort en colère au sujet de cette personne à qui il ressemble ?...

— Probablement il en est amoureux... Vous avez dit que vous aviez été l'amant de cette dame... de là sa jalousie, sa fureur !...

— Ah ! par ma foi ! vous avez raison... voilà le mot de l'énigme... Vivent les femmes pour tout deviner !

— Et les hommes pour ne rien voir.

— Mon œil me fait mal...

— Faites-moi mazurker, cela vous remettra...

— Par exemple ! Que je reparaisse dans le bal... dans l'état où je suis... couvert de taches !...

— On verra bien que c'est un accident.

— Non, vraiment !... Je m'en irai quand il n'y aura plus personne...

— Ah ! voilà Amanda !...

— Amanda!
— Rassurez-vous... elle est seule... Vous n'aurez pas besoin de tuer personne.

La grande brune revient s'asseoir sous le bosquet, en disant :

— Me voilà... Il n'y a plus de punch ?... Il faut en redemander.

— Dis-nous d'abord ce que tu as fait de ton cavalier ?...

— Oui, dit Endymion, sans quoi je ne fais plus venir de punch.

— Mon cavalier ?... Ah ! ah ! ah !... mon cavalier... Ah ! ah ! ah !...

Mademoiselle Amanda se penche vers son amie et lui parle bas à l'oreille. Cueillette pousse des : oh ! et des : ah ! puis se met à rire aussi aux éclats, en s'écriant :

— Comment, ce serait possible !...
— Oui, ma chère, je te conte l'exacte vérité...
— Ah ! quelle drôle d'aventure !

Et ces dames de rire de nouveau à qui mieux mieux. Et Endymion, qui ne trouve pas cela aussi amusant, répond :

— Dans tout cela, vous ne nous avez pas dit ce que vous avez fait de ce jeune Julien... qui s'est conduit avec moi comme un véritable écolier !...

— Ah ! vous trouvez qu'il a agi en écolier... et vous avez sans doute envie de le corriger en conséquence ? dit Amanda.

— Mais, à coup sûr... mon intention est bien de lui donner une leçon.

— Eh bien ! rassurez-vous ; son envie, à lui, est de vous donner un coup d'épée ou de vous envoyer une balle dans la poitrine.

Endymion devient très-pâle et balbutie :

— Comment !... Il vous a dit... qu'il voulait se battre avec moi... en duel ?...

— Mais certainement ; il ira vous trouver pour cela, demain, à huit heures du matin.

— Il sait mon adresse ?...

— Il ne la savait pas, mais je la lui ai donnée.

— Eh ! sapristi !... qu'est-ce qui vous priait de donner mon adresse ?... De quoi vous mêlez-vous ?... Voilà bien ces femmes qui n'aiment que plaies et bosses !...

— J'ai cru vous faire plaisir, mon brave ! Vous nous avez parlé cent fois de vos duels ; je me suis dit : « Un de plus ou de moins... il préférera un de plus !... » Avec ça que ce petit Julien est un gaillard qui perce une pièce de cinq francs à trente pas avec une balle de pistolet. Il y a de la gloire à l'avoir pour adversaire... Ah ! on valse... la jolie valse !... Je veux valser, moi... Tiens ! voilà Eugène qui passe avec Raymond... Viens, Cueillette, courons après eux, ils nous feront valser...

Ces dames ont laissé là Endymion. Celui-là s'empresse de payer le garçon, puis, se faufilant le long des bosquets, il sort du bal Mabille en se disant :

— Que le diable emporte mademoiselle Amanda et son amie... qui m'ont fait avoir cette affaire avec ce petit bretteur !... car il paraît que c'est un petit bretteur. C'est ma faute, aussi... Qu'ai-je besoin de venir faire la cour à des lorettes... à des biches ! tandis que je n'ai qu'à jeter le mouchoir dans le beau monde... Donner mon adresse à ce M. Julien... quelle méchanceté !... Ces petits écoliers, ça ne demande qu'à se battre, pour dire ensuite partout : « J'ai eu un duel !... » Et celui-là qui a l'air d'une très-mauvaise tête... d'un petit rageur... il trouvera que c'est superbe !... Et s'il perce une pièce de cinq francs à trente pas... moi... qui suis infiniment plus gros, il me percera où il voudra... Il est capable de me viser au nombril ! Mais je ne donne pas dans ces plaisanteries-là, moi... je ne veux pas me battre avec un enfant... je n'aurais qu'à le tuer ! Ça me ferait une belle affaire sur les bras ! Il doit venir me trouver demain matin, à huit heures... mais il ne me trouvera pas ; je vais m'arranger en conséquence... Ah ! fichtre ! je n'ai pas envie de l'attendre.

Endymion prend un cabriolet afin d'arriver plus tôt chez lui. Il trouve Jolibeau en train de jouer une scène du *Misanthrope* chez le portier, et s'empresse de lui dire bien haut :

— Allons, Jolibeau, monte vite... nous n'avons pas de temps à perdre, mon garçon ! il faut se dépêcher de faire mes malles... mes bagages... enfin tout ce qui est nécessaire pour mon grand voyage...

— Comment !... monsieur va voyager ? s'écrie le domestique tout étonné ; mais monsieur ne m'en avait rien dit encore ?...

— Je ne pouvais pas t'en parler, puisque je n'en savais rien moi-même... C'est une nouvelle que j'ai apprise ce soir qui m'oblige à partir si vite... Un homme qui m'emporte une grosse somme d'argent... et je le veux rattraper !...

— Un homme qui emporte de l'argent à monsieur !... Je gage que je sais qui ?...

— C'est possible...

— Et monsieur m'emmène-t-il ?

— Certainement ; je n'ai pas envie de me passer de valet de chambre dans mes voyages.

— Est-ce que monsieur sera longtemps absent ? demande le portier en saluant.

— Oui, concierge, je serai probablement fort longtemps... Je vais en Amérique, dans le Nouveau-Monde...

— Ah ! mon Dieu ! le débiteur de monsieur est si loin que ça ?...

— Oui, il est même capable de ne pas s'arrêter là...

— Monsieur conserve-t-il son logement ?

— Assurément. Je vous laisserai la clef et vous en aurez soin...

— Cela suffit; et s'il vient du monde demander monsieur ?

— Vous direz que je suis allé dans des pays inconnus... que je serai peut-être... dix ans absent...

— Dix ans !

— C'est pour dépister les importuns; il y a des gens qui seraient capables de s'asseoir dans votre loge et de vouloir m'y attendre... De cette façon, vous n'aurez pas cela à craindre.

— Et quand part monsieur?

— Demain à six heures du matin... pas une minute plus tard. Ainsi, concierge, vous me ferez le plaisir de me chercher un fiacre... un peu grand... et que je le trouve devant la porte à six heures précises.

— Il y sera, monsieur.

— C'est bien. Allons, Jolibeau, montons.

Le domestique de Dufourré s'empresse de faire des valises pour son maître et pour lui, et, tout en empaquetant des chemises et des mouchoirs, il s'écrie de temps à autre :

— Ma foi ! si quelqu'un s'attendait à voyager... ce n'était pas moi !... Monsieur a pris cette résolution-là bien vite...

— C'est qu'il le fallait, Jolibeau.

— Aller dans le Nouveau-Monde !... Ce n'est pas que j'en sois fâché... au contraire... Y a-t-il des théâtres par là, monsieur?

— Il y en a de magnifiques !... Le plus petit est plus grand que notre Opéra...

— Oh ! diable ! la mise en scène doit être éblouissante, alors...

— Jolibeau, n'oublie pas mes corsets, mes toupets, et mes mollets !...

— Soyez tranquille, monsieur, je n'oublierai rien... Mais quelle langue parle-t-on dans le Nouveau-Monde où nous allons ?...

— Quelle langue ?... Je crois qu'on parle patois... mais ça ressemble au français... Au reste, on y parle toutes les langues.

— Ah ! tant mieux ! car lorsqu'on ne sait pas la langue du pays où l'on se trouve, c'est bien gênant... Quel chemin de fer prenons-nous, monsieur ?... Nous embarquons-nous à Marseille ou au Havre ?

— Vous le verrez, Jolibeau.

Endymion n'a garde de confier à son valet de chambre ce qu'il veut faire, parce qu'il le sait aussi bavard que curieux, et probablement il ne l'aurait pas emmené avec lui si son service ne lui était indispensable ; on sait que Jolibeau n'avait pas son pareil pour lacer, habiller et coiffer.

Les apprêts du départ sont terminés. Endymion ne dort que d'un œil, tant il a peur de ne point se réveiller assez tôt. Avant six heures il est levé, habillé ; il fait descendre ses bagages par Jolibeau, il peste après le portier, parce que le fiacre n'est pas encore à la porte. Enfin, la voiture arrive, les paquets sont placés et Jolibeau demande à son maître quel chemin de fer il faut indiquer au cocher ; mais Endymion ordonne à son valet de chambre de monter dans la voiture, de se placer à côté des bagages, et lui-même s'approche alors du cocher, auquel il parle à l'oreille ; ensuite il monte dans la voiture et l'on part.

Jolibeau, qui est intrigué d'avoir vu son maître parler bas au cocher, l'est bien davantage lorsqu'il voit celui-ci, après avoir suivi la rue de l'Échiquier et celle du Château-d'Eau, monter le faubourg Saint-Martin. Il s'écrie :

— Monsieur, je crois que le cocher se trompe... S'il va au chemin de fer du Nord, i prend le plus long.

— Jolibeau, ne vous inquiétez pas... le cocher prend le bon chemin.

Mais lorsque la voiture arrive à La Villette... Jolibeau s'écrie de nouveau :

— Monsieur, je vous demande pardon... mais il n'y a pas de chemin de fer par là... le cocher se trompe assurément, il va nous mener à Pantin...

— Jolibeau, vous m'agacez... Le cocher suit mes instructions... De quoi vous mêlez-vous?...

— Excusez, monsieur, mais j'ignorais que pour aller dans le Nouveau-Monde il fallait passer par Pantin...

— Il y a bien d'autres choses que vous ignorez, Jolibeau, et que vous ne saurez qu'en temps et lieu !

Le valet commence à se douter que son maître lui a fait mystère du véritable but de son voyage. Son étonnement redouble lorsque, arrivés dans Pantin, il voit le cocher prendre la grande rue qui mène au village des Prés-Saint-Gervais, puis enfin s'arrêter devant l'hôtel Pothery.

— Ce serait là le Nouveau-Monde où nous allons? s'écrie Jolibeau.

— Oui, fidèle serviteur, répond Endymion ; mais, écoute bien ce que je vais te dire : ceci est grave... l'existence de ton maître en dépend...

— Ah! monsieur, vous me faites frémir !

— Je viens habiter ici quelque temps... J'ai dit à Paris que j'allais faire un voyage... pour dépister quelqu'un qui me cherche pour m'assassiner...

— Ah! mon Dieu!... Je gage que c'est quelque mari jaloux qui aura surpris monsieur en conversation criminelle avec sa femme?...

— Tu es sur la voie... Comme cette personne ne connaît pas du tout cette campagne, elle ne viendra pas m'y trouver, et, quant à toi, je te défends sous aucun prétexte, pendant mon séjour ici, de sortir de ce village et d'aller à Paris... Tu entends?

— Oui, monsieur... Oh! soyez tranquille, je comprends que si on me rencontrait à Paris, on ne nous croirait plus dans le Nouveau-Monde.

— Et, maintenant, descendons et prends les bagages... Ah! justement, voilà madame Pothery qui accourt... Jolibeau, soyez discret!... vous entendez?... Je viens ici pour rétablir ma santé... vous entendez?

— Oui, monsieur.

On avait vu une voiture s'arrêter devant la maison; Rose-d'Amour avait crié à sa maîtresse :

— Voilà le beau petit bel homme dont les mollets se retournent, et qui devient bossu par moments... Le major Piquevert l'a vu bossu la dernière fois qu'il est parti sans dîner...

— Chut! Rose-d'Amour, on ne répète jamais ces choses-là... on les dit, quand on les a vues, mais on ne les répète pas. Ce monsieur vient de bien bonne heure... c'est sans doute pour déjeuner.

Et madame Pothery accourt pour recevoir le voyageur.

— Quel bon vent vous amène chez moi, monsieur Dufourré?

— Ce n'est pas le vent, madame, c'est un fiacre, comme vous pouvez le voir...

— Et avec des bagages... Est-ce que par hasard?...

— Oui, chère dame... Bien que nous soyons à la fin de septembre, je viens m'établir pour quelque temps à la campagne... Je ne me porte pas bien... ma santé demande des soins... Je sais que l'air est fort bon ici, et, ma foi! je viens vous demander un gîte, si toutefois vous en avez de libre...

— Il y en aura toujours pour vous, monsieur, quand je devrais vous mettre dans ma chambre...

— Trop bonne mille fois !
— Je veux dire vous la céder !
— C'est bien comme ça que j'ai compris.
— Mais, malheureusement, j'ai beaucoup d'appartements vacants...
— Si vous avez moins de monde, je n'en suis pas fâché...
— J'ai perdu madame Abraham et ses enfants !
— Ils sont tous morts ?
— Non, je veux dire qu'ils sont retournés à Paris... J'ai perdu aussi la famille Tulipet... Il paraît que madame Chester, l'institutrice, a dit des horreurs de mon jardin... elle le trouve... inconvenant... Je trouve, moi, bien plus inconvenant ces Higlanders, qui ne portent point de culottes...
— Enfin, vous avez moins de monde ?...
— Il y a des gens qui ne comprennent pas que l'automne est la plus agréable des saisons !
— Oui,.. quand on aime à voir tomber les feuilles... A propos, la belle madame Edouard n'est pas revenue chez vous, par hasard ?
— Non !... nous n'en avons pas entendu parler depuis le jour qu'elle nous a quittés si brusquement... vous savez ?...
— Oui, oui, je me rappelle. Et ce M. Léoville, qui prétendait que j'étais cause du départ de cette dame... qui me cherchait querelle pour cela... revient-il aussi chez vous ?...
— Il n'y a pas reparu depuis que madame Édouard nous a quittés.
— Tant mieux ! Car, enfin, vous concevez qu'il m'est fort désagréable d'avoir des affaires, des querelles à cause de cette dame... Je sais bien qu'elle aimait à jaser avec moi... et que ce monsieur a pu être jaloux, mais ce n'est pas une

raison pour vouloir tout de suite mettre l'épée à la main... Je ne refuse jamais un duel, mais encore faut-il qu'il y ait un motif...

— Voulez-vous que je vous donne l'appartement qu'occupait madame Édouard?... il est libre.

— Ma foi, non, il me porterait malheur... cette dame m'a déjà fait avoir... trop de désagréments!... D'ailleurs, je préfère un logement qui ne donne pas sur la rue...

— J'ai votre affaire; celui de madame Abraham... au fond, sur le jardin...

— Soit... Et Jolibeau?

— Au-dessus de vous... Ensuite, ne vous gênez pas... si vous voulez de la tisane, on vous en fera... et même si vous avez besoin de... vous entendez?... de bouillons pointus... si vous ne savez pas les prendre, Rose-d'Amour les donne à merveille... c'est elle qui en donne à mon mari.

— Infiniment obligé... je n'en use pas.

— Vous avez bien tort! C'est le pivot de la santé!

« Monsieur Jolibeau, si vous voulez me suivre avec vos bagages, je vais vous conduire à l'appartement de votre maître, que l'on préparera pendant que M. Dufourré fera un tour dans le jardin. Ensuite, je veux fêter au dîner l'arrivée de M. Dufourré; j'ai justement quelque chose de supérieur qui m'arrive. Je voulais le garder encore, mais on le servira aujourd'hui. »

— Madame, je vous en prie... point d'extra pour moi.

— Laissez-moi vous surprendre!... Et le major donc... comme il va tomber là-dessus!

Endymion se rend dans le jardin; il ne tarde pas à rencontrer le major qui fume son cigare, et s'écrie en le voyant :

— Tiens!... voilà une visite inattendue!... Vous aurez de la blanquette aujourd'hui! Mais vous ne restez peut-être pas à dîner... vous ne venez que déjeuner, car il est encore bon matin.

— Pardonnez-moi, major, je reste à dîner, à coucher, enfin je compte rester ici quelque temps... Je viens y refaire ma santé.

— Ah! vous êtes malade!... On ne s'en douterait pas; vous avez une mine superbe.

— Il ne faut pas se fier aux apparences...

— C'est juste... surtout avec vous... L'autre jour, vous aviez l'air bossu, aujourd'hui vous ne l'êtes plus...

— C'était un effet de bretelles.

— Ma foi, je suis bien aise que vous veniez nous égayer un peu, car on s'ennuie beaucoup ici; il n'y a presque plus personne...

— Est-ce qu'Étienne Vincent n'y est plus?

— Si, malheureusement; car celui-là n'est pas amusant. Il nous poursuit à outrance pour nous lire un tableau de son drame qu'il refait et défait sans cesse... On se sauve de lui comme d'un pestiféré; il n'y a que madame Belloie qui se sacrifie et l'écoute toujours. Il est vrai que la chère dame étant sourde, elle peut se figurer qu'on lui lit des Faits-Paris.

— Qui avez-vous encore ici?

— M. Lentille, toujours; M. Grandbec assez souvent, l'amie de madame Belloie, les deux surnuméraires et une dame entre deux âges qui attend des nouvelles de son mari qui est allé gratter la terre en Californie..

— Gratter la terre!...

— Dame! pour y trouver de l'or.

— Est-elle un peu bien encore, cette dame?

— Ravissante; c'est tout le portrait de *Grassot* dans *la Garde-Malade*...

— Ah! bigre!...

— Mais, pardon, je vais déjeuner à mon café...

— Ah! vous ne déjeunez pas ici?...

— Fichtre! c'est bien assez d'y dîner.

Endymion va s'installer dans l'appartement qu'on lui a préparé dans le corps de logis au fond du jardin, et dont madame Pothery ne cesse de lui faire admirer la vue, les fenêtres donnant sur le joli pavillon entouré de roses. Pendant que son maître se met en robe de chambre et visite son nécessaire de voyage, Jolibeau monte à sa chambre qui ressemble beaucoup à un grenier, en se disant :

— J'aurais bien préféré aller pour tout de bon dans le Nouveau-Monde, à m'enfermer dans cette maison de campagne... où l'on sent Pantin comme si l'on y était. Qu'est-ce qu'il peut être arrivé à mon maître pour qu'il se soit sauvé si vite de Paris ?... J'ai eu l'air de croire que c'était pour fuir un mari furieux... j'ai dit cela pour lui faire plaisir... jusqu'à présent je ne lui ai vu faire de conquêtes qu'avec son argent !... Il faudra que je tâche de découvrir le mot de la charade.

Endymion se fait apporter du thé dans sa chambre et ne la quitte pas jusqu'à l'heure du dîner. Jolibeau, qui observe tout, se dit :

— On croirait que monsieur a peur de se laisser voir... de se promener même dans le jardin... Que diable a-t-il donc fait ? Il n'est pas possible... il a fait quelque chose de vilain !...

XLVII

Un cuissard de chevreuil.

Le dîner ne se sert plus dans le jardin, parce que ces dames se plaignaient de la fraîcheur. On se rend dans la salle à manger. Endymion y trouve tous les locataires réunis. Étienne court lui serrer la main, en lui disant :

— Vous arrivez bien... je viens de refaire entièrement

mon huitième tableau! Madame Belloie en est très-contente ; mais je serai bien aise d'avoir aussi votre avis.

Madame Roquette, c'est le nom de la femme dont le mari est en Californie, tourne ses yeux comme une carpe en apercevant le nouveau convive, que madame Pothery ne manque pas de placer à table à côté d'elle ; attention délicate dont Endymion ne lui sait aucun gré. M. Pothery arrive au moment où l'on sert le potage, et se fait mettre à la gauche de madame Roquette, près de laquelle il se montre très-empressé. Le maître du logis pousse l'amour du beau sexe si loin, qu'il ferait la cour à des jupons, alors même qu'il n'y aurait rien dessous.

— Monsieur Dufourré, j'ai pensé à vous, dit madame Pothery ; votre santé est affaiblie, j'ai fait à votre intention des épinards et des pruneaux... c'est léger et doux.

— Infiniment obligé, madame.

— Mais nous ne sommes pas malades, nous, dit le major. J'espère qu'on nous donnera du solide.

— Soyez tranquille, major, vous aurez un rôti monstre, quelque chose de recherché... C'est une occasion, j'en ai profité... car on en trouve rarement par ici.

— Vous piquez ma curiosité, madame... dites donc ce que c'est... Je me priverai de blanquette alors.

— Eh bien ! major, c'est du chevreuil... un cuissard de chevreuil que l'on va vous servir.

— Du chevreuil !... Oh ! mais, c'est fort bon, cela !... L'a-t-on fait mariner?

— Nous ne l'avons que depuis avant-hier, mais il n'a pas quitté le vinaigre. Je voulais le garder encore quelques jours, mais, pour fêter l'arrivée inattendue de notre nouveau convive, je n'ai pas voulu attendre davantage... Quoique souffrant, vous en mangerez bien un peu?

— Oui, madame... le gibier me passe très-bien.

— Trois jours mariné, cela peut suffire... Diable! du chevreuil, c'est excellent!

— La chasse est donc déjà ouverte? dit M. Lentille.

— Oh! il y a longtemps... On voit bien que monsieur ne s'occupe que des choses célestes.

— Madame Roquette, aimez-vous le chevreuil?

Madame Roquette répond en dilatant ses narines et tournant sa bouche :

— Le chevreuil!... attendez donc... le chevreuil... n'est-ce pas une viande blanche?

— Oh! non... bien au contraire.

— Alors, je n'en ai jamais mangé... Ah! si... avec des navets... Ah! non... c'était du canard.

— Par quel hasard avez-vous trouvé du chevreuil dans le pays? reprend le major. Il me semble que l'épicier et la fruitière n'en ont jamais, et je ne vois guère de marchands de comestibles.

— Aussi vous ai-je dit, major, que c'était une occasion... C'est un braconnier qui passait dans ce village... il offrait de son gibier dans les maisons.

— Avez-vous vu son chevreuil entier?

— Non, il n'en avait plus qu'un cuissard, mais qui est superbe... Il l'avait débité en détail... Personne ici n'aurait acheté un chevreuil tout entier... mais, pour frais... je le garantis.

— Il serait un peu faisandé que cela n'en serait que meilleur.

— Mon oncle est terrible pour aimer les viandes faisandées, dit mademoiselle Éolinde ; moi, je ne puis pas les souffrir.

— Et vous, belle dame, demande M. Pothery en s'adressant à madame Roquette, ce qui est faisandé vous plaît-il?

— Oh! oui! oh! oui! ça ne l'est jamais trop pour mon goût.

Cette réponse semble faire le plus grand plaisir au maître de la maison, et augmenter l'espérance qu'il a de faire la conquête de cette dame.

Enfin le fameux gibier est apporté par Rose-d'Amour, qui le sert avec une sauce piquante, en disant :

— Voilà une sauce qui ferait manger du taureau.

Chacun admire la dimension du rôti.

— Je ne saurai jamais découper cela ! dit madame Pothery ; et toi, bichon ?... Eh bien ! vous ne répondez pas ?

Bichon était en train de faire de l'œil à madame Roquette. Il s'écrie :

— Moi, ma bonne, je ne sais découper que le fromage à la pie !

— Passez-moi cela, dit le major, ça me connaît, le chevreuil... J'en ai tué plus d'un jadis !

On passe le rôti à M. Piquevert qui procède à son autopsie, et ne tarde pas à murmurer :

— Sacrebleu !... qu'est-ce que cela veut dire ?... Il est trop frais, ce gaillard-là... il ne veut pas se laisser entamer.

— C'est peut-être votre couteau qui ne vaut rien, major.

— Pardonnez-moi, le couteau est bon... Ah ! sapristi ! il faudra que tu cèdes cependant !... Nous y arriverons !... Ah ! c'est singulier...

— Quoi donc, major

— Je ne reconnais pas la chair du chevreuil... Où a-t-il été tué celui-là ?

— Dans le bois de Raincy, je crois.

— Enfin s'il est bon !

Le major est parvenu à découper plusieurs morceaux ; on passe le rôti aux convives, tout le monde en prend. Bientôt les mâchoires se démantibulent afin de parvenir à mastiquer.

— C'est bien dur ! s'écrie Endymion, qui, à cause de ses

fausses dents, juge convenable de ne point s'entêter sur le rôti.

— Il est dur, et cependant il est faisandé! dit un des surnuméraires.

— Il a infiniment de goût! s'écrie madame Roquette en rouvrant les narines.

— C'est étonnant, dit le major, je ne reconnais pas là la viande de chevreuil... viande longue... filamenteuse.

— Il est peut-être trop mariné, dit madame Pothery.

— Oh! non... c'est dommage, au contraire, qu'il ne le soit pas davantage... Il est coriace... et un sacré goût!... Enfin, puisque nous n'avons pas d'autre rôti, il faut pourtant qu'il y passe.

Malgré tous ses efforts pour faire semblant de trouver son rôti délicieux, madame Pothery ne parvient pas à l'avaler, et son mari ne peut pas s'empêcher de dire :

— Ça n'est pas si bon que je croyais.

— Décidément, ce que nous mangeons n'a jamais été du chevreuil, dit le major. Le morceau devait être couvert de sa peau.

— Assurément!

— Faites-moi voir cette peau... Votre cuisinière doit l'avoir encore.

— Rose-d'Amour! Rose-d'Amour!

La cuisinière arrive avec son air grognon.

— Qu'est-ce qu'il y a?

— Avez-vous gardé la peau du chevreuil que nous mangeons?

— La peau du cuissard?

— Sans doute... la peau du rôti.

— Certainement que je l'ai encore... Je voulais m'en faire faire des gants, mais ça pue trop.

— Apportez-nous cette peau, s'il vous plaît.

Rose-d'Amour sort et revient bientôt avec une peau à

courts poils qu'elle porte au major; celui-ci l'examine un instant, puis s'écrie :

— Cela n'a jamais été la peau d'un chevreuil, cela n'y ressemble même pas.

— En vérité, major! Ce braconnier nous aurait trompés?

— Le chevreuil a un poil assez long et doux... Ceci... c'est court, râpé par places.

— De quelle bête avons-nous donc mangé? demande mademoiselle Éolinde avec effroi.

— Pardieu! c'est une peau de loup!

— Du loup! du loup!... Ah! mon Dieu! nous sommes empoisonnés, alors!

La terreur se peint sur tous les visages. Endymion seul, qui n'a pas pû mâcher la seule bouchée qu'il a essayée, dit :

— Mesdames, ne vous effrayez pas; le loup n'est peut-être pas malsain... Est-ce votre opinion, major?

— Ma foi, je ne saurais vous dire, je n'en avais jamais mangé jusqu'à présent; mais c'est bien mauvais.

— C'est donc cela, dit Rose-d'Amour, que j'ai entendu crier dans le pays : « On a tué un loup!... Gaspard a tué un loup auprès de Bondy!... un loup qui s'était égaré... il a gagné la prime... » Et ensuite, quand ce gredin, qui nous a vendu cela, en nous disant que c'était du chevreuil, est descendu dans la rue, un autre malôtru est venu lui dire : « Gaspard, tu as tué le loup, tu vas payer bouteille. »

— Comment, Rose-d'Amour, vous ne m'aviez rien dit de tout cela?

— Ecoutez donc, madame, dans le moment, je n'y ai guère fait attention... Je ne me connais pas au chevreuil, moi... ni vous non plus, à ce qu'il paraît.

— Oh! la chose est claire, dit le major, nous avons mangé du loup... Après tout, j'aime à croire que nous n'en mourrons pas.

Malgré cette assurance du major, le dîner s'achève tristement; presque personne ne veut toucher au dessert, et bientôt mademoiselle Éolinde se lève et rentre chez elle en disant qu'elle va se faire du thé. Madame Roquette se plaint ensuite de douleurs intestinales, puis M. Lentille se retire en se tenant l'abdomen.

Endymion ne tarde pas à rentrer chez lui, et, lorsqu'il sonne plus tard Jolibeau pour l'aider à se déshabiller, son valet de chambre lui dit d'un ton confidentiel :

— Monsieur, je ne sais pas ce qui se passe dans la maison, mais voilà déjà plusieurs fois que je rencontre Rose-d'Amour tenant dans ses mains le pivot de la santé... Vous savez ce que madame Pothery nomme ainsi?

— Oui, je comprends.

— Cette fois, elle allait planter son pivot chez M. Lentille, qui, à ce qu'il paraît, ne sait se servir que de son télescope.

— Figure-toi, Jolibeau, que nous avons mangé du loup pour du chevreuil; moi, grâce au ciel, je n'ai pas pu l'avaler.

— Ah! monsieur! que me dites-vous là!... Et la cuisinière est donc garde-malade?

— Oui, elle cumule.

— Franchement, je n'aime pas cela.

— Pourquoi donc, Jolibeau?

— Monsieur, je crains qu'elle ne confonde un jour ses bouillons pointus avec ses autres bouillons !...

XLVIII

Souvenir du passé.

Retournons à l'hôtel de Rochemart, où l'oncle de Léoville est seul dans son cabinet, assis devant son bureau et tient à sa main la lettre suivante, qu'il lit pour la seconde fois :

« Mon cher oncle, j'ai retrouvé la femme que j'aime, la femme sans laquelle l'existence n'avait plus aucun charme pour moi ; cette fois, Camille a consenti enfin à combler mes vœux. Elle est ma femme, nous sommes mariés, bien mariés, et je suis le plus heureux des hommes. Je ne vous ai point convié à assister à notre mariage, parce que je savais d'avance que vous me refuseriez ; je sais aussi qu'en apprenant que j'ai contracté cette union vous allez être fort en colère contre moi... je m'y attends ! Mais votre colère passera, et quand vous connaîtrez ma chère Camille, vous reviendrez, je l'espère, à des sentiments plus doux. J'aurai l'honneur de vous présenter ma femme aussitôt que vous me le permettrez. Veuillez bien vous rappeler, mon cher oncle, que ce n'est point votre fortune que je regrette ; disposez-en à votre gré, je ne m'en plaindrai pas, mais veuillez me rendre votre amitié.

« Le vicomte Léoville de Rochemart.

Après avoir relu cette lettre, M. de Rochemart la froisse avec colère dans ses doigts, et la jette au loin en se disant :

— Marié !... Il en est venu à son but... il a épousé cette femme sans nom... sans famille... Un Rochemart contracter une telle alliance !... Oh ! les hommes ! l'amour leur fera donc toujours faire des sottises ?... Les mille exemples du passé ne les corrigeront pas !... Il veut me présenter sa femme !... Non, je ne veux pas la voir, je ne la recevrai pas... Puisque monsieur mon neveu se trouve si heureux avec elle, puisqu'il a fait si peu de cas de mes conseils... de mes projets pour son avenir... tout est fini entre nous... je ne le verrai plus. Quant à ma fortune, j'aurai soin qu'il n'en ait pas un sou. Je ne sais pas encore à qui je la laisserai... mais je n'aurai que l'embarras du choix!... Ah ! cette fortune !... celle à qui elle devait revenir existe peut-être... peut-être aussi mène-t-elle une existence malheureuse... en proie à la misère... au besoin !... Cette idée me désespère... elle me poursuit sans relâche... elle m'empêche de goûter un moment de repos... Ils disent que je gronde sans cesse, que je suis bourru... méchant même... mais ils ne savent pas ce que je souffre... ils ne savent pas que mon cœur est livré à d'éternels regrets... et par ma faute !... car je ne peux accuser que moi de mon malheur !

Le comte s'est levé; il marche à grands pas dans sa chambre; tout à coup il sonne avec violence. Un domestique parait.

— Maurice est-il de retour de son voyage ?

— Non, monsieur le comte, M. Maurice n'a pas encore reparu à l'hôtel...

— Dès qu'il arrivera, qu'il vienne me parler.

— Il suffit, monsieur le comte.

— Ce voyage-ci sera comme les autres ! se dit M. de Rochemart, en se rasseyant devant son bureau, sur lequel il appuie ses coudes, en tenant sa tête dans ses mains. Nous ne découvrirons rien... nous n'obtiendrons aucun renseignement... N'ai-je pas déjà, moi-même, visité inutilement toute la France... et surtout les plus petits villages de la Touraine ?... Cet homme ne sera pas resté en France... Où le chercher alors?... Je ne sais que son nom... qu'il a quitté peut-être... le misérable !... Il m'a emporté mon trésor... mon bien le plus précieux, qui m'aurait fait chérir l'existence, qui aurait embelli mes vieux jours !... Et dans quel but ?... Pourquoi cet homme a-t-il agi ainsi ?... Je n'ai jamais pu le deviner !...

Plus de deux heures se sont écoulées. Le comte de Rochemart est toujours absorbé dans ses sombres pensées, lorsque tout à coup la porte de son cabinet s'ouvre brusquement, et Maurice, son fidèle serviteur, se présente dans la tenue d'un homme qui a fait un long voyage à cheval.

— Me voici, monsieur, j'arrive, dit Maurice; on m'a dit en bas que vous vouliez me voir dès que je descendrais de cheval... et j'en descends, comme vous voyez... car je ne voyage pas en chemin de fer, moi... Merci ! ce serait un mauvais moyen pour explorer un pays... pour s'arrêter à chaque instant dans les plus petits hameaux... tandis qu'à cheval ! un temps d'arrêt de la main gauche... retenez les guides... et crac !... en un instant, vous voilà à terre...

— Maurice, si j'avais hâte de te voir, tu dois en comprendre la raison. Chaque fois que, par mon ordre, tu vas parcourir les campagnes, les villes, afin d'essayer encore de retrouver les traces de ceux que nous cherchons, il me tarde à ton retour de savoir si tu as quelque espérance à me donner.

L'ancien soldat secoue négativement la tête, en répondant :

— Non, monsieur le comte, je n'ai rien appris, rien découvert... Oh ! si j'avais eu quelque bonne nouvelle à vous donner... j'aurais crevé mon cheval pour revenir plus vite... et, cependant, ce pauvre Mouton... c'est une bonne bête... ça m'aurait fait de la peine... franchement. Monsieur le comte, je crois qu'il faut maintenant en prendre votre parti... Depuis seize ans que nous cherchons, il n'y a pas en France un village, un hameau, je pourrais presque dire une chaumière dans laquelle nous n'ayons porté nos pas. Ensuite, vous, monsieur, vous avez été en Italie, en Angleterre !... tout cela inutilement ! Vous le voyez, tout espoir est perdu !...

Le comte ne répond rien ; mais l'accablement qui se peint sur tous ses traits annonce assez la douleur qu'il éprouve. Maurice va s'éloigner, lorsque en portant, ses regards sur le parquet, il aperçoit la lettre que son maître a chiffonnée et jetée dans un coin; il la ramasse et la lui présente, en lui disant :

— Monsieur a peut-être besoin de ce papier qui était là à terre?

M. de Rochemart repousse la lettre en s'écriant :

— Non, Maurice, je n'ai pas besoin de cette lettre... de cette épître de monsieur mon neveu... Ah! tu ne sais pas ce qu'elle contient?...

— Ma foi, non, je ne m'en doute guère... seulement, si M. Léoville vous écrit, c'est qu'il n'est donc plus à l'hôtel... Il voyage donc aussi?... Pas pour le même motif que moi sans doute... car vous ne lui avez jamais confié vos... vos histoires d'autrefois...

— Pourquoi aurais-je confié à mon neveu des peines qu'il ne pouvait adoucir?... La connaissance des fautes que j'ai commises étant jeune n'aurait pu que diminuer le respect qu'il me doit... respect... qu'il a méconnu cependant... Oui, Maurice, mon neveu m'a quitté; depuis quinze jours il avait cessé d'habiter dans cet hôtel, et cette lettre que j'ai reçue hier m'a appris qu'il s'était marié... qu'il avait épousé cette fille de rien... cette intrigante qui a si bien su lui tourner la tête qu'elle est arrivée à son but.

— En vérité, mon colonel... non, monsieur le comte... quoi! M. Léoville est marié... et vous n'avez pas été à la noce?...

— Imbécile!... la noce! belle noce!... Il me demande la permission de me présenter sa femme... Je ne le lui permettrai jamais... tout est fini entre nous... je ne le verrai plus!...

— Ah! mon... monsieur le comte, ça sera aussi une grande privation pour vous... car, enfin, c'est un bien joli garçon que M. Léoville, et aimable, gai, spirituel... obligeant !... Je vous ai entendu dire cela de lui plus d'une fois.

— C'est possible... mais c'est aussi un étourdi... un entêté. S'amouracher d'une fille de rien !... Il pouvait en faire sa maîtresse, c'était bien suffisant.

— Dame ! c'est qu'il y a des filles de rien qui sont honnêtes et qui ne se donnent pas... à ce prix-là... Puisque monsieur votre neveu a de l'esprit... vous en convenez vous-même, monsieur le comte, il faut que celle qu'il a épousée ait bien des agréments, bien des qualités pour qu'il se soit décidé à en venir là... tout en sachant bien que ça vous mettrait un peu... en colère. Et, avant de me fâcher tout à fait... moi, à votre place, je ne refuserais pas de voir la femme de M. Léoville.

— Je crois, Maurice, que vous vous permettez de me donner des conseils ! s'écrie le comte en frappant du pied avec impatience.

Mais l'ancien troupier, qui était habitué à l'humeur de son maître, ne s'en épouvante pas facilement ; et, au bout d'un moment, il murmure à demi-voix :

— Certainement je ne me permets pas de donner des conseils... des avis à mon supérieur, à mon chef ; je dis tout uniment ce que je pense... ce que je crois dans l'intérêt de monsieur, voilà tout... Et, du reste, ce n'est pas la première fois que j'ose dire ma... manière de voir... et peut-être bien... il me semble que si monsieur n'avait pas dédaigné mes paroles... il s'en serait mieux trouvé... lorsque... il y a vingt ans à peu près... un jour qu'il était si furieux... cette belle dame vint pour supplier monsieur de l'entendre... et qu'il refusa aussi... Moi, je disais à mon colonel : « Par grâce, mon colonel, cette dame est là... elle pleure, que c'est à fendre le cœur... d'autant plus que moi je ne peux pas voir pleurer une femme... écoutez-la un petit moment... vous serez toujours fâché après si cela vous convient, mais, au moins, entendez ce qu'elle a à vous dire... » Mais, bah ! mon colonel m'envoya promener... et depuis, il a été bien fâché de n'avoir pas écouté son brosseur !

Pendant que Maurice faisait ces réflexions comme s'il se parlait à lui-même, mais de manière cependant à ce que son maître pût l'entendre, la physionomie du comte avait complétement changé : l'expression de la colère avait disparu pour faire place à une tristesse profonde ; sa tête était retombée sur sa poitrine, et quelques larmes, qu'il ne cherchait pas à retenir, s'étaient échappées de ses yeux ; puis, enfin, il laisse entendre ces mots :

— Oui, Maurice, oui, tu as raison, j'ai été dur... cruel même... mais le ciel m'en a bien puni !... Funeste jalousie !... Ah ! tu ne sais pas ce que c'est, toi ! tu ne sais pas jusqu'à quel point ce sentiment peut égarer, bouleverser tout notre être... Plus on aime, et plus on est blessé en se croyant trahi !... J'adorais madame de Vermont ; elle était jeune et belle. A dix-sept ans, ses parents l'avaient obligée à épouser le vieux baron de Vermont, qui aurait pu être son grand-père ; au bout de deux années de ce triste hymen, Amélie devenait veuve... C'est alors que je la vis, que je l'aimai et que je parvins à me faire aimer d'elle. Je voulais épouser Amélie ; mais les convenances exigeaient qu'une année au moins s'écoulât entre la mort du vieux baron et un second mariage de sa veuve. Ce temps me paraissait bien long, et, cependant, je ne pouvais plus craindre que celle que j'idolâtrais devînt l'épouse d'un autre. A cette époque, un jeune homme beau, noble, galant, le marquis de Senneval, fut reçu chez madame de Vermont ; et il me semblait que l'on ne pouvait venir chez elle que pour lui faire la cour... Ce marquis venait souvent chez la baronne ; ses visites me déplaisaient, je ne le cachai pas à celle que j'avais le droit de regarder comme ma femme. Mais Amélie se moqua de ma jalousie et ne voulut point la prendre au sérieux ; lorsque, enfin, je lui déclarai que si elle continuait de recevoir M. de Senneval, je cesserais, moi, de me croire engagé avec elle, elle hésita, balbutia, et me répondit que mes soupçons l'offensaient ; mais que, cependant, elle ferait en sorte de ne plus me donner le moindre sujet de jalousie. Je la quittai plus heureux, et persuadé que ce marquis serait consigné à la porte. Deux jours, après je reviens de Versailles, où j'avais été obligé de passer la journée ; mon premier soin, quoiqu'il fût onze heures du soir, est de me rendre chez Amélie... Qui trouvai-je près d'elle ?... Le marquis de Senneval, qu'elle m'avait promis de ne plus recevoir... Je fus maître de ma fureur, et, feignant un grand sang-froid, je me retirai sur-le-champ, en témoignant à la baronne mes regrets de l'avoir dérangée... On me rappela... on fit courir après moi... il était trop tard... j'étais déjà loin...

« Je rentrai chez moi la mort dans le cœur... Tu me vis alors, Maurice, et tu fus effrayé de mon désespoir... J'aurais pu provoquer le marquis, le tuer en duel ou me faire tuer par lui... mais mes idées à cet égard ne sont pas celles de bien du monde : j'ai toujours pensé qu'un homme faisait son métier de galant en faisant la cour à une femme, et que si celle-ci l'écoutait et nous trompait, c'était elle et non pas lui qui était coupable... à moins, toutefois, que cet homme n'eût poussé la perfidie jusqu'à se dire notre ami.

« Le lendemain, au point du jour, Amélie se présentait chez moi... C'est alors que je refusai de l'entendre...
« Cette dame pleure, me dis-tu... cette dame vous supplie de l'écouter un moment... » Mais je fus inflexible... Mon cœur était trop ulcéré... je me croyais trahi !... Au bout de quelques heures, nous quittâmes Paris... je rejoignis mon régiment... j'obtins d'être envoyé en Afrique... et, là...

pendant quatre ans, au milieu des périls de la guerre, je tâchai d'oublier mon amour... mais je ne le pouvais pas!... Il était trop bien enraciné dans mon cœur... et je ne suis pas de ces hommes qui peuvent changer souvent d'affection. Alors, je fus renvoyé en France. A peine étions-nous de retour qu'une lettre m'est adressée... Je tremblai en reconnaissant l'écriture d'Amélie... Elle m'annonçait qu'au moment de mourir elle voulait me voir, me parler, qu'elle avait à me confier un secret d'où dépendait mon bonheur à venir.

« Amélie était mourante ; j'oubliai aussitôt les torts dont je la croyais coupable envers moi ; je courus près d'elle... En effet, cette femme encore si jeune, si belle, n'avait plus que peu de temps à vivre... Elle était atteinte de cette maladie cruelle... que la Faculté n'a pas encore trouvé moyen de guérir... Sa poitrine était attaquée... mais, contrairement aux autres malades, elle se sentait mourir ; en me voyant, elle me tendit la main et me dit :

« — Je vous pardonne, quoique vous m'ayez fait bien du mal!... Je n'ai jamais cessé un moment de vous être fidèle. Le marquis de Senneval venait chez moi pour ma sœur, qu'il adorait, et que nos parents lui refusaient ; j'étais la confidente de leurs amours, et, grâce à moi, ils pouvaient s'écrire... Aujourd'hui, enfin, M. de Senneval est l'époux de ma sœur. »

« En apprenant combien j'avais été injuste, je tombai aux genoux d'Amélie... je voulais mourir avec elle!... — « Non, me dit-elle, vous ne pouvez pas mourir... vous ne devez pas me suivre dans la tombe... Que deviendrait alors notre fille ?... notre petite Eglantine n'aurait plus de protecteur!... » En entendant ces paroles, je devins si heureux, que j'oubliai un moment la situation d'Amélie.

« — Quoi! m'écriai-je... j'ai un enfant ?...

« — Oui, me dit-elle; j'allais vous apprendre que je portais dans mon sein un gage de votre amour, lorsque cette scène fatale arriva, et vous partîtes brusquement... J'aurais pu vous faire part de cet événement... mais vous m'aviez cruellement offensée, et je ne voulais vous apprendre que vous aviez une fille qu'en vous forçant à reconnaître mon innocence.

« — Et cette enfant? » dis-je en regardant autour de moi.

« — Hélas! je n'étais pas votre femme, dit Amélie, les convenances ne me permettaient pas d'avouer que j'étais mère, et je n'ai pu garder ma fille avec moi. Mais ma petite Eglantine est chez une brave femme qui l'a nourrie, dans un joli village aux environs de Tours : sa nourrice est une paysanne qui jouit d'une certaine aisance, et c'est plutôt par amour pour l'enfant que par intérêt qu'elle a consenti à continuer de le garder jusqu'à présent. Tous les ans, je vais passer quelques semaines près de ma fille... elle est belle et bonne, elle vous consolera de la perte de sa mère!... Vous irez au Ligneul, auprès de Tours, vous demanderez la veuve Bouginier... c'est le nom de cette brave femme qui a nourri ma fille... vous lui montrerez ce portrait... c'est le vôtre, mon ami... que vous m'aviez donné dans les commencements de notre liaison. La nourrice le connaît, je le lui ai montré plusieurs fois en lui disant : « Si je ne pouvais moi-même venir chercher ma fille, vous ne la remettriez qu'à la personne qui vous présenterait ce portrait... » Hélas! je pressentais déjà que je ne verrais pas longtemps cette chère enfant... »

« Je voulus rassurer, consoler Amélie; je voulus faire renaître l'espérance dans son cœur, et voir les plus fameux médecins pour leur demander la vie de cette femme qui m'était si chère, et envers laquelle j'avais été si injuste!... Je lui disais que ce ne serait pas assez de toute mon existence pour réparer mes torts... mais elle me souriait en me répétant qu'elle me pardonnait, en me recommandant de rendre ma fille heureuse... et puis... deux jours après... tout était fini... Amélie ne pouvait plus me sourire !...

Le comte est obligé de s'arrêter, car ce souvenir le suffoque, et Maurice, en voyant la profonde douleur de son maître, se repent amèrement d'avoir rappelé à sa mémoire les événements passés, et s'écrie :

— Enfin, mon colonel... c'est fini... que voulez-vous !... Ce qui est passé... est passé... on ne peut pas revenir là-dessus... et si vous avez eu tort... vous vous en êtes assez repenti depuis... vous avez eu assez de chagrin !...

— Ah ! si du moins j'avais eu ma fille... cette chère enfant m'aurait rendu des jours heureux !... Mais c'est en cela que le destin s'est montré impitoyable pour moi !... Il semble qu'en me privant de mon enfant, il ait voulu sur-le-champ me punir de mon injustice envers sa mère...

— C'est pas le destin, mon colonel... c'est ce gredin, le fils de cette nourrice, qui a eu l'idée de disparaître en emmenant la petite !...

— Mais pour quel motif?... J'arrive au village de Li-gneul, je m'informe de madame Bouginier, et l'on me répond : « La veuve Bouginier est morte depuis trois semaines. — Eh bien ! dis-je, qui prend soin de l'enfant qu'on lui avait confié?... où est-il? » Alors on m'apprend que la paysanne avait un fils qu'elle avait fait élever à la ville, voulant en faire ce que les gens de la campagne appellent *un monsieur*, et, pour lui, elle avait fait déjà les plus grands sacrifices. Mais il paraît que ce fils était un fort mauvais sujet qui avait très-mal répondu à la tendresse de sa mère, et ne venait la voir que pour lui demander de l'argent, dont il avait sans cesse besoin. En apprenant la mort de la brave femme, il était accouru au village, s'était hâté de vendre à vil prix la maison et les terrains que lui avait laissés sa mère, puis il était parti en emmenant avec lui la petite Églantine, qui alors avait à peine quatre ans. Cet homme me réduisait au désespoir... Parti ! sans dire où il allait, sans laisser aucun renseignement pour que l'on pût le retrouver... et il me volait ma fille !... J'eus d'abord l'espoir qu'il savait le nom, l'adresse de la baronne de Vermont, qu'il ramènerait l'enfant à Paris... mais non... on n'eut aucune nouvelle... on n'entendit plus parler de ce Bouginier !

— Et Dieu sait, mon colonel, si nous l'avons cherché depuis ! Si nous avons fouillé les villes, les villages, les hameaux !... demandant partout un homme qui avait vingt-sept ans au plus, lorsqu'il disparut avec l'enfant, qui en avait quatre alors...

— Oui... pendant plusieurs années, nous n'avons pas discontinué nos recherches... et toujours sans succès !...

— De temps à autre, je recommence encore pour vous faire plaisir... mais je ne suis pas plus heureux !...

— Ma fille aurait maintenant vingt ans et demi...

— L'homme n'est pas vieux... quarante-trois ans environ...

— Mais existe-t-elle encore ?... et, si elle existe, quel est son sort ?... Peut-être les privations, la misère... lorsque son père a deux cent mille francs de rentes... et personne à qui laisser cette fortune !...

— Oh ! personne, mon colonel... c'est-à-dire...

— Allons, tais-toi... tu sais bien aussi que je t'ai défendu de m'appeler ton colonel, parce que je voudrais effacer de ma mémoire tout souvenir du passé... Je sais que c'est impossible... mais, enfin, j'y essaye quelquefois... et toi, tu te plais à m'en faire souvenir...

— Ah ! mon colo... monsieur le comte... c'est sans le faire exprès si ça m'échappe !...

— J'étais déjà colonel quand Amélie m'aimait... quand

je me croyais au moment de l'épouser... Ah! fatale jalousie!

Le comte rentre brusquement dans sa chambre à coucher, d'où il ne sort plus de la journée, et Maurice se dit :

— Maintenant que son neveu n'habite plus ici, mon colonel sera encore plus triste ; car, tout en le grondant souvent, je sais bien, moi, qu'il l'aimait comme son fils... Mais, bah!... il ne lui gardera pas rancune!...

Six jours après cette conversation, Maurice se présente devant son maître, en lui disant :

— Il y a là Charlot, le domestique de M. le vicomte Léoville, qui demande à parler à monsieur...

— Le domestique de mon neveu?... Que me veut-il?

— Dame! je n'en sais rien, moi, monsieur...

— Eh bien!... voyons... qu'il entre!..

Le valet de chambre de Léoville entre en saluant respectueusement M. de Rochemart, qui lui dit brusquement :

— Qu'y a-t-il? que me voulez-vous?

— Monsieur le vicomte, mon maître, fait demander à monsieur son oncle s'il veut bien le recevoir aujourd'hui, lui et madame la vicomtesse?

— Ni aujourd'hui, ni un autre jour! s'écrie le comte avec colère. Depuis que votre maître s'est marié contre ma volonté, il doit bien savoir que toutes relations sont finies entre nous!... Dites-le-lui, en lui annonçant que je ne changerai jamais de résolution.

Le domestique s'incline et se retire en silence, tandis que, dans son coin, Maurice serre ses poings de dépit, en se disant :

— Fichu caractère!... Ça le rend malheureux! mais, c'est égal, il ne cédera pas!

XLIX

Trop parler nuit.

Léoville avait loué un charmant petit hôtel dans le quartier des Champs-Élysées ; il avait monté sa maison sans faste, mais avec tout ce qui en fait le charme intérieur : il avait acheté un joli coupé et un seul cheval ; il avait fait décorer ses appartements avec goût ; l'or n'éblouissait pas la vue, mais elle se reposait agréablement sur des fleurs et du feuillage. Puis, quand tout cela avait été prêt, il avait conduit là celle qu'il venait d'épouser, et lui disant :

— Chère Camille, vous voilà chez vous... Je tâcherai que ce séjour vous plaise, en mettant mon bonheur à satisfaire tous vos désirs.

La jeune femme avait regardé son mari, et ses yeux exprimaient si bien son amour, qu'il ne demandait pas d'autre réponse. Mais Camille avait besoin d'épancher son âme :

— Mon ami, dit-elle à Léoville, je n'ai pas besoin de vous dire que vous seul suffiriez à mon bonheur... et qu'avec vous, la fortune nous fût-elle contraire, je me trouverai toujours la plus heureuse des femmes, tant que vos sentiments pour moi seront les mêmes. Mais votre oncle, le comte de Rochemart, est bien loin de me voir avec bienveillance !... Notre union vous a brouillé avec lui... N'essayerez-vous point d'apaiser sa colère ?... Vous me direz ce qu'il faut faire pour cela... rien ne me coûtera pour parvenir à le réconcilier avec vous.

— La colère de mon oncle se calmera ! avait répondu

Léoville. Il est sévère... un peu brusque parfois, mais, au fond, il n'est pas méchant, et je suis tenté de croire que son humeur grondeuse n'est que la suite de violents chagrins qui ont affligé sa jeunesse... et qu'il ne m'a jamais confiés...

— Quoi ! jamais il ne vous a fait part de ses peines ?...

— Non... Oh ! il n'est pas expansif... et si, comme je le crois, Maurice en sait plus que moi, c'est, qu'étant déjà fort jeune attaché à mon oncle, celui-ci a dû nécessairement se servir de lui en mainte occasion. Dans quelques jours, ma chère Camille, je te présenterai à mon oncle, et, en te voyant, je suis certain que ses préventions cesseront.

Quelques jours s'étaient écoulés, et nous savons comment le comte de Rochemart avait reçu le messager de son neveu.

La réponse du colonel avait vivement froissé Léoville, et il avait dit à sa femme :

— Oublions mon oncle, ma chère amie ; désormais, nous ne lui ferons plus aucune avance ; car, s'il était de mon devoir de tenter de reconquérir son amitié, il est aussi de ma dignité de ne point la mendier.

Camille avait soupiré ; elle était attristée de causer cette rupture entre son mari et son oncle. Léoville s'empresse de lui dire :

— Console-toi, ma chère amie ; si M. de Rochemart nous repousse, il y a encore des cœurs qui nous aiment, il y a encore des personnes qui te pardonneront d'être ma femme... de ce nombre est celle à qui j'ai écrit hier en l'engageant à venir nous voir... et, tiens, elle ne se fait pas attendre, celle-là, car je l'aperçois qui entre dans la cour de l'hôtel...

— Qui donc, mon ami ?

Léoville ne répond rien ; mais bientôt un domestique

ouvre la porte du salon, et, avant qu'on l'ait annoncé, Sincère est déjà dans l'appartement.

— Sincère! dit Camille en tendant sa main au jeune apprenti. Mais celui-ci semble ébloui par la richesse du logement, par l'élégance qui l'entoure, par la toilette charmante de la jeune vicomtesse, et il s'arrête en balbutiant :

— Camille... madame... Mon Dieu! comment faut-il dire?... Tout ici est si beau!... Et puis vous aussi... Il me semble que je rêve!...

— Il faut dire : votre amie, comme autrefois...

— Mon amie! Vraiment... vous êtes toujours mon amie?... Et vous êtes madame la vicomtesse de Rochemart?...

— Sans doute, dit Léoville en souriant. Est-ce que vous en êtes fâché? Est-ce que vous ne voulez pas être aussi mon ami, à moi?

— Oh! si... Et à présent que je la vois si heureuse... je vous pardonne!

— Ah! vous me pardonnez!... Et quoi donc, s'il vous plaît?... Qu'avais-je fait pour encourir votre blâme?...

— Ce que vous aviez fait?... Mais vous l'aimiez... et il me semblait d'abord qu'il n'y avait que moi qui devais l'aimer... que les autres n'en avaient pas le droit... qu'ils voulaient me voler son affection!... Ah! excusez-moi, j'étais un enfant... je ne réfléchissais pas... Oh! mais, maintenant, j'ai de la raison... et puisque vous avez fait le bonheur de Camille... de mon amie... je ne vous en veux plus, au contraire... Si vous le voulez bien, je serai aussi votre ami, à vous...

Léoville tend sa main à Sincère, en lui disant :

— Oui, certes, je le veux... car vous êtes un brave garçon que j'estime, que j'aime déjà... parce qu'il était tout dévoué à ma chère Camille, et que cette affection est trop franche pour craindre jamais de se montrer au grand jour.

Sincère presse avec effusion la main qu'on lui offre, puis il court dans le salon, regarde les meubles, les tableaux, et s'écrie :

— Oh ! que c'est élégant ici !... Oh ! les beaux tableaux !... J'en ferai comme ça quand j'aurai du talent... et mon maître m'a dit que j'en aurais... parce que je fais de grands progrès.

— Tant mieux, mon cher Sincère ! Maintenant, parlez-moi de votre grand'maman, cette bonne madame Monclair...

— Elle se porte bien... Je lui ai dit que je venais vous voir... que vous étiez vicomtesse !... Elle en est enchantée...

— Oh ! j'irai aussi la voir... Tu le veux bien, n'est-ce pas, mon ami, que j'aille voir ceux qui m'ont témoigné tant d'amitié ?

— Si je le veux ? répond Léoville en baisant la main de sa femme, tous tes amis ne sont-ils pas les miens ; je t'accompagnerai même chez cette bonne madame Monclair, qui me connaît déjà un peu, et a paru touchée de ma douleur la dernière fois que j'allai lui demander si elle savait ce que tu étais devenue.

— Mais, à propos, dit Sincère en s'adressant à Léoville, comment êtes-vous parvenu à la retrouver, vous, ma bonne amie ?

— Ceci est un mystère que je n'ai pas encore pénétré... Un avis anonyme m'a appris en quel endroit Camille était cachée... Ah ! quel que soit l'auteur de cet écrit, je le bénis, car je lui dois mon bonheur.

— Et vous avez enfin su vaincre les craintes de ma bonne amie... au sujet de... de... vous savez bien ?

— J'ai retrouvé du calme... j'ai senti se dissiper mes remords, dit Camille, depuis que j'ai reçu une lettre de mon père... qui me dit qu'il se repent de sa conduite passée, et m'annonce son départ pour l'Amérique, où il veut, à force de travail, faire oublier ses torts et réparer le mal qu'il a fait.

Sincère écoute d'un air surpris, puis répond :

— Ah ! votre père vous a écrit qu'il partait pour l'Amérique ?

— Oui, et, probablement, je n'entendrai plus parler de lui.

— Ah !... Et y a-t-il longtemps qu'il vous a écrit cela ?

— Mais, je n'avais pas encore revu Léoville... il y a un mois à peu près...

— Un mois... et il vous marquait... qu'il partait ?...

— Sur-le-champ... Qu'il chargeait un ami de tâcher de me retrouver pour me porter sa lettre, qui avait déjà quinze jours de date...

— Eh bien !... votre père vous a menti !...

Camille pâlit et balbutie d'une voix tremblante :

— Mon Dieu !... qui vous fait penser cela, Sincère ?

Le jeune apprenti ne remarque pas les signes que Léoville lui fait derrière sa femme, et répond, avec sa franchise habituelle :

— Mais, parce que depuis ce temps j'ai vu M. Saint-Croisy à Paris... Oh ! je le connais bien à présent... Il a beau se déguiser, laisser pousser sa barbe... il ne peut changer ses yeux, son regard, tout le reste... et il a un regard... qui me donne le frisson chaque fois que je le rencontre : Ce n'est pas de peur cependant... oh ! non... je n'ai pas peur de lui... car je voudrais... je ne saurais vous dire... mais je déteste cet homme-là !...

— Vous avez rencontré mon père à Paris depuis que j'ai reçu cette lettre, Sincère ?... Vous en êtes bien sûr ?...

— Oui, très-sûr... Je voulais savoir où il loge... mais une circonstance m'a fait perdre ses traces... Enfin, pas plus tard que tout à l'heure, en venant ici, je suis cer-

9.

tain de l'avoir aperçu qui rôdait à l'entrée des Champs-Élysées... Mais j'étais si pressé... si heureux en pensant que j'allais vous revoir, ma bonne amie, que, cette fois, je ne me suis pas arrêté pour regarder de quel côté il portait ses pas.

Camille regarde tristement son mari en murmurant :

— Ah! mon ami... s'il était vrai ?...

— Eh bien! dit Léoville, ne vas-tu pas t'affliger, t'inquiéter d'avance ?... Et, lors même que ton père serait encore à Paris, qu'est-ce que cela doit te faire ? Tu es ma femme maintenant... oh! tu m'appartiens! Et je te jure que tous les pères du monde ne parviendraient pas à t'arracher de mes bras. Mais, d'ailleurs, tu m'as dit que plusieurs fois M. Saint-Croisy t'avait répété qu'il te laissait entièrement maîtresse de tes actions... Il ne trouvera donc pas mauvais, je le pense, que tu sois devenue vicomtesse de Rochemart. Et, maintenant, nous avons bien de la bonté de nous occuper d'une chose qui n'est nullement prouvée... Car je crois, moi, que Sincère s'est trompé.

— Non... non! je ne me suis pas trompé !...

— Vous dites, Sincère, que mon père était déguisé... Comment donc était-il mis ?

— Il avait une blouse bleue, un pantalon de velours olive, de gros souliers, et sur sa tête une casquette dont la visière lui ombrageait les yeux...

— Mais c'est le portrait d'un ouvrier, cela !... Ce n'est jamais ainsi que tu m'as dépeint ton père, chère Camille !...

— En effet, mon ami, je ne l'ai jamais vu vêtu de la sorte... La dernière fois qu'il vint aux Prés-Saint-Gervais, il était fort élégant...

— Décidément, notre ami Sincère a fait erreur... il a été le jouet de quelque ressemblance.

— Non, encore une fois, non !...

— Lui avez-vous parlé à cet homme ?

— Oui, dans un café où je suis entré après lui...

— Que lui avez-vous dit ?

— Il m'a demandé d'abord pourquoi je le suivais, ce qui paraissait le contrarier beaucoup.

— Personne n'aime à être suivi.

— Pourquoi donc, quand on ne fait pas de mal ? On peut bien me suivre tant qu'on voudra, moi, ça ne me fâchera pas.

— Ensuite ?...

— Ensuite, je lui ai demandé s'il n'était pas M. de Saint-Croisy...

— Et il vous a répondu ?

— Naturellement, il m'a répondu que non... Quand on se déguise, ce n'est pas pour se nommer ! Mais il m'a demandé à mon tour ce que je voulais à cette personne...

« — Que vous importe, lui ai-je dit, du moment que ce n'est pas vous. » Alors, je suis sorti du café... mais je me suis mis en embuscade, je l'ai attendu... suivi de nouveau... Le soir, il avait donné rendez-vous à quelqu'un sur les bords du canal. Ma bonne amie, dans les connaissances de votre père, vous rappelez-vous un certain Harzmann, ciseleur ?...

— Non... Mais j'ai si peu habité avec mon père, excepté à Vienne ! Là, il venait chez nous beaucoup d'hommes, mais je n'en ai remarqué aucun, et il me serait impossible de me rappeler leur nom... Pourquoi me demandez-vous cela ?

— Parce que c'est avec cet Harzmann que votre père avait un rendez-vous devant le canal... Cet Harzmann, en le quittant, parlait tout haut... et disait des choses si singulières... que je l'ai suivi jusqu'à sa demeure...

— Ah çà ! mon petit Sincère, vous suivez donc tout le monde ?

— Oh ! monsieur, il ne faut pas m'en vouloir... c'était

comme malgré moi!... Il me semblait que j'y étais forcé...

— Et que disait-il, celui-là, en parlant tout haut?

— Il disait... Mais je ne sais plus... Je ne me rappelle pas... c'étaient des phrases vagues... qui n'avaient aucun sens.

— Tiens, ma chère Camille, je crois que décidément Sincère se moque un peu de nous... qu'il nous fait des histoires d'atelier...

— Ah! monsieur Léoville!... pouvez-vous penser?...

— Mais une autre fois, mon ami, choisissez mieux vos sujets; celui-ci attriste Camille, c'est assez nous y arrêter.

— Je vais vous quitter, dit Sincère; il y a beaucoup d'ouvrage à l'atelier, et je veux continuer de contenter M. Delcour. Adieu, ma bonne amie!... Je vous ai vue... vous êtes heureuse, je suis content!

— Mais vous reviendrez nous voir, Sincère, vous nous le promettez?

— Oh! soyez tranquille, ma bonne amie, dès que j'aurai un petit moment de libre, j'accourrai vous dire bonjour... Adieu, monsieur Léoville...

— Adieu, Sincère... Mais je descends avec vous... Je vais m'assurer si l'on a soin de mon cheval.

Le vicomte était bien aise de se trouver un moment seul avec le jeune apprenti, auquel il dit alors:

— Sincère, il faut que je vous gronde.

— Pourquoi donc, monsieur?

— Comment! Vous aimez Camille, votre plus cher désir est de la savoir heureuse, n'est-ce pas?

— Oh! oui, monsieur...

— Et vous venez lui dire que son père est à Paris, que vous l'avez vu... lorsque l'espoir qu'il avait pour jamais quitté la France lui avait seul rendu le calme, le repos!... N'avez-vous pas, tout à l'heure, remarqué son trouble, sa pâleur, quand vous lui avez dit que M. de Saint-Croisy était encore à Paris?...

— Mais, mon Dieu... je croyais... Et, enfin, puisque c'est la vérité... je ne sais pas mentir, moi!...

— Mon ami, quand un mensonge peut rendre le repos, le bonheur à quelqu'un, croyez-vous que ce soit une faute de cacher la vérité?... Pauvre Camille!... elle était heureuse... et vous venez de jeter l'inquiétude dans son âme!...

— Ah! pardon, monsieur Léoville, pardon!... Je comprends que j'ai eu tort... cela ne m'arrivera plus... Vous êtes fâché contre moi?

— Non, mon ami, mais vous me promettez de ne plus recommencer?...

— Je vous le promets. Mais, voyez-vous, j'avais dit cela pour qu'on se tînt sur ses gardes... car il a l'air d'un scélérat, ce Saint-Croisy... Vous ne le connaissez pas?

— Non, je ne l'ai jamais vu...

— Oh! il a un regard!... Je suis bien sûr qu'il fera quelque tour à sa fille... vous verrez.

— Je ne le crains pas... En tout cas, soyez assuré que je veille sur ma femme!...

— Et si vous saviez les paroles que j'ai entendu dire à son ami... à ce Harzmann; je n'ai pas voulu les répéter à votre femme... mais cela ferait présumer que ces deux hommes ont commis ensemble quelque crime...

— Allons, mon pauvre Sincère, vous avez mal entendu!...

— Oh! non, j'ai de bonnes oreilles!...

— N'importe!... on peut se tromper sur le sens des mots que l'on entend.

— Veillez bien! veillez bien!... C'est ce Saint-Croisy que j'ai vu à l'entrée des Champs-Élysées... C'est tout près d'ici... et peut-être connaît-il déjà votre demeure!...

Mais, mon Dieu! je bavarde. Adieu, monsieur Léoville, mon ami.

— Au revoir, mon petit Sincère!

L

Les propos. — La veuve Coloquinte.

Il y a un mois que le bel Endymion Dufourré est allé se renfermer dans l'hôtel Pothery; il n'a pas voulu mettre le pied dehors pendant tout ce temps. Résolu à tout endurer plutôt que de s'exposer à rencontrer le jeune homme qui lui a jeté du punch au visage, Endymion a supporté avec résignation tous les désagréments de l'hôtel Pothery : la cuisine de Rose-d'Amour, qui, à défaut de cuissard de loup, leur faisait souvent manger des choses dont on tremblerait de connaître l'origine; les sarcasmes du major Piquevert, qui trouve toujours moyen de lancer des pierres dans les suppléants du gandin; les bavardages de la maîtresse de la maison; les regards sentimentaux de mademoiselle Éolinde; le télescope de M. Lentille; les questions de madame Bellote, qui entend toujours de travers; les calculs de M. Grandbec sur les moyens à employer pour ne pas payer d'impositions; le domino de M. Pothery, et enfin, ce qu'il y avait de plus difficile à supporter... la lecture des tableaux du *Mont Vésuve*, par Étienne Vincent, qui, toutes les semaines, changeait le dénoûment de son drame... Il est vrai que, pour prix de la complaisance d'Endymion, il avait consenti à faire de nouveau sa statuette ou plutôt sa statue, Endymion ayant exigé qu'elle eût cette fois trois pieds de hauteur, parce qu'il avait promis à madame Pothery de lui en faire présent; cette dame ayant l'intention de la placer dans son jardin sur un piédestal, et demandant continuellement à tout le monde où elle ferait bien de mettre la statue de ce monsieur.

Mais Jolibeau s'ennuyait beaucoup dans la maison des Prés-Saint-Gervais ; Dufourré le grondait lorsqu'il se mettait seulement à la porte ; ce qui n'empêchait pas le ci-devant figurant de s'y mettre souvent, et même d'aller se promener dans le village lorsqu'il présumait que son maître n'aurait pas besoin de lui. On était au mois d'octobre, la saison était belle ; cependant, la campagne commençait à devenir peu fréquentée, et les dimanches même amenaient beaucoup moins de visiteurs à l'hôtel Pothery. La conduite singulière du beau monsieur de Paris qui était venu se confiner aux Prés-Saint-Gervais, et ne sortait jamais de sa retraite, commençait à paraître singulière à d'autres qu'à Jolibeau.

Le major ne manquait pas de dire :

— Depuis que M. Dufourré est venu reprendre un logement ici... et lorsque la belle saison est déjà avancée, il n'a pas mis le pied dehors... ses promenades se bornent au jardin. Quand on lui propose d'aller faire un tour dans les environs, il trouve toujours quelque prétexte pour refuser ; il a dit être venu ici pour sa santé... il se porte très-bien... je l'ai observé au dîner, il mange et boit et ne se refuse rien... il est encore engraissé... c'est bien singulier ! Un jeune élégant de Paris... riche à ce qu'on prétend... venir se cloîtrer ici... en compagnie de madame Bellole et autres dames *ejusdem farinæ*!... Encore s'il faisait la cour à ma nièce Éolinde, s'il en était amoureux... je comprendrais sa conduite ; mais il n'a pas l'air de songer à ma nièce Éolinde, malheureusement ! Tout cela n'est pas naturel ; il y a quelque mystère là-dessous... Ce monsieur se cache... mais pourquoi se cache-t-il ?... Voilà ce qu'il faudrait savoir... S'il a de la fortune, comme tout semble l'annoncer, ce n'est pas de ses créanciers qu'il a peur... il y a autre chose !... Ce gaillard-là, avec son air de n'y pas toucher, a peut-être commis quelque gros crime... il est peut-être digne de figurer dans les *Mystères de Paris*... Diable ! sa société peut devenir très-compromettante !...

M. Piquevert ne manque pas de faire part de ses idées aux autres locataires, et comme, généralement, on croit plutôt le mal que le bien, ce qui, du reste, ne fait pas honneur à l'humanité, chacun accueille les soupçons du major et ne se fait pas faute d'y ajouter quelque chose. On se met à observer Endymion, à commenter ses moindres paroles, ses actions les plus frivoles. Madame Pothery, qui n'est jamais en arrière quand il s'agit de faire des conjectures, dit elle-même :

— J'ai remarqué M. Dufourré ce matin, lorsqu'on a apporté le journal : il s'est jeté dessus avec une espèce de frénésie... puis il a tout de suite regardé aux nouvelles de Paris. C'est là que l'on met les assassinats, les crimes que l'on vient de découvrir...

— Ce chapitre-là l'intéresse beaucoup apparemment...

— Ah ! major, s'il était vrai...

— Là, franchement, s'il ne se cachait pas, resterait-il depuis un mois sans bouger de votre maison ? Ce qui m'a paru bien singulier, c'est l'heure à laquelle il est arrivé ici... à peine sept heures du matin !... Il était donc parti de Paris à six ; ce n'est pas l'heure où l'on se rend à la campagne, c'est celle où l'on se sauve.

— C'est vrai ! Votre réflexion est foudroyante !

— Il y a deux jours, quand la société a été faire une promenade jusqu'à Romainville, il a refusé d'en être, sous prétexte d'une douleur au talon, et il n'a point boité de la journée !

— Il a consigné aussi son domestique Jolibeau, qui ne cesse de dire que la conduite de son maître est bien extraordinaire, dit M. Grandbec d'un air important.

— Hier au soir, en jouant aux dominos avec Pothery, il était bien troublé! Il mettait du six sur du quatre?...

— Vous souvenez-vous de quoi on parlait en ce moment?

— Attendez... je crois qu'on parlait de *Lacenaire*, de ce fameux criminel qui tuait le monde comme des mouches.

— Vraiment! Cela devient inquiétant.

— Et l'autre soir, quand on a sonné à la porte, il s'est écrié : « Si c'est moi que l'on demande, je n'y suis pas, je ne loge pas ici, vous ne m'avez pas vu!... »

— Voilà qui est assez concluant.

Disons, à la louange d'Etienne, qu'il ne faisait point sa partie dans tous ces cancans; son drame l'intéressait beaucoup plus que tout cela.

Un matin, c'est le major qui reçoit le journal; Endymion et la plupart des locataires étaient déjà descendus au salon commun : tout à coup, M. Piquevert s'interrompt dans sa lecture, en s'écriant :

— Diable! voilà encore un crime affreux que l'on vient seulement de découvrir et qui a été commis il y a plus d'un mois, à ce qu'on présume...

— Oh! lisez-nous donc cela, major.

— Volontiers... d'autant plus que cela peut nous intéresser beaucoup.

En disant cela, le major jetait des regards significatifs sur la société, excepté sur Dufourré, qui dit :

— Oh! les crimes! je ne trouve pas cela bien amusant, moi... d'autant plus qu'ils se ressemblent presque tous... des gens qui tuent pour voler!

— Pas celui-ci, monsieur... Il offre des circonstances toutes particulières; écoutez :

« On a découvert, dans un champ de betteraves de la plaine de Montrouge, le cadavre d'une femme qui paraît avoir séjourné là depuis un mois au moins. Grâce aux betterayes qui l'ont conservé, ce cadavre a été reconnu pour être celui de la veuve Coloquinte, qui était âgée de soixante-dix ans et avait un nez d'argent. L'assassin, après lui avoir fait subir le dernier des outrages, a pris la fuite en lui laissant son nez. »

— Voilà un bien grand scélérat ! s'écrie madame Pothery.

— Et un homme bien courageux ! dit Endymion en souriant.

— Comment l'entendez-vous, monsieur ? dit le major.

— Il n'y a pas deux manières de l'entendre : outrager une femme de soixante-dix ans, et qui a un nez d'argent... ceci me semble fabuleux..., cela est au-dessus des travaux d'Hercule !

— Qu'est-ce qu'il a fait, ce criminel ? dit madame Belloie ; il a mangé une coloquinte ? Mais on dit que c'est très-amer.

— Il a fait bien plus, madame, il l'a outragée...

— Outragée ! Qu'est-ce que cette coloquinte lui avait donc fait ?

— Elle avait un nez d'argent, madame.

— Comment un nez !... Mais je ne comprends plus du tout.

— Attendez ! attendez ! s'écrie le major. Ce n'est pas tout... il y a un alinéa, toujours sur ce sujet...

— Nous écoutons, major.

« Au moment de mettre sous presse, nous apprenons que l'on a trouvé un gant chamois à côté de la victime, auquel il ne manque que le pouce. On est sur les traces de l'assassin, que l'on suppose être un homme du très-grand monde, qui avait une passion effrénée pour les nez d'argent. On a tout lieu de croire qu'il est caché dans les environs de Paris. Malheur à lui si on le découvre... pour le prendre on emploiera jusqu'à du canon, si cela est nécessaire. »

— Du canon! du canon! s'écrie madame Pothery, on ferait donc le siége de la maison dans laquelle il se serait réfugié?

— Assurément!... Ce ne serait pas la première fois que, pour se saisir d'un coupable, on démolirait ou brûlerait sa retraite...

— Vous me faites frémir, major.

— Mais pourquoi cette coloquinte avait-elle un nez? crie madame Belloie en s'adressant à tous ceux qui sont près d'elle.

— Voilà une histoire qui me fait l'effet d'être un fameux canard! dit Endymion, qui ne remarque pas la façon singulière dont on le regarde.

— Un canard, monsieur!... Et pourquoi supposez-vous que c'est un canard? dit madame Pothery d'un ton fort sec.

— Parce qu'elle n'a pas le sens commun!

— Mon journal ne ment jamais.

— Diable! il est donc le seul, alors... Mais, à propos, madame Pothery, j'avais prié Rose-d'Amour de me faire une petite salade de chicorée verte : c'est très-bon pour le sang; elle l'a oublié hier. Voudrez-vous bien le lui rappeler aujourd'hui?

La maîtresse de la maison prend un air de hauteur en répondant :

— Monsieur, ma cuisinière fait les salades que je lui commande...

— C'est justement pour cela que je vous dis de lui commander celle-là!

— Monsieur, tout le monde n'aime pas la chicorée verte... c'est fort amer. Or, comme je ne puis pas faire une salade particulière pour chaque convive, cela occuperait trop mon cordon-bleu, vous voudrez bien de la salade que l'on servira : du pissenlit et des mâches, et peut-être du céleri, s'il n'est pas hors de prix.

— Je croyais, madame, en vous disant que la chicorée verte m'est recommandée par la Faculté, que cela suffirait pour que vous vous empressassiez de m'en faire manger...

— Que je m'empressasse ! Mais, d'abord, monsieur, il faudrait que je crusse à votre maladie, et rien en vous n'indique un homme malade... Vous êtes gros, rougeaud, vous avez encore pris du ventre !...

— Vous ne savez ce que vous dites, madame ! Mon ventre n'a pas augmenté, au contraire... et, d'ailleurs, cela ne vous regarde pas.

— Monsieur, vous me répondez d'une façon inconvenante !

— C'est vous qui êtes inconvenante. Me dire que mon ventre augmente !... Portez donc des lunettes, madame !

— J'en porterai si cela me convient, monsieur ; après tout, il vaut mieux porter des lunettes que de faux mollets, de faux toupets, et une foule d'autres postiches !

Endymion se lève furieux, en s'écriant :

— Je ne sais pas ce que vous voulez dire, madame ; mais, à dater d'aujourd'hui, je ne dîne plus à votre table !

— Comme il vous plaira, monsieur ! A votre aise, ne vous gênez pas !

Dufourré a quitté le salon fort en colère.

— Vous avez peut-être été un peu trop vive, dit le major à madame Pothery ; il s'éloigne colère comme un dindon !

— Tant mieux ! c'est ce que je voulais ; car, voyez-vous, je suis persuadée maintenant que c'est l'assassin de la veuve Coloquinte... j'ai presque une preuve !

— En vérité !... Quoi donc ?...

— Je me rappelle fort bien maintenant que quand il est arrivé en voiture pour se cacher ici... et il était à peine sept heures du matin... elles n'étaient pas sonnées... ce monsieur était si troublé, avait un air si inquiet, si effaré, que j'en fus frappée ; mais, ce qui surtout me frappa, c'est qu'il n'avait qu'un gant, un seul gant chamois à la main droite.

— Chamois ! Vous êtes certaine qu'il était de cette couleur ?

— Très-certaine, et celui qu'on a trouvé près de cette malheureuse femme outragée, n'est-il pas chamois aussi ?

— En effet, tout cela coïncide !

— Comment ! nous allons manger du chamois? dit madame Belloie. Est-ce que c'est bon ? Et le nez d'argent, qu'en a-t-on fait ?

— Laissez-nous donc un peu tranquilles, madame Belloie ! s'écrie madame Pothery. Oui, tout me prouve à moi que ce beau monsieur qui se tient ici depuis un mois sans oser mettre le pied dehors, est le criminel que l'on cherche ; et comme je n'ai pas du tout envie que, pour le prendre, on fasse canonner ma maison...

— Oh ! ceci est fort rare.

— Enfin, je ne veux même pas que la force armée entre chez moi pour arrêter un criminel ; ce sont toujours des scènes fort désagréables et qui font du tort à un hôtel garni ; d'après cela, je vais faire en sorte que ce monsieur déguerpisse d'ici très-promptement...

— Prenez garde, madame Pothery, car si vous étiez dans l'erreur...

— Je ne me trompe jamais !... D'ailleurs, j'ai mon moyen... Je vais aller trouver son valet Jolibeau ; je ne le crois pas complice de son maître, car il ne fait que dire qu'il ne comprend rien à la conduite de celui-ci...

— Mais si ce monsieur part, et sa statue dont il voulait vous faire présent !...

— Est-ce que je veux avoir chez moi le simulacre d'un homme qui commet de telles horreurs?... Non, non ; d'ailleurs, elle n'est pas achevée : en changeant seulement la tête, le cou et les pieds, mon petit ami Vincent en fera la statue de Pothery... Tiens, c'est une heureuse idée; et je la placerai devant le joli pavillon, il y a une place à gauche...

— Au fait, il aura l'air d'en être le gardien.

Madame Pothery ne tarde pas à rencontrer Jolibeau qui flânait sur la porte de la rue, se posant tantôt en guerrier, tantôt en berger. Elle l'aborde d'un air confidentiel :

— Monsieur Jolibeau, est-ce que vous ne vous ennuyez pas un peu de rester à la campagne si longtemps ?

— Ma foi, madame, à vous parler franchement, je me plais mieux à Paris... La campagne, c'est gentil trois ou quatre jours, quand il fait très-chaud... Maintenant, il commence à faire frais... et puis, monsieur qui me défend même de sortir pour me promener !...

— Est-ce que cela ne vous semble pas bien extraordinaire, et cette retraite continuelle à laquelle votre maître se condamne... ne soupçonnez-vous pas quelque chose là-dessous?

— Si ! je soupçonne que monsieur a de fortes raisons pour craindre d'être vu...

— Et ces raisons... vous ne les savez pas?

— Oh ! non... car si je les savais... tout le monde les saurait déjà !... Je ne peux pas souffrir garder un secret...

— Vous avez parfaitement raison, il n'y a rien de plus malsain. Votre maître n'avait qu'un gant en arrivant ici... savez-vous ce qu'il avait fait de l'autre?

— Sans doute, il l'avait perdu la veille au soir... Je ne sais pas ce qui lui était arrivé ce soir-là, mais il est rentré tout bouleversé en me criant ! « Prépare mes bagages; nous partons demain au point du jour !... » Et lui qui est toujours si bien tenu, il avait son habit tout taché...

— Des taches de sang ?...

— Je ne sais pas... mais cela tenait diablement, cela ne voulait pas s'en aller...

— Assez, assez, monsieur Jolibeau, je ne veux pas que votre maître soit arrêté chez moi !...

— Arrêté !... Bah ! vous pensez...

— Je sais ce que je dis ! Pour éviter cela, prévenez votre maître qu'on sait qu'il est ici, qu'on le guette, qu'on l'épie, et que s'il ne veut pas qu'on l'y trouve, il faut qu'il parte bien vite !... oh ! mais, très-vite.

— Je ne demande pas mieux... Je vais aller lui dire cela...

Jolibeau trouve Endymion encore courroucé de ce que madame Pothery a osé lui dire, et se demandant s'il restera davantage dans sa maison. Les premiers mots de son domestique l'ont bientôt décidé :

— Monsieur, dit Jolibeau, je viens vous prévenir qu'on vous guette, qu'on sait que vous êtes ici, et qu'on va venir vous y relancer...

— Tu es certain de cela, Jolibeau ?

— C'est madame Pothery qui me l'a dit ; elle paraissait sûre de son fait...

— Alors, nous allons partir sur-le-champ... Fais mes bagages...

— Ah ! tant mieux, monsieur !...

— D'ailleurs, je ne suis pas fâché de quitter cette baraque.

— Il est certain que la cuisine n'y est pas bonne... Et où allons-nous, monsieur ?

— A Paris d'abord... J'irai chez moi m'informer, je verrai ensuite...

Jolibeau a vivement empaqueté les effets de son maître. Celui-ci le charge ensuite d'aller payer la maîtresse de la maison, qui est au comble de la joie en apprenant que sa ruse a réussi. Peu de temps après, Endymion et son valet montaient dans la voiture qui stationne sur la place des Prés-Saint-Gervais.

Une heure après le départ de Dufourré, Étienne le cherche de tous côtés dans la maison, en criant :

— Ohé !... Endymion ! voulez-vous poser, oui ou non ?.. J'ai le temps dans ce moment, parce que je rêve à mon onzième tableau... mais, une fois que j'aurai repris ma plume, je ne la quitterai plus !

Le major se met à rire en voyant le jeune artiste chercher de tous côtés son modèle. Enfin Étienne aperçoit madame Pothery et court à elle :

— Madame, savez-vous où est Endymion ? je le cherche pour qu'il pose.

— Vous le chercheriez en vain, mon ami Vincent ! Ce monsieur a, Dieu merci, quitté ma maison, où j'espère qu'il ne se présentera plus... Mais s'il avait l'audace d'y revenir, on lui dirait toujours : *complet !...* comme pour les omnibus.

— Comment ! Endymion est parti... et vous espérez qu'il ne reviendra pas... vous ! dont il était le Benjamin ?

— C'est qu'alors ce n'était pas un monstre... un assassin... un outrageur de femmes !

Étienne part d'un éclat de rire, en disant :

— Endymion ! un assassin ! ah ! elle est bonne... je la trouve bien bonne, celle-là ! Je ne sais pas qui l'a faite, mais elle est forte !

— Monsieur Étienne, riez tant qu'il vous plaira ; mais je ne parle, moi, que sur des données certaines... Plus tard, vous verrez s'il y a de quoi rire...

— En attendant, j'y vois une chose, c'est que n'ayant plus de modèle, vous n'aurez pas votre grande statuette...

— Ah ! monsieur Étienne, si vous étiez bien gentil... mon mari poserait... Justement Pothery vient dîner aujourd'hui ! En remaniant un peu votre terre glaise, est-ce que la figure de cet autre ne peut pas devenir le joli visage de mon mari ?...

— Merci... en voilà de l'ouvrage !... Tout à refaire à peu près.

— Ah! vous êtes si prompt! si adroit quand vous le voulez!... Et je serais si heureuse d'avoir la statuette de mon chéri!

Étienne se laisse attendrir, parce que M. Pothery met toujours beaucoup de complaisance à écouter son drame, et le soir même il procède au remaniement de son modèle.

Le lendemain matin, en lisant, suivant son habitude, le journal dans le salon où tout le monde est réuni, le major pousse tout à coup un cri de surprise en murmurant :

— Ah! pardieu, voilà qui est trop fort!

— Qu'est-ce donc, major, lisez donc tout haut...

— Écoutez : « En voulant faire l'autopsie de la veuve Coloquinte que l'on avait trouvée dans un champ de betteraves, on s'est aperçu que l'on n'avait affaire qu'à un mannequin très-bien imité... On recherche les auteurs de cette mauvaise plaisanterie. »

Tout le monde se regarde : madame Pothery est atterrée; elle ne cesse de répéter : — Un mannequin! c'était un mannequin... j'ai soupçonné l'innocence!...

Puis tout à coup elle se lève, court dans le jardin, y rejoint Étienne qui travaillait à sa statuette et lui crie :

— Remettez-la telle qu'elle était, mon cher ami Vincent! Décidément, j'aime mieux avoir le portrait de M. Endymion... je vois mon mari assez souvent, je n'ai pas besoin de son plâtre!

— J'en suis fâché, madame, répond Étienne, mais les changements sont faits, je n'y toucherai plus...

— Quel ennui!... Enfin, il gardera le pavillon!

LI

Une scène de ménage.

Endymion a quitté à la barrière la voiture des Prés-Saint-Gervais. Il prend un fiacre. Jolibeau y insère les bagages et on donne au cocher l'adresse du logement que l'on occupe à Paris.

Quand la voiture s'arrête devant la maison, Jolibeau descend et s'apprête à prendre les effets de son maître; mais celui-ci l'en empêche, en lui disant:

— Ne touche à rien, Jolibeau; il n'est pas certain que nous descendrons chez moi... Va me chercher le concierge, et amène-le mystérieusement. Il faut avant tout que je lui parle.

Jolibeau se hâte d'exécuter l'ordre de son maître, tandis que celui-ci reste dans le fond de la voiture, craignant même de mettre son nez à la portière. Enfin le concierge arrive, et salue le locataire en criant à tue-tête :

— Ah ! v'là monsieur Dufourré de retour !... Et ça va bien, monsieur Dufourré ?... Votre appartement est joliment propre, monsieur Dufourré !...

Endymion fait son possible pour arrêter le bavardage du portier, en lui disant:

— Chut !... chut !... en voilà assez ; ne criez donc pas mon nom si haut...

— Pardon, monsieur Dufourré, puisque vous m'avez fait demander...

— Sans doute, je vous ai fait prier de venir me parler...

— C'est ce que je fais, monsieur Dufourré...

— Sapristi ! écoutez-moi donc d'abord... Je veux savoir ce qui s'est passé depuis mon absence. Le jour même de mon départ, un jeune homme a dû venir me demander... Qu'a-t-il dit, qu'a-t-il fait en ne me trouvant pas?... Est-il venu souvent depuis?... revient-il encore? Voyons, contez-moi bien tout, concierge, n'omettez aucune circonstance... c'est très-important.

Le concierge se gratte le nez, en ayant l'air de chercher dans sa mémoire, puis répond:

— Ma foi, monsieur Dufourré, j'ai beau chercher... j'ai beau chercher... je ne peux rien vous dire de ce que vous me demandez, par la raison qu'il n'est venu personne vous demander depuis votre départ...

— Personne!... Ce n'est pas possible!... Vous avez oublié!...

— Du tout! j'oublie jamais... Mais quant à votre appartement, monsieur Dufourré, c'est frotté, c'est ciré.

— Mais il n'est pas question de mon appartement... Un jeune homme du nom de Julien a dû venir, à moins qu'il n'ait envoyé ses témoins...

— On n'a pas plus envoyé de témoins que de personne... Ah! mais, attendez! oui, c'est vrai, je l'avais oublié et cependant c'est pas vieux, c'est d'hier, il est venu quelqu'un...

— Ah! voyez-vous... j'en étais sûr... Quoi! il n'est venu qu'hier?...

— Oui, monsieur, hier dans la journée...

— Et qu'a-t-il dit?

— Il a dit: « Nous avons une oie à dîner; si Dufourré veut venir en prendre sa part, il ne sera pas de trop! »

Endymion fait un bond sur son siége, en s'écriant:

— Comment!... ce jeune Julien est venu pour m'inviter à dîner?...

— Ah! permettez, monsieur Dufourré, je ne vous ai pas dit que c'est un jeune Julien qui était venu, c'est un de vos amis, qui vient assez souvent; M. Théobald Rubençourt...

Oh! je sais son nom, à celui-là... Alors, je lui ai répondu que vous étiez absent pour le Nouveau-Monde, où vous poursuiviez un débiteur. Et il s'est écrié: « La bonne blague!... » ce sont ses propres termes... je me ne permettrais pas d'inventer ça...

— Assez, concierge... veuillez aider Jolibeau à prendre mes bagages.

Et Endymion se décide à descendre de voiture et à rentrer chez lui en se disant:

— Je n'y comprends plus rien du tout... Comment! ce petit drôle, qui s'est permis de m'arroser de punch et qui voulait me tuer... à ce que m'a dit mademoiselle Amanda, n'est pas venu chez moi, bien qu'on lui ait donné mon adresse? Est-ce que ces lorettes auraient voulu s'amuser à mes dépens?... Si je le savais!... C'est égal, après être resté près de cinq semaines dans l'hôtel Pothery, mon logement me semble un paradis.

Et Jolibeau, qui voit son maître se mettre à sa fenêtre, et se sent tout joyeux d'être revenu à Paris, s'écrie:

— Grâce au ciel, je vois que monsieur n'a plus peur, qu'il ne se cache plus!

Endymion se tourne vers son valet en fronçant le sourcil:

— Qu'est-ce que cela signifie, Jolibeau?... Est-ce que je me suis jamais caché?... Qui vous fait supposer que j'aie eu peur... peur de quoi?...

— Pardon, monsieur, moi, je n'en sais rien... je disais cela... d'après madame Pothery, qui prétendait qu'on allait venir vous arrêter chez elle ; que cela ferait un esclandre... et qu'il fallait que vous partiez avant...

— Madame Pothery vous a débité de ces contes-là!...

— Oui, monsieur, et elle paraissait très-certaine de ce qu'elle disait!...

— Et j'allais lui donner ma statuette! En vérité, le monde est une étrange chose!... Je crois que Molière dit cela quelque part, mais il n'est pas défendu de le dire après lui... Quand on me verra à l'hôtel Pothery, il fera un drôle de temps!... Mais Camille! la céleste Camille!... Qu'est-elle devenue... et la reverrai-je jamais?... Cette pensée attriste mon âme... C'est égal, je vais me régaler aujourd'hui... j'irai dîner chez Vachette; après un mois de cuisine Rose-d'Amour... après avoir mangé de la cuisse de loup, je me dois bien ce dédommagement.

Le dandy est devenu radieux... il va le soir se promener sur le boulevard des Italiens, il se montre dans plusieurs cafés, mais l'envie ne lui prend pas de retourner chez Mabille.

Deux jours plus tard, se rappelant l'invitation que son ami Théobald est venu lui faire, Endymion se rend chez l'homme de lettres. Il trouve celui-ci entre sa femme et sa fille. La maman est rouge comme une cerise; le papa a le nez pincé, la demoiselle fait la moue.

— Bonjour, mes chers amis! s'écrie Dufourré. Ma foi, j'ai du bonheur de vous trouver tous réunis... quel délicieux tableau de famille!

— Ah! c'est toi, Endymion, dit l'homme de lettres en tâchant de reprendre son air habituel, oui... oui, en effet, tu vois un tableau de famille... d'intérieur... un peu plus tôt, tu assistais à une scène tout à fait divertissante et qui t'aurait donné une idée du bonheur conjugal.

— Oui, murmure mademoiselle Théodorine, papa et maman se chamaillent toujours!... ce n'est pas amusant! On me fait venir de ma pension en me disant que c'est ma fête... et puis, on ne fait que se disputer ici! Alors, j'aime autant qu'on me laisse à ma pension.

— Taisez-vous, mademoiselle, dit la grosse Abricotine, qui est très-vexée de ce que Dufourré la voie en colère. Si on se chamaille ici, comme vous le dites si élégamment, c'est toujours vous qui en êtes cause ; et quant à votre pension, si votre père m'avait écoutée, il y a longtemps que vous n'y seriez plus ; car y vous apprenez à être impertinente, répondeuse, menteuse, coquette !... Ce n'est pas la peine de payer pour qu'on vous enseigne tout cela.

— Ah ! saperlotte, madame, est-ce que vous allez recommencer ?... Savez-vous que cela m'ennuie à la fin !... Je vous ai priée cent fois de ne point vous mêler de l'éducation de ma fille... est-ce que vous y entendez quelque chose ?...

— Je m'y entends mieux que vous ! Depuis quand n'est-ce pas une mère qui doit s'occuper de sa fille ?... Si c'était un garçon, je vous l'abandonnerais volontiers ; mais une demoiselle... c'est à moi de surveiller son éducation ! J'en appelle à monsieur Endymion.

Notre élégant, assez contrarié d'être tombé au milieu de cette scène de ménage, balbutie :

— Il est certain qu'une demoiselle... ce n'est pas un garçon... et qu'un garçon... ne s'élève pas comme une demoiselle...

— Laissez donc Endymion tranquille, madame ; il ne sait pas ce dont il s'agit... Mais je suis le maître, et je le ferai voir...

— J'espère que je suis la maîtresse, moi... Je le ferai voir aussi... D'ailleurs, il y a longtemps que c'est connu.

— Ah ! il y a longtemps que c'est connu... c'est-à-dire que vous vous vantez de me mener par le bout du nez, n'est-ce pas ?

— Je ne vous mène pas... je vous laisse aller par le bout du nez... ça vaut mieux !

— Qu'entendez-vous par là, madame ?

— Laissez-moi tranquille !

— Répondez, je vous l'ordonne !...

— Vous m'embêtez !...

— Bon ! les voilà partis ! s'écrie Théodorine ; mais c'est égal, moi je n'irai pas au spectacle avec une robe de soie qui est à présent trop courte... j'aurais l'air d'une danseuse de corde.

— Tu la mettras ! dit Abricotine.

— Elle ne la mettra pas ! s'écrie Théobald.

— Je veux qu'elle la mette !...

— Non, je ne veux pas la mettre !...

— Tu ne la mettras pas !...

— Moi, je vais mettre mon chapeau ! se dit Endymion, qui a bien assez du tableau d'intérieur et se dispose à s'en aller ; mais, au moment de gagner la porte, il est arrêté par Théobald, qui ne peut s'empêcher de rire de la figure que fait son ami intime, et lui dit :

— Comment, Endymion, tu t'en vas ?

— Ma foi ! oui, car, franchement, je ne vous trouve pas bien aimables. Quoi !... quand je viens vous voir... après avoir été assez longtemps privé de votre société, au lieu de me faire accueil... de vous occuper un peu de moi, vous continuez de vous quereller... de vous fâcher... et pourquoi ? Je gage qu'il ne s'agit que d'une misère !...

— Il est certain que c'est pour bien peu de chose... Comme c'est aujourd'hui l'anniversaire de la naissance de ma fille, je l'ai fait venir de sa pension, et je compte la mener à l'Opéra. J'ai fait demander une loge... qu'on s'est empressé de m'envoyer. Eh bien ! madame veut que ma fille mette sa robe de soie pour aller à l'Opéra ; mais cette robe est faite depuis un an, Théodorine a beaucoup grandi, ce qui fait que la robe se trouve être maintenant un peu courte...

— On me voit les mollets !... murmure mademoiselle Théodorine.

— Taisez-vous, péronnelle, vous n'en avez pas !... dit Abricotine.

— Alors, moi, je suis de l'avis de ma fille ; la robe est trop courte pour qu'elle la mette ainsi... et voilà ce qui a fait naître notre dispute.

— Quand je disais que c'était une misère !... Une bagatelle !... Voyons, mes enfants, est-ce qu'il n'y aurait pas moyen d'arranger cela... sans se quereller ?

— Et comment arrangerais-tu cela, toi ?

— Il me semble que cela n'est pas bien difficile : j'allongerais la robe !

— Tiens !... c'est une idée, cela...

— Elle ne pourra pas être arrangée pour ce soir, dit Théodorine.

— Vous ne savez ce que vous dites, mademoiselle, réplique la maman. Il y a au bas un ourlet grand comme ma main ; il n'y a qu'à le découdre et à en faire un petit... votre robe aura dix centimètres de plus.

— Eh ! mon Dieu ! il fallait le dire tout de suite ! s'écrie Théobald.

— Je ne le disais pas, parce que la robe pouvait très-bien se mettre encore comme elle est ; mais enfin, je consens à ce qu'on défasse l'ourlet.

— Alors, victoire ! Tout est arrangé, pacifié... vous voilà réconciliés !...

— Oui, mais c'est à toi qu'on en est redevable, dit Théobald ; aussi il me semble bien juste que tu aies ta part de ce qui a fait le sujet de la querelle.

— Tu veux me donner un morceau de la robe ?

— Non, mais je t'offre une place à l'Opéra dans ma loge...

— Ah ! ceci n'est pas à dédaigner... j'accepte !

— Si tu veux aussi accepter notre dîner...

— Non, merci, cela m'est impossible ; je dîne avec des hommes de Bourse.

Endymion veut bien aller à l'Opéra avec la famille

Rubencourt, parce qu'au spectacle il est certain qu'on ne se disputera pas ; mais il ne veut pas y dîner, parce qu'il craindrait d'assister à quelque nouvelle scène d'intérieur.

— A propos de Bourse, répond Théobald, as-tu retrouvé ce fripon de Saint-Croisy ?

— Hélas ! non...

— Alors, ton argent est perdu ?...

— Oui... J'en suis pour quarante mille francs !

— C'est gentil... Mais, aussi, quelle imprudence !... Ce n'est pas moi qui confierais jamais quarante mille francs si légèrement...

— Oh ! il n'y a pas de danger !.. murmure Abricotine d'un air moqueur.

— Et la belle madame Édouard, où en sont les amours ? car tu étais fort amoureux de cette dame... qui est très-jolie, du reste !...

— Oh ! très-jolie ! dit Abricotine, voilà bien les hommes ! Ils n'admirent que ce qu'ils ne possèdent pas... Cette madame Édouard était une beauté... comme on en voit tous les jours...

— Du tout, ma chère amie, et, d'abord, la beauté n'est déjà pas si commune que vous voulez bien le dire... on n'en voit pas tous les jours ; très-souvent on se promène toute une journée sans rencontrer une jolie femme !

— Quand on en a une... à soi... on n'a pas besoin d'aller se promener pour tâcher d'en rencontrer...

— Mon Dieu, ma chère amie, il n'est pas question de celle qu'on a à soi !... Tu fais des personnalités ! Mais Endymion ne nous a pas répondu ?

— Madame Édouard n'est plus aux Prés-Saint-Gervais...

— Ah ! bah ! elle aurait quitté l'hôtel Pothery ?...

— Oui... depuis assez longtemps déjà.

— Et où est-elle maintenant, cette beauté merveilleuse ? demanda Abricotine avec ironie.

— Mais... on n'en sait rien. On ignore où elle a porté ses pas... C'est un secret!...

— Hum! pas pour tout le monde peut-être, et j'ai bien dans l'idée que tu es dans ce secret-là, mauvais sujet!

Endymion ne répond rien à Théobald, mais il sourit en faisant de petites mines enfantines. Abricotine dit alors avec un air de dépit:

— Ah! c'est donc cela que monsieur est absent de Paris depuis cinq semaines, qu'il a disparu tout à coup! C'était sans doute pour aller retrouver celle qu'il a enlevée et qu'il cache à tous les yeux, de peur qu'on ne veuille la lui ravir...

Endymion se défend faiblement, en balbutiant:

— Ah! belle dame, vous allez trop loin!... Je vous assure que vos conjectures sont fausses...

— Vous voyez bien que vous ne pouvez pas vous empêcher de rire!...

— Je ris... malgré moi... mais cela ne prouve rien... Mon Dieu! l'heure se passe... et l'on m'attend... Je vous quitte; je vous reverrai ce soir à l'Opéra... Ah! le numéro de votre loge?

— C'est inutile; tu demanderas la loge de M. Rubencourt, cela suffira; on te l'indiquera sur-le-champ.

Endymion prend congé de la famille Rubencourt, et quand il est parti, Abricotine dit à son mari:

— Vous aviez bien besoin de lui offrir une place dans notre loge... Il devient trop gros, il nous gênera!

LII

Une femme à trois visages.

Ce même soir-là, Léoville avait aussi conduit sa femme à l'Opéra. Toujours plus épris de Camille, il ne cherchait qu'à lui procurer des plaisirs. Mais, se trouvant heureuse près de l'époux qu'elle chérissait, la jeune femme ne désirait pas aller dans le monde et ne demandait jamais à sortir. Cependant, elle avait remarqué que Léoville aimait à la conduire au spectacle; il exigeait qu'elle fît alors une grande toilette, bien qu'elle n'eût pas besoin de cela pour charmer; mais le jeune mari mettait de la fierté à montrer sa femme, et comme elle faisait l'admiration de tous par ses grâces et sa beauté, il voulait aussi qu'aucune femme ne pût l'éclipser pour l'élégance de la parure. D'ailleurs, Camille portait les plus riches toilettes avec tant d'aisance, de bonnes manières, qu'on devait la supposer issue d'une noble famille, et c'était encore une des causes pour lesquelles Léoville aimait à parer sa femme.

Les nouveaux époux occupaient une loge aux premières. Camille, placée sur le devant, était le point de mire d'un grand nombre de lorgnettes, Léoville se tenait assis derrière sa femme, et jouissait des éloges qui, de temps à autre, partaient du corridor, et arrivaient jusqu'à lui.

Camille ne se doutait pas qu'elle produisait tant d'effet; mais, en portant ses regards sur les loges des secondes en face d'elle, son attention est attirée sur un petit monsieur qui la lorgnait, en gesticulant beaucoup, et paraissait la désigner à son voisin.

— Mon ami, dit-elle à son mari, il me semble bien que c'est M. Endymion Dufourré que j'aperçois aux secondes loges, sur le second rang...

— Oui, c'est lui-même, dit Léoville, qui a trouvé la loge que lui indique sa femme. Bien que je n'aie vu, moi, ce monsieur qu'une seule fois aux Prés-Saint-Gervais, il a de ces airs bêtes et suffisants auxquels on ne peut se méprendre... Il mériterait bien que j'allasse un peu lui tirer les oreilles, ce petit monsieur!

On comprendra ces paroles de Léoville, en sachant que

ce n'est pas de cela dont il est question!... Laissez-moi d'abord vous faire compliment de votre mariage... Fichtre! savez-vous que vous voilà dans une belle position?

— Je suis bien heureuse, en effet, d'avoir obtenu l'amour du vicomte de Rochemart... Mais peut-être ai-je eu tort d'accepter sa main!...

— Allons donc, vous divaguez! Est-ce qu'on a jamais tort de se laisser épouser par un homme qui fait notre fortune!

— Quelquefois, monsieur.

— Et après tout, si vous êtes maintenant riche, considérée, et vicomtesse de Rochemart, savez-vous à qui vous le devez?

— A l'amour de Léoville.

— Un peu, c'est possible, mais encore plus à moi!

— A vous, monsieur!

— Oui, à moi!... Oh! vous vous figuriez que je ne m'occupais pas de vous, que je ne songeais pas à votre avenir... J'y songeais beaucoup, au contraire! Quand vous étiez chez madame de Lovenstein, je ne vous perdais pas de vue. J'ai su bientôt qu'un jeune vicomte était amoureux de vous, j'ai obtenu des renseignements sur lui, j'ai appris qu'il avait quarante mille francs de rente et de plus un oncle millionnaire; je me suis dit : « C'est bien, voilà un parti sortable pour ma fille, et c'est le vicomte qu'elle épousera... » Vous avez jugé convenable de le fuir. Ce n'était pas mal joué : les amoureux que l'on fuit deviennent cent fois plus amoureux. Pendant quelque temps M. Léoville vous cherchait et ne vous trouvait pas... moi, je savais bien où vous étiez, mais je me disais : « Il faut laisser chercher ce jeune homme; son amour s'augmente par les difficultés. » Enfin, il vous retrouve aux Prés-Saint-Gervais... Là, vous recommencez à fuir; mais je me dis : « En voilà assez, il faut que cela finisse. » Cependant,

— Taisez-vous donc, monsieur, vous nous empêchez d'entendre...

— Mademoiselle, on danse dans ce moment...

— Ça ne fait rien, monsieur, il y a toujours de la musique...

— Théobald, je t'en prie, regarde donc dans cette loge... aux premières... cette dame... coiffée... comme pour aller au bal... des camélias dans ses cheveux !...

— Je la vois...

— Eh bien! la reconnais-tu?

— Tiens... mais elle ressemble parfaitement à madame Edouard.

— N'est-ce pas?... C'est-à-dire qu'elle lui ressemble au point que je crois bien que c'est elle.

— Alors, si c'est elle qui est là, tu ne l'as donc pas enlevée? Elle n'est donc pas ta maîtresse en ce moment?

— Est-ce que j'ai jamais dit que j'avais enlevé cette dame?... En vérité, vous êtes étonnant!... vous faites des histoires!... Ah! ce mouvement de tête.. c'est elle... il y a un monsieur derrière elle... mais je ne le vois pas bien...

Abricotine se retourne à son tour pour dire à Dufourré :

— Quel bavard vous faites!... Mais qui donc vous occupe si fort?...

— Tenez, belle dame, prenez mes jumelles, elles sont délicieuses, et regardez aux premières en face... cette dame en cheveux... robe bleu clair...

— Je n'ai pas besoin de prendre vos jumelles... je vois très-bien avec ma lorgnette.

— Eh bien !... la reconnaissez-vous?...

— Qui ?

— Cette dame brune...

— Pourquoi voulez-vous que je la reconnaisse?

— Mais parce que vous la connaissez !... C'est madame Édouard.

— Allons donc! vous plaisantez... celle-ci est beaucoup mieux!... Mais vous verrez donc votre madame Édouard partout... homme suffoquant!... Regardez donc dans le trou du souffleur... il me semble qu'elle y est aussi!...

Dufourré ne dit plus rien, mais il attend l'entr'acte avec impatience pour aller rôder dans le corridor des premières.

L'acte fini, notre dandy sort de la loge et se hâte de descendre. Léoville venait de quitter sa femme et avait laissé exprès entr'ouverte la porte de leur loge.

Endymion s'arrête contre cette porte; il voit avec joie que la dame qu'il a lorgnée est seule; il la regarde quelques instants et se dit:

— C'est elle!... Oh! je n'en doute plus... c'est bien elle! Puis il entre dans la loge et fait un salut gracieux à Camille, en lui disant:

— Permettez-moi, belle dame, de vous présenter mes hommages... Enchanté de l'heureux hasard qui me fait vous rencontrer au spectacle, après avoir été si longtemps privé du bonheur de vous voir... Vous êtes partie si brusquement des Prés-Saint-Gervais que...

Camille interrompt Endymion, en lui disant d'un ton très-froid :

— Pardon, monsieur, mais à qui croyez-vous parler, s'il vous plaît? Quant à moi, je n'ai pas l'avantage de vous connaître.

Notre élégant reste interdit; il se trouble, hésite et répond enfin :

— Quoi!... madame... vous ne me reconnaissez pas?... Endymion Dufourré, qui a eu l'avantage de faire votre connaissance à l'hôtel Pothery... aux Prés-Saint-Gervais...

— Je ne sais pas ce que vous voulez dire, monsieur!

— Vous n'êtes pas madame Édouard?...

— Qu'est-ce donc? et que demande monsieur? dit Léoville qui, sur un signe de sa femme, vient de rentrer dans la loge et que Dufourré regarde d'un air effaré en cherchant à se rappeler où il l'a déjà vu.

— Mon ami, dit Camille, c'est tout simplement monsieur qui se trompe en me prenant pour une madame Édouard...

— Ah!... Et quelle est cette madame Édouard à qui tu ressembles tant? Je serais bien aise de savoir pour qui monsieur te prend!

Ces mots sont dits d'un ton fort sec, auquel Endymion répond, après avoir profondément salué Léoville :

— Monsieur... cette madame Édouard est une personne... fort distinguée, fort honorable... que j'ai eu l'avantage de rencontrer à la campagne... que je connais fort peu du reste.... mais à laquelle il n'est personne qui ne soit heureux de présenter ses hommages...

Léoville sourit en répondant :

— Ah! très-bien, monsieur, très-bien! Je suis charmé qu'il en soit ainsi : car, si vous aviez mal parlé de cette personne à qui ma femme ressemble..., cela m'aurait irrité au point... que j'aurais été capable de vous jeter un verre de punch au visage... si j'en avais eu sous la main.

Endymion n'en demande pas davantage; il se retire à reculons, toujours en saluant et en balbutiant:

— Mille pardons!... veuillez m'excuser... je suis désolé.. recevez mes excuses.

Puis il sort de la loge et du théâtre, en se disant :

— J'en ai assez de l'Opéra!... Tout ceci n'est pas naturel... Cette dame... qui ressemble à Camille... et qui n'est pas Camille... ce monsieur qui me menace d'un verre de punch... comme s'il connaissait ce jeune Julien!... Oh! ma foi! je le jure... sur ma vie... ce que j'ai de plus cher au monde, je rencontrerais maintenant dix, vingt femmes, qui auraient la figure... la tête exacte de madame Édouard, que je ne leur adresserais pas la parole !

LIII

Le but de ce monsieur.

Huit jours après la soirée de l'Opéra, Camille était seule dans son salon ; son mari venait de monter en cabriolet pour aller chez son banquier. La jeune femme s'était mise à son piano ; elle se plaisait à cultiver le talent qu'elle possédait déjà sur cet instrument. Léoville aimait passionnément la musique. Camille avait une voix charmante, et elle savait lui faire un extrême plaisir lorsqu'elle chantait devant lui : de là venait cette nouvelle ardeur avec laquelle elle travaillait son piano.

Un domestique entr'ouvre la porte, en disant :

— Il y a là un monsieur qui demande à parler à madame...

— A moi? s'écrie Camille ; vous vous trompez sans doute... c'est mon mari qu'on demande?

— Non, madame... c'est bien à vous que l'on désire parler.

— Est-ce quelque ami de mon mari que vous connaissez?

— Non, madame, c'est un monsieur que je n'ai pas encore vu ici...

— J'en suis fâchée, mais je ne reçois personne en l'absence de mon mari... dites cela à ce monsieur.

— Madame... il prévoyait sans doute qu'on ne voudrait pas le recevoir, car il m'a dit : « Dans ce cas, vous direz à madame de Rochemart mon nom... »

— Ah! quel est son nom à ce monsieur?
— Saint-Croisy.

Camille devient pâle et tremblante; cependant elle s'efforce de maîtriser son trouble, tout en disant :

— Ah! oui... en effet... ce nom me rappelle une personne que j'ai connue autrefois... Eh bien! faites entrer ce monsieur.

Le domestique se retire. Camille lève les yeux au ciel en murmurant :

— Il est ici... encore en France... et il veut me parler!... Ah! Sincère ne se trompait donc pas... tout ce qu'il me disait sur cet homme était vrai, et je n'ai pas voulu le croire, parce que mon amour pour Léoville était plus fort que ma raison... Mon Dieu, donnez-moi du courage!

Saint-Croisy est introduit dans le salon. Il a quitté la blouse et la casquette. Sa mise n'est pas élégante, mais elle est convenable. Il a un large paletot brun, boutonné jusqu'au menton, et tient à la main un chapeau rond. Il entre en saluant profondément la jeune femme, qui fait signe au domestique de s'éloigner; lorsqu'il se voit seul avec Camille, Saint-Croisy se jette dans un fauteuil, en disant d'un ton fort délibéré :

— Bonjour, ma fille !...

— Bonjour, monsieur, répond Camille en baissant les yeux.

— Tiens! vous ne m'appelez plus votre père? Et pourquoi donc?... Est-ce que cela vous écorcherait la bouche?...

— Monsieur, il me semble que depuis longtemps déjà je ne vous donne plus ce nom... Je croyais que vous n'y pensiez pas, car, dans la conduite que vous avez constamment tenue avec moi, vous ne m'avez jamais montré les sentiments d'un père.

— Oh! voilà les grandes phrases qui arrivent... Vous devez savoir que je ne les ai jamais aimées. Mais, au reste, ce n'est pas de cela dont il est question !... Laissez-moi d'abord vous faire compliment de votre mariage... Fichtre ! savez-vous que vous voilà dans une belle position ?

— Je suis bien heureuse, en effet, d'avoir obtenu l'amour du vicomte de Rochemart... Mais peut-être ai-je eu tort d'accepter sa main !...

— Allons donc, vous divaguez ! Est-ce qu'on a jamais tort de se laisser épouser par un homme qui fait notre fortune !

— Quelquefois, monsieur.

— Et après tout, si vous êtes maintenant riche, considérée, et vicomtesse de Rochemart, savez-vous à qui vous le devez ?

— A l'amour de Léoville.

— Un peu, c'est possible, mais encore plus à moi !

— A vous, monsieur !

— Oui, à moi !... Oh ! vous vous figuriez que je ne m'occupais pas de vous, que je ne songeais pas à votre avenir... J'y songeais beaucoup, au contraire ! Quand vous étiez chez madame de Lovenstein, je ne vous perdais pas de vue. J'ai su bientôt qu'un jeune vicomte était amoureux de vous, j'ai obtenu des renseignements sur lui, j'ai appris qu'il avait quarante mille francs de rente et de plus un oncle millionnaire ; je me suis dit : « C'est bien, voilà un parti sortable pour ma fille, et c'est le vicomte qu'elle épousera... » Vous avez jugé convenable de le fuir. Ce n'était pas mal joué : les amoureux que l'on fuit deviennent cent fois plus amoureux. Pendant quelque temps M. Léoville vous cherchait et ne vous trouvait pas... moi, je savais bien où vous étiez, mais je me disais : « Il faut laisser chercher ce jeune homme ; son amour s'augmente par les difficultés. » Enfin, il vous retrouve aux Prés-Saint-Gervais... Là, vous recommencez à fuir ; mais je me dis : « En voilà assez, il faut que cela finisse. » Cependant, votre déguisement en homme m'a dépaysé pendant quelque temps... C'était une drôle d'idée, et vous portiez fort bien ce costume-là. Malgré cela, je vous ai cependant reconnue un soir... aux Champs-Élysées... mais tout autre que moi s'y serait laissé tromper, tant vous portiez avec aisance le petit paletot et le chapeau rond. Enfin, je connaissais votre retraite, et je m'empressai de la faire connaître au jeune vicomte, qui, le même jour, accourut près de vous. Cette fois, il ne vous laissa plus échapper... Mais vous n'en aviez plus envie, et quelques jours après vous étiez sa femme. Eh bien! nierez-vous maintenant que c'est moi qui aie fait ce mariage?

— Monsieur, répond Camille, qui a écouté Saint-Croisy sans l'interrompre, il y a une circonstance bien importante et que vous oubliez; c'est pourtant cette circonstance qui m'a fait consentir aux pressantes sollicitations de Léoville.

— De quelle circonstance parlez-vous, ma fille?

— De la lettre que vous m'avez écrite, monsieur, et dans laquelle vous m'assuriez que votre intention était désormais de réparer vos erreurs passées... de vous conduire d'une façon honorable... et enfin de quitter la France pour n'y plus revenir.

— Ah! oui... oui... je me rappelle fort bien tout ce qu'il y avait dans ma lettre... elle était joliment dictée... C'était encore un moyen de vous faire épouser le vicomte... Vous voyez qu'il m'a réussi. Cela vient à l'appui de ce que je vous disais tout à l'heure, que c'était moi qui avais fait votre mariage.

— Enfin, monsieur, pourquoi... n'avez-vous pas tenu votre promesse? Pourquoi n'êtes-vous point parti pour l'Amérique?

— Ah! pourquoi... on ne fait pas toujours ce que l'on projette! Je n'ai cependant point renoncé à ce voyage.

Mais, au moment de l'entreprendre, je me suis aperçu qu'il me manquait une chose... une seule chose... mais bien essentielle ! car c'est le principe de tout, c'est le moteur universel..., bref, il me manquait de l'argent !... Comme je n'en ai pas chez moi, je me suis dit : « Allons chez ma fille, elle m'en donnera... Quel plus bel usage peut-on faire de sa fortune que d'être utile à l'auteur de ses jours !... Et d'autant plus que cette fortune, c'est moi qui la lui ai fait avoir. »

Saint-Croisy a dit ces derniers mots avec un ton d'ironie qui fait frissonner Camille. Elle se hâte de répondre :

— Monsieur, mon mari ne me laisse manquer de rien. Il réalise mes moindres désirs ; je pourrais donc avec lui me passer d'argent... puisqu'il ne m'est pas nécessaire ; cependant il veut que je puisse satisfaire toutes mes fantaisies, et j'ai là, dans mon secrétaire, quinze ou seize cents francs... je vais vous les remettre, à condition que vous quitterez la France.

Camille fait un mouvement pour se lever. Saint-Croisy la retient, en lui disant :

— Oh ! un moment, ma chère fille, vous n'y êtes pas !... Oh ! vous n'y êtes pas du tout. D'abord, vous me parlez de condition ; je trouve le mot joli ! Apprenez que maintenant ce n'est point à vous, mais à moi de vous en dicter. Vous osez m'offrir une misérable somme de quinze ou seize cents francs pour que je vous débarrasse de ma présence... En vérité, vous n'êtes pas généreuse !... Vous avez hôtel, voiture, laquais à vos ordres... et si vous avez tout cela, c'est grâce à moi !... et vous vous croiriez quitte en me mettant une poignée d'or dans la main !... Oh ! vous vous trompez diablement !... Il me faut cent mille francs... vous entendez : cent mille francs... la somme ronde ! A ce prix, je consens à quitter la France, et à tâcher de faire ailleurs de nouvelles spéculations ; avec cent mille francs, on peut entamer quelque chose. C'est donc cette somme que je viens vous demander, et que vous me donnerez, non pas à l'instant même, je sais bien qu'on n'a pas toujours cent mille francs dans son porte-monnaie, mais dans cinq jours. Je vous donne ce temps pour vous les procurer; et cela vous sera facile... Votre mari vous aime trop pour vous refuser cette bagatelle!... Vous ne manquerez pas de prétextes pour colorer votre demande. D'ailleurs, employez les moyens que vous voudrez, cela ne me regarde pas; ce que je veux, moi, c'est cent mille francs dans cinq jours. C'est aujourd'hui lundi; samedi, je reviendrai les chercher.

Camille, qui a paru d'abord vivement émue en apprenant le but de la visite de Saint-Croisy, ne tarde pas à se remettre; ses yeux retrouvent de l'assurance, l'expression de fermeté qui anime sa physionomie annonce qu'elle vient de prendre une résolution bien arrêtée, et lorsque Saint-Croisy a cessé de parler, elle lui répond d'une voix assurée :

— Il ne faudra pas vous donner la peine de revenir, monsieur, ni samedi ni un autre jour; car ce serait bien inutile : je ne vous donnerai pas ce que vous exigez... je ne demanderai pas cent mille francs à mon mari pour vous les remettre.

— Vous ne me donnerez pas ce que je vous demande? répond Saint-Croisy, un peu surpris de la fermeté avec laquelle Camille vient de lui répondre. Allons donc! vous n'y pensez pas... c'est pour plaisanter que vous me répondez cela. Si vous aimez mieux vendre vos bijoux, vos diamants, que de demander cet argent à votre mari, cela m'est bien égal, après tout!... Pourvu que vous me fassiez la somme, c'est tout ce qu'il me faut; mais je vous répète que je veux cent mille francs.

— Et moi, monsieur, je vous répète que maintenant

vous n'aurez pas un sou de moi; car vous avez trop bien dévoilé à mes yeux la trame abominable que vous avez ourdie. Oui, en effet, c'est vous qui avez fait mon mariage avec le vicomte de Rochemart; car vous vous étiez dit : « Il faut qu'elle épouse un homme riche, un homme du grand monde, parce qu'alors, en la menaçant de me faire connaître pour ce que je suis, en lui jetant à la face ce nom de « ma fille ! dont j'ai eu soin de lui faire une honte, il faudra bien qu'elle me cède ! elle aura peur de ma présence, elle aura peur de cette infamie dont je serai toujours prêt à la couvrir en lui disant : « Je suis votre père!... » et elle m'obéira; elle dépouillera son mari, elle le ruinera, dans l'espoir de se débarrasser de moi; pour une grosse somme d'argent, je lui promettrai de partir, de ne plus jamais revenir; mais quand j'aurai mangé, dépensé cet argent, je retournerai près d'elle, je lui ferai les mêmes menaces pour obtenir une autre somme, qu'elle me donnera encore... et je recommencerai sans cesse. » On appelle cela, je crois, du chantage... N'est-il pas vrai, monsieur ?

Les traits de Saint-Croisy se sont contractés en écoutant Camille, ses doigts se crispent, on voit que c'est avec peine qu'il contient sa fureur, et il balbutie :

— C'est à votre père que vous osez tenir un tel langage ?

— En vérité, monsieur, bien souvent j'ai été tentée de croire que je n'étais pas votre fille... Il y a une si grande différence entre nos sentiments !... Ah ! monsieur, avouez-le-moi... Il n'est pas possible que le même sang coule dans nos veines !... car jamais la moindre sympathie n'a existé entre nous !

Saint-Croisy devient verdâtre; mais il se hâte de répondre :

— Vous êtes folle ! je suis votre père, et je vous le prouverai bien en vous forçant à m'obéir.

— Jamais vous ne m'obligerez à faire une bassesse. Vous me dites de vendre mes bijoux, mes diamants, pour me procurer la somme que vous me demandez; mais, grâce au ciel, monsieur, je n'ai pas de bijoux pour cette valeur; mon mari voulait me donner tout un écrin en diamants, je l'ai supplié de n'en rien faire ; je lui ai fait perdre la fortune de son oncle... j'ai bien assez de son amour : cela vaut mieux que des diamants. Mais, je vous le répète, monsieur, alors même que je posséderais cet argent que vous voulez avoir, et que je pourrais en disposer à ma fantaisie, je ne vous le donnerais pas. Vous céder une seule fois, ce serait se mettre à jamais sous votre dépendance... Vous n'aurez rien de moi, rien, rien !... car tout ce que j'ai ici est à mon mari, et je ne me serai pas faite votre complice en vous aidant à le dépouiller.

— Ah! vous le prenez sur ce ton !... s'écrie Saint-Croisy en se levant et marchant à grands pas dans le salon... Eh bien ! fille vertueuse, je vous ferai repentir de votre désobéissance. Oui, ainsi que vous l'avez dit, je proclamerai partout que vous êtes ma fille ; j'irai trouver votre mari, je lui parlerai...

— Vos menaces ne sauraient m'effrayer, monsieur; car vous n'apprendrez rien à mon mari. Avant de l'épouser, lorsqu'il me suppliait de lui avouer les motifs qui me faisaient repousser son amour, je lui ai conté toute ma vie... et la vôtre... lorsque j'étais avec vous. Je ne lui ai rien caché... il vous connaît... il sait du moins à quoi s'en tenir sur votre compte. Je lui ai dit cent fois : « Songez à quoi vous vous exposez en donnant votre nom à une femme qui ne peut dire celui de son père sans rougir ! » Mais il m'a répondu qu'un enfant n'était pas responsable des fautes de l'auteur de ses jours, et que je ne devais pas vivre malheureuse, sans amis, sans époux, parce que j'avais un père qui se conduisait mal. Maintenant, monsieur, voyez si vous voulez aller trouver mon mari... Oh! vous le pouvez, vous ne lui apprendrez rien.

Saint-Croisy ne s'attendait pas à cette réponse; elle dérange tous ses projets, tous les plans qu'il avait formés. Il ne s'attendait pas à trouver dans Camille cette fermeté, cette résolution qui ne fléchit pas devant ses menaces. Tandis qu'il croyait que sa présence seule suffirait pour l'effrayer et la faire consentir à tout ce qu'il exigerait, bien loin de là, il trouve une femme qui le brave, qui le défie, et qui, par la franchise de sa conduite avec Léoville, fait avorter toutes les espérances dont il s'était bercé en la voyant devenir vicomtesse.

Ne sachant plus à quel parti s'arrêter, et après avoir marché encore quelques instants dans l'appartement, en se bornant à prononcer de temps à autre quelques mots de menace, Saint-Croisy s'arrête de nouveau devant la jeune femme, et lui dit :

— Voyons, ma fille, est-ce bien votre dernier mot? avez-vous bien réfléchi à quoi vous vous exposez en me traitant comme vous le faites?... à tous les désagréments qui peuvent en résulter pour vous?

— Oui, monsieur. D'ailleurs, je trouve que l'on n'a pas besoin de réfléchir pour faire son devoir : il y a dans un cœur honnête un sentiment qui vous dicte sur-le-champ la conduite que vous devez tenir; c'est à ce sentiment qu'on doit obéir : il ne trompe jamais sur ce qui est mal et sur ce qui est bien.

— Ce qui est mal, c'est de refuser de l'argent à son père malheureux... quand on roule sur l'or!

— Oh! monsieur, si vous n'étiez que malheureux, avec quelle joie je vous serais venue en aide!... Croyez-vous donc alors que j'aurais rougi de vous?... Non! Eussiez-vous embrassé la profession la plus humble, je vous aurais recueilli, pris avec moi, donné un logement dans cette maison; j'aurais veillé à ce que rien ne vous manquât... Mais ce n'est pas cela que vous voulez, n'est-ce pas, monsieur ?

— Je ne suis pas d'âge à prendre encore les invalides ! Mais en voilà assez, madame la vicomtesse, ma fille ; vous m'avez entendu ; il me faut cent mille francs... et je reviendrai samedi les chercher.

— Je vous ai dit que cela était inutile, monsieur, et que je ne vous donnerais rien.

— Je ne vous écoute pas !... A samedi, ma fille... et je serai exact !

Saint-Croisy enfonce d'un revers de main son chapeau sur sa tête, fait un demi-tour sur lui-même, puis sort de l'appartement en lançant encore sur Camille un regard menaçant.

Lorsque cet homme est parti, Camille tombe presque sans force dans un fauteuil; puis ses sanglots éclatent, elle pleure, elle se désole. Toute la force qu'elle a montrée devant Saint-Croisy vient de s'évanouir. Ainsi, bien souvent nous nous trouvons, sans frémir, exposés à un danger imminent ; le péril passe, mais nous avons peur après.

Léoville, en revenant près de sa femme, la trouve toute en larmes, et s'écrie :

— Qu'est-il arrivé, mon Dieu ! et d'où vient l'état où je te vois ?

— Ah ! mon ami, balbutie Camille, ce que je craignais, ce que je devais prévoir est arrivé... Ah ! que je suis désespérée !...

— Voyons, ma chère amie, calme-toi d'abord... ne pleure pas ainsi... Je suis près de toi... je t'aime de toute mon âme... qui donc peut avoir la puissance de troubler notre bonheur ?

— Tu ne devines pas ?... Celui qui devait partir... quitter la France...

— Ton père !

— Oui, M. Saint-Croisy; il a osé venir ici... il était là tout à l'heure !

— Et c'est pour cela que tu te désoles ?... Vraiment, tu n'es pas raisonnable. Eh bien ! que t'a-t-il dit, ce monsieur ?... Est-ce qu'il trouverait mauvais que tu sois devenue ma femme ?

— Oh ! non... bien au contraire !

— Voilà qui est déjà bon... Et que te veut-il ?... Tu n'oses pas répondre ?... Eh ! mon Dieu, je le devine !... il veut de l'argent ; c'est cela qu'il est venu te demander. Eh bien ! nous lui en donnerons, et il nous laissera tranquilles, voilà tout ; et, vraiment, il ne fallait pas pleurer pour cela !

— Ah ! mon ami, si tu avais entendu cet homme !... Il m'a laissé voir toute la bassesse de son âme. Mon Dieu ! mon Dieu ! et c'est mon père !

— Allons, calme-toi; combien demande-t-il pour nous laisser vivre en paix ?... cinq mille francs ?... dix mille francs ?... Eh bien ! on les lui donnera.

— Non, non, mon ami, ses prétentions ne se bornent pas là ; il demande une somme énorme, il l'exige comme si elle lui était due.

— Quelle somme, enfin ?

— Mon ami, il est inutile que je te le dise... à moins que tu ne l'exiges absolument ; mais à quoi bon ? Je lui ai répondu comme je le devais. Lorsqu'il est arrivé ici, et s'est dit sans argent, je lui ai offert sur-le-champ tout ce que j'ai là, dans mon secrétaire... car je le croyais seulement malheureux...

— Eh bien ?...

— J'avais seize cents francs, je crois. Oh ! il n'a pas accepté. Ce n'est pas, a-t-il dit, une telle misère qu'il me faut. Il n'a pas craint alors de me dévoiler ses plans, ses espérances, le motif pour lequel il désirait depuis longtemps me voir devenir ta femme. Alors, la pitié s'est éteinte dans mon cœur ; j'ai compris que si l'on cédait une fois à cet homme, il reviendrait sans cesse à la charge. Une telle perspective serait épouvantable, et je lui ai répondu qu'il n'aurait rien de moi.

— Tu as peut-être raison... Cependant...

— Il ne faut pas céder, mon ami ; la faiblesse encourage toujours les méchants. Oh ! du reste, il n'a pas tenu compte de ma réponse, et doit revenir ici, samedi prochain, chercher la somme qu'il demande. Mais si tu voulais... O mon ami, je t'en prie... tu me rendrais bien heureuse !...

— Que désires-tu ? parle, explique-toi.

— Mon ami, si tu ne tenais pas beaucoup à rester à Paris en ce moment... la saison est encore belle... puis, c'est l'époque de la chasse... tu pourrais chasser... et, moi, je serais si contente d'aller passer quelque temps à la campagne !

— Oh ! très-volontiers, ma chère Camille ; je ne tiens nullement à Paris. D'ailleurs, avec toi, ne serai-je pas bien partout !

— Il me semble, mon ami, t'avoir entendu dire, il y a quelques jours, que tu venais d'acheter une maison de campagne ; que tu avais profité d'une occasion, que nous irions nous y installer cet été ?

— En effet, c'était une occasion ; un de mes amis, un étourdi, qui revend aujourd'hui ce qu'il a acheté hier, parce que ce monsieur est très-inconstant dans ses goûts ; j'avais été une fois à sa campagne, qui m'avait plu beaucoup... il m'a offert de me la vendre, je l'ai pris au mot. Pardieu ! cela se trouve à merveille !... Nous irons passer l'automne dans ma nouvelle propriété.

— Est-ce loin, mon ami ?

— Non, à Champrosey, sept lieues de Paris, à peu près ; le chemin de fer vous y mène en trois quarts d'heure. Mais une campagne charmante !... En face de la maison, la rivière, qui borde la route ; le pont qui conduit à la gare du chemin de fer, la station avant Corbeil ; derrière la maison, la forêt de Sénart... une superbe forêt, avec ses arbres séculaires ; autant que je me le rappelle, le jardin, qui est fort grand et se trouve derrière la maison, a une petite porte qui ouvre sur la forêt de Sénart... Vous y êtes sur-le-champ en mettant le pied hors de chez vous. Parbleu ! c'est là que je chasserai.

— Ah ! mon ami, que je suis heureuse de penser que tu ne t'ennuieras pas dans cette campagne !

— Fi ! ma chère amie, que c'est vilain ce que vous me dites là !... M'ennuyer avec toi !... est-ce que tu t'ennuies avec moi ?

— Mais, moi, c'est bien différent, je suis une femme.

— Une femme qui porte très-bien l'habit d'homme. Je t'apprendrai à monter à cheval ; tu chasseras avec moi.

— Oh ! oui... Maintenant, mon ami, encore une prière.

— Parlez, madame.

— M. Saint-Croisy doit revenir ici samedi. Ah ! je voudrais bien qu'il ne nous y trouvât plus !

— Qu'à cela ne tienne... nous partirons demain.

— Oh ! merci, merci !

Et, en effet, le lendemain, Léoville et Camille partent pour Champrosey, emmenant avec eux tous leurs domestiques.

LIV

Une pièce du Gymnase.

Depuis qu'il avait rompu toute relation avec son neveu, le comte de Rochemart était d'une humeur encore plus sombre, et jamais un sourire ne venait éclaircir sa physionomie. Le fidèle Maurice n'osait pas se permettre de prononcer le nom de Léoville devant son maître, et, cependant, il savait bien qu'au fond de son cœur son ancien colonel souffrait de ne plus voir son neveu.

Lorsque Léoville demeurait dans le même hôtel que son oncle, son valet de chambre, Charlot, était fort lié avec Maurice. La séparation du neveu et de l'oncle n'avait point rompu l'amitié qui unissait ces deux fidèles serviteurs ; seulement, les occasions de se rapprocher étaient devenues plus rares. Mais lorsque Maurice rencontrait le domestique de Léoville, il ne manquait pas de lui demander des nouvelles de son maître, de s'informer s'il était heureux depuis qu'il était marié, et Charlot répondait :

— Comment mon maître ne serait-il pas heureux ? Sa femme est charmante, aussi bonne que belle, pas fière du tout, ne parlant qu'avec bonté, même au plus humble de ses serviteurs ; aussi tous ceux qui la connaissent la chérissent.

Alors Maurice laissait échapper quelque bon juron, en disant :

— Et mon colonel n'a pas seulement voulu la voir ! S'il l'avait vue, il est bien probable que sa grande colère contre elle serait tombée... Mais dire qu'il n'y a pas moyen de vaincre son entêtement !... Il est malheureux, il s'ennuie de ne plus voir son neveu... mais, c'est égal, il ne veut pas consentir à ce qu'on lui présente sa nièce ! C'est à se donner au diable !

Après que Léoville est allé s'installer avec sa femme dans sa jolie maison de campagne de Champrosey, les deux serviteurs sont longtemps sans se rencontrer. Cependant, un jour, Maurice aperçoit Charlot au détour d'une rue, et il court à lui :

— Que diable deviens-tu donc, Charlot ? Est-ce que tu gardes des malades chez tes maîtres ? je ne te rencontre plus.

— Non, grâce au ciel, personne n'est malade chez M. le vicomte, et madame se porte fort bien. Mais tu ignores que nous n'habitons plus Paris depuis une quinzaine de jours ?...

— Comment ! vous avez quitté Paris à la fin d'octobre ? et où êtes-vous donc ?

— Dans une bien jolie maison que monsieur a achetée, pas loin d'ici, à Champrosey... Joli village où il y a de belles maisons bourgeoises.

— Champrosey... je connais cela... A sept lieues d'ici à peu près, contre la forêt de Sénart.

— C'est-à-dire qu'en ouvrant une petite porte au fond du jardin on se trouve tout porté dans la forêt ; l'habitation est élégante, une belle grille par devant... le jardin a deux arpents au moins.

— Je ne connaissais pas cette propriété-là à M. Léoville.

— Il ne l'a achetée que depuis peu... Madame désirait aller à la campagne, et nous sommes allés nous installer dans la jolie villa. Oh ! nous ne nous ennuyons pas... il y a quelques voisins aimables ; et puis, monsieur chasse ; le soir, madame fait de la musique... le temps passe gaiement.

— J'ai eu à Champrosey une cousine que j'allais voir

quelquefois. Je connais bien le pays... une maison avec une belle pelouse devant... puis une grille, un pavillon carré, un rez-de-chaussée, un premier étage et des mansardes ?

— C'est cela même... il faut venir nous voir ; mon maître t'aime beaucoup, il te recevra bien.

— Parbleu ! je le sais bien ; mais je ne quitte pas le colonel... C'est lui que je voudrais mener chez vous, sacrebleu ! Si on pouvait lui monter le coup sans qu'il s'en doutât ! Il crierait, il jurerait d'abord ; mais, après, il serait peut-être bien content qu'on lui ait joué ce tour-là.

— A quoi songes-tu ?

— Je songe que M. le comte ignore complétement que son neveu possède une propriété à Champrosey, et que je voudrais bien trouver un moyen de l'y conduire sans lui dire chez qui il va...

— Tiens, c'est une bonne idée, cela ! Mais il faudrait me préciser le jour, alors, car, si le colonel me voyait en arrivant, il devinerait tout de suite chez qui il est.

— Belle malice !... Je te préviendrais et tu préviendrais ton maître ; il n'y a que madame à qui l'on ne dirait rien. Ah ! si... il faudrait l'avertir aussi pour qu'elle ne se trahisse pas.

— Ça me paraît bien difficile tout cela !

— Laisse donc ! Je vais souvent au spectacle, moi, surtout au Gymnase, c'est mon théâtre favori, eh bien ! j'ai vu bien des fois des pièces dans lesquelles les neveux qui étaient brouillés avec leur oncle... toujours parce qu'ils s'étaient mariés contre leur volonté, ces neveux-là, dis-je, trouvaient quelque ruse pour amener l'oncle à leur pardonner.

— Alors, si tu as vu cela, tu sais comment il faut faire ?

— Je ne m'en souviens plus bien, mais je vais acheter une douzaine de pièces du Gymnase, et je suis sûr que je trouverai mon affaire.

Et Maurice quitte Charlot, qui l'engage à se hâter, de peur qu'il ne prenne envie à ses maîtres de revenir à Paris.

Quelques jours après cette conversation, Maurice disait à son maître :

— Monsieur, j'ai rencontré dans la rue un de vos anciens amis, le capitaine Hamelin; il m'a chargé de vous dire mille choses, et de vous prier d'aller le voir.

— Eh quoi! Hamelin est à Paris? répond le comte; je le croyais fixé en Normandie... Mais, puisqu'il était à Paris, pourquoi n'est-il pas venu me voir?

— Il n'était à Paris qu'en passant; il paraît qu'il était bien pressé : quand je l'ai rencontré, il repartait tout de suite, mais il m'a bien recommandé de vous prier d'aller le voir!

— Comment! il veut que j'aille le trouver en Normandie?

— Oh! non, monsieur; le capitaine n'est plus si loin, il s'est rapproché; il a acheté une propriété contre la forêt de Sénart, à Champrosey, je crois... oui, oui, c'est bien là!

— Champrosey... je ne connais pas ça... Combien de lieues de Paris?

— Six à sept lieues; c'est le chemin de Corbeil, une route charmante, par Villeneuve-Saint-Georges et Draveil.

— Il me paraît que tu connais fort bien ce pays-là, toi?

— Oui, monsieur; j'avais une cousine qui habitait Champrosey. Ça serait une charmante promenade à faire, à cheval! d'autant plus que Médina, la bonne jument de monsieur, ne travaille pas assez... ses jambes s'engourdissent, et cela lui ferait du bien de trotter un peu.

— Oui, tu as raison; mais Hamelin t'a-t-il bien donné son adresse? Serions-nous sûrs de le trouver?

— Oh! monsieur, dans un village, tout le monde se connaît; on demande le capitaine Hamelin, on vous indique tout de suite sa maison ; d'ailleurs, moi, qui connais le pays, je ne vous égarerai pas.

— Eh bien ! nous irons un de ces matins voir mon vieil ami, mon ancien camarade.

— C'est cela, monsieur ; moi, je monterai Rognolet : il est un peu rétif ; Dieu merci ! je sais me tenir à cheval.

Le surlendemain, le temps était superbe, et, tout en déjeunant, le comte de Rochemart dit à son valet de chambre :

— Maurice, le temps me paraît sûr, aujourd'hui ; si nous allions voir le capitaine Hamelin ?

— Ma foi ! c'est une bonne idée, monsieur ; alors, je vais tout de suite aller seller Médina et Rognolet.

— Va.

Au bout de dix minutes, le comte monte sa superbe jument, animal de race arabe qui ne fait jamais un faux pas, et Maurice enfourche Rognolet, petit poney plein d'ardeur, de feu, mais qui, pour la moindre chose, se cabre ou fait le saut de mouton ; mais l'ancien troupier était excellent cavalier et savait fort bien, quand il le voulait, mettre un terme aux petites folies de Rognolet.

On est parti de Paris à midi. Maurice indique la route à son maître. Les voyageurs ont bientôt atteint Villeneuve-Saint-Georges, puis Draveil, puis ils aperçoivent les premières maisons du village de Champrosey. Alors M. de Rochemart dit à Maurice :

— Tu connais le pays, va un peu devant et demande la maison du capitaine Hamelin ; d'ailleurs, il doit t'avoir indiqué où elle est située.

— Non, monsieur le comte ; il m'a dit simplement : au village de Champrosey.

— Eh bien ! n'y sommes-nous pas ?

— Certainement.

— Alors, demande.

Maurice savait très-bien que personne ne lui indiquerait la demeure du vieil ami de son maître, qu'il n'avait pas rencontré à Paris; mais il avait bien fallu trouver une ruse pour amener le colonel à venir à Champrosey; celle-ci lui avait réussi. Maintenant qu'on y était, il fallait en trouver une autre pour y rester; l'ancien troupier avait son projet.

Il commence par s'adresser à quelques habitants de l'endroit; il demande :

— La maison du capitaine Hamelin, s'il vous plaît? Et on lui répond :

— Nous ne connaissons personne de ce nom.

— C'est singulier ! dit Maurice.

Et M. de Rochemart finit par dire :

— Mais est-ce bien Champrosey que le capitaine t'a dit? Je commence à craindre que tu aies mal entendu.

— Non, monsieur le comte, c'est bien Champrosey; je ne fais pas erreur... Un peu de patience, nous finirons par trouver.

Et Maurice amène son maître jusque devant la grille de la jolie maison qu'il sait appartenir au neveu du comte, et il arrête son cheval en s'écriant :

— C'est peut-être là...

— Ceci me semble bien élégant pour être la demeure de mon vieil ami, qui n'avait qu'une modeste aisance.

— On ne sait pas, monsieur... le capitaine peut avoir hérité... La grille est ouverte, je vais entrer demander.

— Entre sans descendre de cheval, c'est bien sans façon...

— Bah ! monsieur... à la campagne ! et pour parler à un jardinier.

Et Maurice franchit la grille, lance Rognolet sur la pelouse, et là, appuyant adroitement sa main droite à certain endroit de la croupe de son cheval, celui-ci fait aussitôt un violent saut de mouton, et Maurice, au lieu de se tenir en selle, se laisse tomber sur le gazon.

— Pardieu ! s'écrie le comte, je t'avais dit de descendre, mais pas comme cela... Ah ! mon pauvre Maurice, tu n'es plus aussi bon cavalier qu'autrefois. Voyons, relève-toi donc.

— Ah ! monsieur ! le pis, c'est que je ne peux pas me relever...

— Qu'est-ce à dire ? Serais-tu blessé ?

— C'est le pied... c'est la cheville que je ne puis plus faire aller... Bien sûr que je me suis donné une entorse ! impossible de m'appuyer dessus...

— Que le diable soit de la maladresse ! Comment allons-nous faire maintenant ? Tu ne peux pas remonter à cheval ?

— Oh ! il n'y pas moyen..

Cependant un serviteur est sorti de la maison ; il vient au comte, qu'il salue profondément, en lui disant :

— Madame vient d'être témoin de l'accident arrivé à votre domestique. Elle vous invite, monsieur, à vouloir bien vous reposer ; pendant ce temps, on verra à secourir le blessé, et, s'il le faut, on enverra chercher le médecin du pays.

— Votre maîtresse est mille fois trop bonne, répond le comte ; je crains d'être indiscret en acceptant sa gracieuse invitation.

— Madame sera charmée, au contraire, de recevoir monsieur.

Le comte hésite. Il regarde encore Maurice ; mais celui-ci fait une mine si piteuse qu'il se décide à descendre de cheval. Le domestique appelle le jardinier qui emmène les chevaux à l'écurie, puis il prie le colonel de le suivre, en disant

— Je vais revenir tout à l'heure avec un camarade, et

nous porterons le blessé à l'office, où on verra ce qu'il faut lui faire.

Le comte se laisse conduire ; on lui fait monter un perron, traverser un vestibule, puis entrer dans une belle antichambre et, de là, dans un joli salon, où une jeune dame le reçoit.

Camille était prévenue ; elle savait que c'était l'oncle de son mari, cet homme farouche qui avait refusé de la recevoir, qui se trouvait maintenant devant elle. Aussi était-elle en proie à une vive émotion qu'elle avait peine à cacher ; mais son trouble même ajoutait un nouvel attrait à sa personne, et, d'ailleurs, en la voyant, le comte s'était sur-le-champ senti sous le charme de sa beauté et de ses grâces ; il avait surtout été frappé par l'expression de la physionomie qui lui avait rappelé la seule femme qu'il eût jamais aimée.

— En vérité, madame, je suis confus du dérangement, de l'embarras qui je cause chez vous, dit le comte en saluant Camille. Mon domestique a eu la maladresse de se laisser tomber de cheval, au moment où il franchissait votre grille pour demander une personne dont je cherche la demeure... Vous avez eu l'extrême obligeance de m'engager à me reposer un moment chez vous... je n'aurais pas osé accepter, si je n'avais pensé qu'il était de mon devoir de vous remercier...

— Je suis heureuse, monsieur, de pouvoir rendre service à un voyageur...

— Permettez-moi, madame, de vous faire savoir d'abord à qui vous voulez bien donner l'hospitalité. Je suis le comte de Rochemart, ancien colonel dans la ligne, depuis longtemps en retraite, habitant habituellement Paris et quelquefois un château que je possède dans les environs de Grenoble.

Camille s'incline et présente un fauteuil au comte qui s'assied en lui disant :

— Mais au moins, madame, puis-je espérer que je ne vous dérange pas ?...

— En aucune façon, monsieur ; vous le voyez, j'étais seule et je faisais un peu de musique.

— Occupation précieuse à la campagne... Mais vous n'habitez pas seule cette propriété, madame ?

— Mon mari l'habite avec moi... Il est... absent en ce moment... mais je pense qu'il ne tardera pas à revenir...

— Je ne sais si je pourrai avoir le plaisir de le saluer... Car je ne voudrais pas abuser de vos moments... mon domestique va peut-être mieux...

— Ah ! monsieur, vous ne pouvez penser à repartir de quelques heures au moins...

— Mais, madame, je crains...

— De vous ennuyer beaucoup ici ?...

— Ah ! vous ne le pensez pas, madame... Mais, pardon, connaissez-vous, dans ce village, le capitaine Hamelin... C'est chez lui que je me rendais ; il est peut-être votre voisin, et je pourrai y déposer mon domestique...

— Je ne connais personne de ce nom dans le pays

— C'est bien singulier !... Décidément, mon soldat a fait quelque bévue... il aura mal entendu le nom du village.

— Je m'en félicite, monsieur, puisque cela m'a procuré le plaisir de vous recevoir...

— Vous êtes mille fois trop bonne, madame.

Le valet qui a introduit le comte reparait à la porte du salon et dit :

— Le domestique de monsieur a une entorse ; il ne pourra pas marcher de quelques jours...

— Il faut lui faire mettre son pied dans de l'eau de puits, dit le comte ; cela le guérira... Mon Dieu ! que je suis donc désolé !...

— Et de quoi ? monsieur, dit Camille ; d'être retenu ici ?... Mais si vous n'êtes pas bien pressé, nous tâcherons, mon mari et moi, que vous ne regrettiez pas trop de vous y être arrêté.

— En vérité, madame, c'est moi qui m'en félicité... et sans la crainte d'être importun...

— Vous ne pouvez pas l'être, monsieur...

— Je suis doublement heureux d'avoir fait votre connaissance... car... par un hasard singulier, vos traits me rappellent beaucoup... oh! mais beaucoup, ceux d'une personne... avec qui j'étais lié intimement...

— Si ce souvenir vous est agréable, monsieur, je me félicite de cette ressemblance...

— Oui, madame... ce souvenir... c'est singulier, la voix est aussi la même !... Auriez-vous connu... Mais non, vous êtes trop jeune! mais par vos parents peut-être... ne seriez-vous point parente de madame la baronne de Vermont?

— Non, monsieur, non... et voilà la première fois que j'entends prononcer ce nom.

Le comte soupire et garde un moment le silence; il croyait que cette dame allait profiter de cette occasion pour lui dire son nom et lui apprendre chez qui il était, mais elle n'en fait rien, et il n'ose pas la questionner à ce sujet, attendant toujours qu'elle-même se fasse connaître.

Camille se hâte de renouer l'entretien; elle commence à être plus rassurée, elle a retrouvé toute sa présence d'esprit; elle tâche d'être aimable, et cela lui est facile; sa conversation charme, attache, séduit le comte. Cependant, il parle encore de partir, mais la jeune femme se met au piano, et le talent de son exécution, l'expression qu'elle met dans son jeu, achèvent d'enchanter le comte, qui s'écrie :

— Mais, madame, si vous continuez... je ne pourrai plus me décider à partir, moi !

— Eh bien! monsieur, vous resterez... Et cela fera bien plaisir à mon mari !...

— Si monsieur votre mari est aussi aimable que vous, madame, vous devez faire un charmant ménage...

— Oh! monsieur, nous nous aimons bien... et nous serions bien heureux... si notre union n'avait pas fâché mon mari... avec un de ses parents... qu'il aimait beaucoup... et qu'il regrette de ne plus voir.

— Comment! un de ses parents s'opposait à ce qu'il vous épousât?... Mais ce parent-là ne vous connaissait donc pas, madame?

— Non, monsieur, il ne m'avait jamais vue...

— C'est un proche parent?...

— C'est son oncle, monsieur.

Le mot : oncle, fait impression sur le comte; il semble réfléchir... passe sa main sur son front, puis reprend au bout d'un moment :

— Mais depuis qu'il vous a vue, cet oncle.., il s'est sans doute réconcilié avec son neveu?

Camille se trouble et balbutie :

— Je,.. je ne sais pas encore, monsieur,

En ce moment la porte du salon s'ouvre doucement, et Léoville paraît sur le seuil. Camille le montre alors au comte en lui disant d'une voix tremblante :

— Voilà mon mari, monsieur!

M. de Rochemart se retourne, aperçoit Léoville et s'écrie d'un air irrité :

— Mon neveu!...

— Oui, mon oncle, répond Léoville en s'inclinant respectueusement. Ne me permettez-vous pas maintenant de vous présenter ma femme?...

Le comte garde un instant le silence, mais son hésitation n'est pas longue, et, s'avançant vers la jeune femme, il lui ouvre ses bras, en lui disant :

— Embrassez-moi, ma nièce !...

Camille pousse un cri de joie et se précipite dans les bras du colonel en s'écriant :

— Ah ! que je suis heureuse !

LV

Doux intérieur.

Du moment que M. de Rochemart a embrassé Camille, la joie, le bonheur, éclatent sur tous les visages. Léoville presse la main de son oncle en lui disant :

— Je savais bien que quand vous verriez ma femme vous ne resteriez pas fâché contre elle !...

— Oui, tu avais raison... ta femme est charmante ! On ne peut la voir et l'entendre sans se sentir entraîné vers elle. Et puis... par un de ces hasards... que la Providence nous ménage quelquefois, j'ai retrouvé en elle une amie... que j'ai perdue depuis longtemps... Tu m'as entendu parler quelquefois de la baronne de Vermont?

— Oui, mon oncle, mais je ne l'ai jamais vue.

— Tu ne pourrais pas t'en souvenir, d'ailleurs ; quand elle est morte, tu étais encore au collège... eh bien ! ta femme a tous ses traits... sa tournure, et jusqu'au son de sa voix.

— Oh ! c'est singulier !...

— Où êtes-vous née, ma chère nièce?...

Camille regarde son mari ; puis, se rappelant ce dont ils sont convenus entre eux, répond en baissant les yeux :

— Je suis née en Alsace, monsieur...

— Pourquoi monsieur ? appelez-moi votre oncle, cela me fera plaisir...

— Oh ! et à moi aussi, monsieur... mon oncle...

— Et vos parents se nommaient?

— Mon père se nommait Hirberg; il était négociant, il ne fut pas heureux... on m'envoya à Vienne lorsque j'avais treize ans, pour y terminer mon éducation...

— Pourquoi donc vous envoyer en Autriche?

— Mon père avait sans doute des amis par là... c'est de Vienne que je fus conduite chez madame de Lovenstein... où...

— Où vous fîtes la connaissance de mon neveu... je sais le reste... dans tout cela il n'y a aucun rapport avec la famille de madame de Vermont, et ce n'était que pour m'en assurer que je vous ai fait ces demandes. Désormais, il ne sera plus question de tout ceci; avec votre figure, votre talent et votre esprit, vous avez le droit de vous passer d'aïeux. Mais par quel hasard habitez-vous ce pays?

— Mon oncle, j'ai acheté dernièrement cette maison à un de mes amis. Camille n'aime pas beaucoup Paris; nous sommes venus passer quelques jours dans ma nouvelle acquisition dont je suis enchanté... oh! vous verrez, j'ai la forêt de Sénart à ma porte, il n'y a qu'à sortir du jardin... vous qui aimez la chasse, vous viendrez chasser avec moi et ma femme... elle monte fort bien à cheval et m'accompagne souvent.

— Elle a donc tous les talents, ta femme?...

— Maintenant vous allez rester avec nous, n'est-ce pas, mon cher oncle?

— Ma foi, j'en ai bien envie, ma chère nièce... cela ne vous gênera pas?

— Oh! par exemple! votre appartement est tout prêt... tout disposé... il vous attendait...

— Ah! il m'attendait!... Vous saviez donc que je viendrais par ici?

Les jeunes époux baissent les yeux en souriant. Le comte secoue la tête, en murmurant:

— Ah ! je commence à comprendre... et mon sournois de Maurice... Parbleu ! il faut que j'aille voir comment va son entorse...

— Ah ! mon oncle, vous ne le gronderez pas... il est cause que vous n'êtes plus fâché contre moi !...

— Soyez tranquille, ma nièce ; je ne lui tirerai l'oreille... que pour rire.

Maurice, qui, comme on le pense bien, n'avait jamais eu d'entorse, quoiqu'il eût joué un peu gros jeu en se faisant jeter à terre par Rognolet, était allé avec Charlot se promener dans une partie du jardin d'où l'on ne pouvait pas être vu de la maison. Son ami lui faisait voir les belles poires qui couvraient encore les arbres, et le raisin que l'on avait enveloppé dans des sacs afin qu'il se conservât mieux. Tout-à coup l'ancien troupier se sent tirer par l'oreille ; il se retourne et voit le comte derrière lui ; mais celui-ci avait beau vouloir se donner un air sévère, il ne pouvait plus y parvenir. Depuis qu'il avait embrassé Camille, une révolution s'était opérée dans ce personnage habituellement s grave, et une expression de bonheur, de contentement avait remplacé la sombre tristesse qui auparavant se montrait toujours sur sa physionomie.

— Eh bien ! mon drôle, il me semble que l'entorse ne te gêne pas trop pour marcher ?... dit M. de Rochemart en pinçant un peu l'oreille de Maurice.

— Ah ! mon colonel... monsieur le comte... est-ce que vous m'en voulez ?... J'ai fait cela dans de bonnes intentions...

— Mais tu es beaucoup plus madré que je ne croyais !... Et ce pauvre Hamelin que nous demandions à tout le monde ?

— C'est vrai, monsieur le comte, que je ne l'ai pas rencontré... mais, quelquefois... le hasard aurait pu faire qu'il demeurât par ici... Est-ce que monsieur est encore fâché contre l'épouse de son neveu ?

— Non, et c'est pour cela que je te pardonne... Il y a mieux : dès aujourd'hui, je te permets de m'appeler ton colonel comme autrefois.

— Ah! sapristi!... victoire, alors... Eh bien ! je vas m'en donner, mon colonel... de vous appeler mon colonel...

Camille s'empresse de faire voir au comte l'appartement qui lui est destiné. Léoville lui avait fait connaître les goûts, les habitudes de son oncle; aussi celui-ci est-il très-surpris de trouver là tout ce qu'il aime à voir sous sa main : il n'est pas jusqu'à la bibliothèque, dans laquelle il ne trouve ses auteurs favoris.

— Allons, je vois bien qu'on veut que je ne bouge plus d'ici ! dit M. de Rochemart en prenant la main de sa nièce. Il ne sera pas difficile de m'y retenir... je n'aurai pour cela qu'à vous regarder !...

On visite ensuite la maison, le jardin, et l'heure du dîner arrive bientôt. Le comte se place à table entre sa nièce et son neveu. On voit la satisfaction qu'il éprouve ; mais c'est sur Camille qu'il reporte le plus souvent ses regards, et Léoville s'écrie :

— Mon oncle, je finirai par être jaloux de ma femme, car je crois que vous l'aimez mieux que moi !

— Ma foi, oui ! écoute donc, ta femme me rend une amie... bien regrettée... elle est morte sans que je l'aie vue vieillir, et, en regardant ma nièce, je retrouve celle que j'aimais tant, telle que je l'ai connue, et même au moment de sa mort, car la maladie n'avait presque pas altéré ses traits.

— Cette dame est donc morte jeune, mon oncle?

— Oui, ma nièce... mais laissons ce sujet. Vous savez donc monter à cheval?

— Oui, pas trop mal, à ce que dit mon mari.

— Fort bien ; c'est un exercice que j'aime beaucoup ; nous ferons des promenades dans la forêt de Sénart, que je ne connais pas, et qui est fort belle, dit-on.

— Oui, elle a surtout des parties sauvages où l'on a de la peine à reconnaître son chemin ; mais nous la connaissons déjà bien, Léoville et moi, et, dès demain, si vous le voulez, nous irons nous y promener.

La soirée passe vite ; le comte fait une partie d'échecs avec son neveu, Camille se met à son piano. Et lorsqu'est venue l'heure de se retirer, M. de Rochemart embrasse encore tendrement sa nièce en lui disant bonsoir.

— Que j'aime ton oncle! dit Camille à son mari, quand ils sont en tête-à-tête. Tu me l'avais dépeint si sévère, si grondeur!... Il est charmant, au contraire.

— C'est toi qui l'as changé ainsi, ma bonne amie; tu as fait ce miracle...

— Et ce brave Maurice... qui a su l'amener ici... Oh! je l'ai bien remercié, va!... Mais à quoi songes-tu, mon ami?

— Je songe... que j'ai écrit à Sincère, en l'engageant à venir passer quelque temps avec nous dans cette campagne, aussitôt qu'il aurait un peu de liberté...

— Sincère!... Ah! je serais bien contente de le voir... Mais, mon Dieu! s'il allait, devant ton oncle... parler de monsieur... Saint-Croisy!...

— C'est à quoi je pensais...

— Quand ton oncle m'a questionnée sur mes parents, je lui ai répondu ce que tu m'avais dit... N'aurait-il pas mieux valu lui avouer la vérité?

— Non! non!... A quoi bon? cela n'était pas nécessaire; il ne connaîtra jamais... monsieur Saint-Croisy...

— Espérons-le, mon Dieu!... Je mourrais de honte si cela arrivait...

— Mais notre ami Sincère est un peu bavard... il ne veut jamais déguiser la vérité; j'aurai soin, lorsqu'il viendra ici, de le prévenir que, devant mon oncle, il doit s'abstenir de dire un seul mot sur... ce sujet.

Le lendemain, après le déjeuner, le comte, Léoville et Camille montent à cheval et vont se promener dans la forêt.

Deux heures après leur départ, Sincère arrive à Champrosey et sonne à la grille de la jolie villa qu'on lui a indiquée; il est reçu par Charlot, qui reconnaît le jeune ami de son maître.

— C'est bien ici la propriété de M. le vicomte Léoville? dit Sincère.

— Oui, monsieur, vous êtes bien chez lui...

— Ah! que c'est charmant ici... cette pelouse... ces fleurs, ces beaux arbres... cette jolie maison!...

— Oh! ceci n'est rien encore! Quand vous verrez le jardin qui est de l'autre côté de la maison...

— Qu'on doit être heureux de demeurer ici!... Qu'on y serait bien pour peindre!... Quels beaux points de vue! Ah! si je pouvais donner à grand'mère une maison de campagne comme celle-ci!... c'est alors qu'elle serait heureuse .. qu'elle vivrait longtemps!... Mais où sont-ils, mes bons amis, monsieur Léoville et sa femme?

— Ils sont allés se promener à cheval dans la forêt, avec l'oncle de M. le vicomte de Rochemart, avec lequel ils sont raccommodés, et qui est ici depuis hier.

— Ah! il y a un oncle... avec lequel ils étaient fâchés!...

— Mais la paix est faite, et mon maître et madame sont bien contents!

— Tant mieux!... Mais si ce comte est ici, cela va peut-être leur déplaire que je sois venu... Si je savais cela, je m'en irais et je reviendrais une autre fois.

— Non, monsieur Sincère, non, on sera très-content de vous voir, car mes maîtres vous aiment beaucoup.

— Oh! moi aussi, je les aime bien.

— Seulement, M. Léoville m'a prévenu que si vous arriviez en son absence, il voulait vous parler en particulier avant que vous paraissiez devant son oncle.

— Ah ! pourquoi cela ?

— Je l'ignore. Ils ne tarderont pas à rentrer, je pense ; en attendant, voulez-vous déjeuner ?

— Oh ! c'est fini depuis longtemps.

— Alors venez visiter la maison, le jardin..

— Oh ! le jardin, plutôt ! J'aime mieux les arbres que les murs.

— Comme vous voudrez.

— Ensuite, je choisirai un joli point de vue et je le dessinerai... J'ai apporté mon carton, mes papiers, mes crayons; vois-tu ?

— Très-bien, monsieur. Oh ! par ici, vous ne manquerez pas de jolies vues.

Sincère parcourt le jardin ; il s'arrête souvent sur un monticule, dans un kiosque, devant un bel arbre; puis enfin, ayant choisi l'endroit qui le séduit le plus, il s'y assied, place son carton sur ses genoux, prend ses crayons et se met à dessiner, en disant à Charlot:

— Tu vois où je suis, je n'en bouge plus. Quand M. Léoville reviendra, tu lui diras que je suis ici.

— Cela suffit, monsieur.

Le jeune artiste dessine depuis plus d'une heure, lorsque la cavalcade rentre à la villa. Le comte est enchanté de sa promenade, des sites pittoresques qu'offre la forêt de Sénart, et de la grâce, de la hardiesse avec lesquelles Camille se tient à cheval.

Cependant Charlot court à son maître et lui dit à l'oreille que Sincère est arrivé, en lui indiquant la partie du jardin dans laquelle il dessine. Léoville laisse son oncle et sa femme rentrer, se reposer dans la maison, et s'empresse d'aller trouver son jeune ami.

On se repose avec plaisir, lorsqu'on a passé plus de trois heures à cheval. Le comte est au salon, assis sur un divan; causant avec Camille, qui est auprès de lui, lorsque

Léoville revient tenant Sincère par la main, en disant :

— Mon cher oncle, permettez-moi de vous présenter un tout jeune artiste, mon ami et celui de ma femme. Monsieur Sincère Montaubert, un brave et honnête garçon qui, lorsque Camille vivait seule, lui a donné, ainsi que sa bonne grand'mère, les plus grandes preuves d'intérêt et de dévouement...

Pendant que Léoville parlait, Sincère rougissait en saluant avec embarras ; mais ses traits réguliers, son beau front très-découvert, et l'air de franchise, de candeur qui respirait sur sa physionomie, tout prévenait en sa faveur. Aussi le comte lui fait-il un accueil gracieux, en lui disant :

— Avancez, jeune homme... ne tremblez pas... les amis de mon neveu seront toujours bien vus par moi, et le dévouement que vous avez montré pour ma chère nièce vous assure déjà des droits à mon amitié.

Sincère remercie timidement, mais Camille lui tend la main, et il s'empresse d'aller la presser dans les siennes.

— C'est bien à vous d'être venu jusqu'ici pour nous voir, lui dit Camille. Resterez-vous quelques jours avec nous ?

— Jusqu'à demain seulement... Je ne puis pas laisser grand'mère seule plus longtemps, elle s'ennuierait !...

— Vous aimez bien votre grand'maman ? dit le comte.

— Oh ! oui, monsieur.

— C'est bien, et cela fait votre éloge... surtout à une époque où la vieillesse et les liens de famille sont malheureusement si peu respectés !... Quel âge avez-vous, monsieur Sincère ?

— Seize ans et demi bientôt, monsieur.

— Quelle profession comptez-vous embrasser ?

— La peinture, monsieur.

— Tenez, cher oncle, dit Léoville en présentant au comte un dessin, voilà ce qu'il était en train de faire dans le jardin, en nous attendant...

— Voyons... Mais c'est fort bien, cela !...

Camille pousse un cri de surprise en disant :

— Ah ! c'est l'endroit où je me repose si souvent, sous le grand sycomore... Oh ! comme c'est exact !... vois donc, Léoville...

— Oui... c'est bien cela... Depuis combien de temps étiez vous là, Sincère ?

— Depuis une heure à peu près.

— Un dessin si bien réussi... en si peu de temps ; c'est vraiment fort bien, jeune homme, et je vous prédis que vous vous ferez un jour un nom parmi nos peintres justement vantés.

— Ah ! monsieur, je ferai mon possible pour réaliser votre prédiction... J'étudierai avec ardeur... Je serais si heureux de réussir, de gagner de l'argent !... Ah ! ce n'est pas pour moi que je désire de a'gent... mais pour ma bonne grand'mère, qui s'est privée de tout pour faire de moi un artiste... plutôt qu'un artisan. Ah ! si je deviens en état de tirer parti de mon travail, avec quel plaisir je tâcherai de la dédommager !... de lui rendre tout le bien qu'elle m'a fait !

Le comte tend sa main à Sincère, qui avance timidement la sienne ; il la lui serre fortement, en lui disant :

— Très-bien,.. mon enfant, très-bien ; voilà de bons sentiments... Mais cette grand'maman est donc le seul parent qui vous reste ?...

— Hélas ! oui, monsieur, j'ai perdu les autres... si malheureusement !...

— Ah ! c'est une histoire terrible, dit Camille, et je me suis sentie frémir lorsque sa vieille mère me l'a contée...

— Voyons... je suis un ancien militaire... je puis entendre toutes les histoires sans trembler ! Contez-moi cela, mon jeune ami... à moins cependant que cela ne vous soit trop pénible de vous rappeler ces faits...

— Oh ! non, monsieur... D'ailleurs, cela ne me les rappellera pas, puisque je ne les oublie jamais... puisqu'une seule pensée... un seul espoir a toujours fait battre mon cœur... et, en grandissant... en devenant un homme, cet espoir est toujours là au fond de mon âme.

— Quelle est cette espérance que vous conservez encore ?...

— Celle de trouver... et de punir les assassins de mon père et de ma mère.

— Que dites-vous ? vos parents auraient été assassinés ! Oh ! mais c'est affreux, cela !...

— Oui, monsieur ; mon père, Charles Montaubert, habitait avec ma mère une maison de campagne à l'entrée du bois de Vincennes... dans un endroit malheureusement assez éloigné de toute habitation. Moi, j'étais avec eux... Mon père avait réalisé une forte somme, avec laquelle il devait acheter une belle propriété... je crois que c'est cent vingt mille francs qu'il avait touchés à Paris... Hélas !... on aura su cela... et, dans la nuit... deux hommes s'introduisirent chez nous pour voler... Mon père s'éveilla... il fut assassiné... ma pauvre mère aussi !...

— Pauvre garçon !... Et les misérables n'ont pas été découverts... arrêtés ?

— Non, monsieur... On vit bien aux empreintes de leurs pas qu'ils devaient être deux... mais c'est tout !...

— Et il y a longtemps de cela ?

— Onze ans passés, maintenant.

— Et vous espérez encore, vous, découvrir les coupables !...

— Oui, monsieur ; quelque chose me dit que je les trouverai...

— Mais sur quoi fondez-vous votre espoir... n'ayant ni indices, ni renseignements ?

— Lorsque les brigands se sont sauvés, j'étais dans mon

lit, monsieur, dans un petit cabinet où ils ne sont pas entrés ; mais je me suis éveillé, et j'ai entendu une voix qui disait :

« Fuyons !... tu m'as trompé !... j'ai peur !... Ah ! ne restons pas ici plus longtemps... »

« Cette voix... cette voix... ah ! je l'entends encore, monsieur, je l'entends toujours... et je vous réponds que je la reconnaîtrais. »

Sincère a dit ces mots avec tant d'âme, tant de conviction, que ceux qui l'écoutent se sentent vivement impressionnés et partagent une partie de son émotion.

— Allons, mon jeune ami, je souhaite que vous réussissiez ! dit le comte ; et si alors je puis vous être utile pour faire punir les coupables, je le ferai avec grand plaisir.

— Je vous remercie, monsieur.

— Et maintenant, dit Léoville, éloignons ces tristes souvenirs et allons dîner... Charlot vient de nous dire que la table était servie, et une promenade à cheval donne de l'appétit.

LVI

La forêt de Sénart.

Le dîner se passe gaiement ; tout le monde a de l'appétit ; le compte ne tarit point en éloges sur les beaux ombrages de la forêt de Sénart, ses sentiers sauvages qui lui donnent parfois l'aspect d'une forêt vierge, et la majesté de quelques-uns de ses arbres qui doivent compter plusieurs siècles d'existence.

— J'irai voir tout cela demain matin, dit Sincère, car je me lève de très-bonne heure, moi... C'est si beau le lever du jour à la campagne !... J'irai faire quelques études de beaux arbres...

— Vous n'aurez que l'embarras du choix.

— Et je rapporterai cela à M. Delcour, mon maître.

— En tout cas, Sincère, vous ne partirez qu'après avoir déjeuné avec nous, n'est-ce pas ?

— Oh ! oui, ma bonne amie ; certainement je ne m'en irai pas sans vous dire adieu !

— Et puis, Sincère, vous direz à votre bonne maman, madame Monclair, qu'elle me ferait bien plaisir en venant passer quelques jours ici avec nous.

— Je vous remercie, je le lui dirai ; mais elle n'acceptera pas, parce que, voyez-vous, elle est bien vieille, et, à son âge, on a bien de la peine à se déranger.

Quand le soir est venu, pendant que l'oncle et le neveu font une partie, et que Camille fait de la musique, Sincère a pris son carton à dessin ; il s'est assis dans un coin, et, sans rien dire, se met à dessiner la jolie tête de Camille ; puis, quand il a fini, il vient poser cela devant les deux hommes, en leur disant :

— Connaissez-vous cette personne-là ?...

Léoville fait un cri de joie, le comte est émerveillé de la ressemblance ; Camille quitte son piano pour aller voir ce que l'on regarde, et elle est enchantée de se reconnaître.

— Vous trouvez donc que ce n'est pas mal ? dit le jeune artiste.

— Je trouve cela si bien, si ressemblant, dit le comte, que je vous prie, mon jeune ami, de me faire cadeau de ce dessin.

— Oh ! monsieur, avec grand plaisir !...

— Quand je ne serai pas près de ma nièce, comme cela je pourrai la voir encore...

Camille remercie M. de Rochemart par un doux sourire, et Léoville dit à Sincère :

— C'est très-bien, mais tu feras un autre portrait pour moi !

L'heure venue de se séparer, Charlot conduit Sincère dans une jolie petite chambre décorée avec goût ; une jolie étoffe de Perse sert de tenture, et de la fenêtre on aperçoit la forêt.

— Serez-vous bien ici ? dit Charlot.

— Oh ! trop bien... Quelle charmante petite chambre !... c'est trop élégant pour moi, cela...

— Dame ! faut vous y habituer ; mais, ici, c'est élégant partout ! Vous n'êtes pas fâché d'être resté, n'est-ce pas ?

— Oh ! bien au contraire... l'oncle de M. Léoville me plaît beaucoup.

— Oui.. c'était un loup, à ce que disait Maurice ; chez nous, c'est un mouton ; c'est madame qui l'a changé ainsi... C'est égal, Maurice a eu tout de même une fameuse idée de se faire jeter par terre par Rognolet... Bonsoir, monsieur Sincère !

— Bonsoir !

Sincère admire un moment la chambre, regarde à la fenêtre et se dit :

— Oui, on doit être bien heureux ici... Cependant, M. Léoville m'a bien recommandé de ne pas parler du père de sa femme... ce vilain homme... ce Saint-Croisy... Probablement à cause de l'oncle... Ils lui auront caché ce qui le concerne... Moi, j'aurais dit toute la vérité... Enfin, ça les regarde !... Ah ! pourvu que cet homme ne fasse pas encore quelque méchant tour à ma bonne amie ! Mais couchons-nous et dormons bien vite, afin d'aller demain, de bonne heure, voir la forêt.

Sincère se met au lit et s'endort. A seize ans et demi on dort si bien !... à moins qu'on ne soit déjà amoureux, et encore !...

Le jour commence à poindre lorsque le jeune artiste s'éveille ; il se jette à bas du lit en s'écriant :

— Ah ! paresseux ! il fait jour et je suis encore au lit !... Et vite, habillons-nous et allons voir cette forêt que l'on dit si belle... D'ailleurs, des arbres, c'est toujours beau !... Charlot m'a montré hier la porte du jardin qui vous met tout de suite dans le bois.

En peu de temps Sincère est habillé ; il prend son carton, ces crayons, quitte sa chambre et descend l'escalier en faisant le moins de bruit possible ; puis, arrivé dans le jardin, il a bientôt trouvé la petite porte qui donne dans la forêt.

Sincère avance alors, mais lentement, car il jouit déjà du beau spectacle qu'offrent, en automne, ces arbres déjà nuancés de jaune, de vert pâle, et conservant encore quelques feuilles vigoureuses de ton ; puis il respire avec délices cette odeur que l'on ne trouve que dans les forêts... enfin, plus il s'avance et plus il admire, en se disant :

— Que c'est beau, les arbres !... Ça et les fleurs..., il me semble que le bon Dieu n'a rien créé de plus admirable !... Mais les fleurs, cela passe trop vite ; tandis que les arbres... oh ! cela résiste au temps ! En voilà un là-bas qui doit compter plusieurs siècles d'existence.

Le jeune homme court à un rond-point au milieu duquel est un vieux chêne, cité par sa beauté et le nombre de ses années ; il s'arrête quelque temps en se disant :

— Si je le dessinais ?... Mais, là-bas, il me semble que le site est plus pittoresque. Allons voir.

Sincère s'avance, s'arrête, puis va plus loin, s'arrête encore, et dit enfin :

— C'est ravissant partout !... Mais si j'admire toujours sans me prononcer pour un endroit, je ne ferai jamais rien. Décidément, arrêtons-nous ici ; cet endroit, plus sauvage que les sentiers battus, a des effets de lumière qui feront très-bien, et des arbres coupés d'une façon tout à fait originale.

Le jeune artiste s'assied, le dos appuyé à un arbre; il prend son carton, choisit son papier et se met à dessiner.

Il y a près d'une demi-heure qu'il travaille, et il n'a encore vu passer personne dans la forêt.

— Cet endroit est bien peu fréquenté, se dit Sincère; il est vrai qu'il est encore de bonne heure... Malgré cela, je crois qu'une dame aurait tort de venir se promener seule par ici.

En ce moment un bruit de pas, qui fait craquer les feuilles sèches, interrompt les réflexions de Sincère, et il se dit :

— J'ai parlé trop tôt ! voilà du monde !...

Et, naturellement, ses yeux se portent du côté où il a entendu venir le bruit; il regarde au loin, ne voit personne, le bruit a cessé.

— Tiens, je n'entends plus rien, reprend Sincère; je m'étais peut-être trompé ! Il se remet à dessiner; bientôt le bruit de pas se fait entendre de nouveau.

— Oh! cette fois, je suis bien sûr qu'on a marché, se dit Sincère. Bon, voilà qu'on s'arrête de nouveau; c'est donc quelqu'un qui, comme moi, est à chaque instant en admiration devant un site ou un arbre? C'est peut-être un confrère : cela n'aurait rien d'étonnant; c'est l'époque où les peintres viennent faire des études dans la campagne.

Désirant s'assurer du fait, Sincère se lève doucement, regarde au loin, et aperçoit enfin un homme arrêté contre un arbre et les yeux fixés vers la terre, comme plongé dans ses réflexions; cet homme porte une blouse bleue et est coiffé d'une casquette dont la visière est très-avancée sur ses yeux.

— Oh! ce n'est pas un confrère, se dit Sincère. Cet homme-là n'a point de cartons... il ne tient à sa main

qu'un gros bâton... ce n'est pas la tournure d'un artiste!
Il regarde à terre... A quoi donc pense-t-il pour rester là si
longtemps?... Mon Dieu! plus je l'examine... cette taille...
cette coiffure... on dirait que c'est lui ; c'est Saint-Croisy !
Cet homme dans cette forêt... si près de la demeure de sa
fille! Oh! pauvre Camille, c'est encore un malheur qui te
menace!...

C'était bien, en effet, Saint-Croisy qui avait repris la
blouse et la casquette pour venir rôder dans la forêt de
Sénart; car il savait déjà que Camille habitait avec son mari
dans le voisinage.

Lui aussi se croyait bien seul dans cet endroit sauvage
de la forêt, lorsque tout-à-coup, en relevant la tête et se
remettant en marche, il aperçoit à vingt pas plus loin un
jeune homme qui a les yeux fixés sur lui. Il avance de quelques pas sur celui qui le regarde, puis s'arrête en s'écriant :

— Comment! encore vous?... Oh! voilà qui est trop fort!...
Je vous rencontrerai donc partout?...

— Il paraît que oui ; répond Sincère, qui a refermé son
carton, ses esquisses, et s'avance à son tour vers ce monsieur.

— Mais que diable faites-vous dans cette forêt, et de si
bon matin?

— Je pourrais vous en demander autant; moi, je viens
dessiner, faire des études... et vous?

— Moi, je viens m'y promener.

— Vous ne vous promeniez guère quand je vous regardais... Vous ne bougiez pas ; vous sembliez bien absorbé
dans vos réflexions.

— Ah ! vous avez vu cela?... Est-ce qu'il y avait longtemps
que vous m'examiniez?

— C'est possible.

— Je n'aime pas qu'on me guette, qu'on m'épie... Je
crois vous l'avoir dit, jeune imberbe !

— Si vous me l'avez dit, vous voyez que je n'en ai guère tenu compte, en tous cas ?...

Saint-Croisy fronce le sourcil en murmurant :

— Vous êtes heureux de n'être encore qu'un enfant... je ne vous trouve pas digne de ma colère...

— Vraiment! Je m'en moque pas mal de votre colère !... Dites donc, vous n'êtes toujours pas le nommé Saint-Croisy, n'est-ce pas ?

Saint-Croisy ne répond rien, et se borne à faire un mouvement d'impatience. Sincère reprend :

— A propos, y a-t-il longtemps que vous n'avez été voir votre ami ?

— De quel ami parlez-vous ?

— De celui qui demeure dans le faubourg Saint-Martin... un fameux ciseleur, maître Harzmann.

Saint-Croisy change de couleur; il n'est pas maître d'un mouvement de terreur, et s'écrie, en fixant sur le jeune homme des regards qui semblent vouloir lire jusqu'au fond de son âme :

— Ah ! vous connaissez Harzmann ?

— Mais oui, j'ai eu affaire à lui... Je compte même aller incessamment lui reporter une fort belle pièce que mon patron lui a empruntée, et ne lui a pas encore rendue.

— Et comment savez-vous que je le connais, moi?

— Comment je le sais?... Ah! je sais tout, moi!... Et puis, un soir, je vous ai entendu causer avec lui sur les bords du canal.

Saint-Croisy devient livide ; sa main droite se glisse sous sa blouse, d'où il tire un long couteau-poignard, tout en murmurant :

— Ah! vous nous avez entendus !...

Sincère n'est pas maître d'un sentiment d'effroi; car, dans les regards de l'homme qui est devant lui, il est facile de deviner un affreux projet, et il n'a aucune arme pour se défendre. Déjà Saint-Croisy fait un pas de plus vers lui, lorsqu'une voix se fait entendre : c'est un paysan qui chante, tout en faisant un fagot de bois mort, et qui vient de leur côté.

La présence de cet homme arrête Saint-Croisy, qui cache vivement son arme sous sa blouse, puis se jette précipitamment dans le taillis, et ne tarde pas à disparaître.

— Sapristi ! je crois qu'il était temps ! dit Sincère. Et, se tournant vers le paysan, il lui crie :

— Merci, mon brave homme !... Ah ! que vous avez bien fait d'arriver.

Puis, sans attendre que le paysan lui réponde, Sincère se met à courir de toutes ses forces et ne s'arrête que quand il est devant la petite porte du jardin, qu'il retrouve entr'ouverte comme il l'avait laissée.

Sincère a parcouru une partie du jardin ; il approche de la maison, lorsqu'il aperçoit Léoville. Il court à lui, et celui-ci, remarquant l'émotion, la respiration haletante de son jeune ami, s'empresse de le questionner :

— Qu'avez-vous, Sincère ? Comme vous semblez bouleversé... vous respirez à peine !...

— Ah ! il y a de quoi... Mon Dieu !... si vous saviez !... Mais, il vaut mieux que vous le sachiez, que vous soyez prévenu et sur vos gardes !

— Expliquez-vous donc.

— Dans la forêt, tout à l'heure, je viens de rencontrer ce Saint-Croisy...

— Grand Dieu !... le père de..... Allons, vous vous serez trompé, Sincère...

— Je me suis si peu trompé que je lui ai parlé.

— Vous lui avez parlé ?...

— Oui, et comme j'ai eu la sottise de lui dire que je connaissais un de ses amis, qui doit être son complice pour quelque crime, alors ce misérable a tiré de dessous sa blouse un couteau-poignard pour m'assassiner...

— Ah! taisez-vous... taisez-vous, Sincère! c'est impossible!... Vous vous êtes mépris sur les intentions de cet homme...

— Je ne me suis pas mépris. Je vous dis qu'il allait se précipiter sur moi, lorsqu'un paysan est arrivé... C'est ce qui m'a sauvé!... Alors, le scélérat a disparu dans l'épaisseur de la forêt.

— Je ne puis croire à tout cela! Dans quel but cet homme aurait-il commis ce crime?... Ce n'eût pas été pour vous voler, à coup sûr?...

— Vous ne voulez pas me croire?... Mon Dieu! mais je ne vous dis point de mensonge, moi... Ah! bientôt, peut-être, vous verrez que j'avais raison, que mes craintes, mes pressentiments étaient fondés!... Mais je vais partir, car, devant votre femme, je ne saurais pas cacher mon trouble. Elle me questionnerait pour en connaître la cause... je ne sais pas mentir, et...

— Oh! vous avez raison, Sincère, il vaut bien mieux que vous partiez sans revoir Camille... Je trouverai un motif, un prétexte pour vous excuser auprès d'elle et de mon oncle. Je dirai que votre peintre vous avait chargé d'une commission que vous aviez oubliée...

— Tout ce que vous voudrez... mais, si je restais ici, je troublerais la paix, le bonheur de Camille... Ah! il vaut bien mieux que je parte!... Je cours au chemin de fer... Adieu, mon ami Léoville!... Ça me chagrine bien de vous quitter si vite..., mais il le faut! En attendant, croyez-moi, veillez, tenez-vous sur vos gardes.

— Pauvre Camille!... cachons-lui bien tout ce que je viens d'apprendre, car si elle savait que son... que ce Saint-Croisy est dans les environs, elle ne goûterait plus un seul instant de repos.

LVII

Le sommeil.

Sincère est revenu à Paris; et il s'empresse d'aller conter à sa bonne vieille mère tout ce qui lui est arrivé à Champrosey; car le jeune garçon n'a point de secret pour sa grand'maman, et il éprouve le besoin d'épancher son cœur, qui est encore tout plein des émotions qu'il a ressenties dans la forêt de Sénart.

Madame Monclair écoute son petit-fils en frémissant; elle s'écrie :

— Quoi, mon ami, cet homme a sorti de dessous sa blouse un couteau-poignard... et il s'élançait sur toi !

— Oui, grand'mère, et, sans ce paysan qui est arrivé là comme une providence, je suis sûr que ce misérable tentait de se défaire de moi!... Oh! mais, je me serais défendu, allez! et il n'aurait pas eu bon marché du jeune imberbe, comme il m'appelle.

— Cependant, mon ami, on ne commet pas un si grand crime sans motif... Quel pourrait être celui de cet homme pour vouloir se défaire de toi qu'il ne connaît que pour t'avoir rencontré deux fois?

— Ah! je ne sais... mais c'est surtout lorsque je lui ai dit que je l'avais entendu causer avec ce Harzmann, un soir, sur le bord du canal... qu'il a eu l'air furieux! Oh! alors si ses yeux avaient été des pistolets, je serais déjà mort...

— Tu as eu tort de lui dire cela !...

— Pourquoi donc?... Puisque ça lui a causé tant de terreur!... Oh! grand'mère, voyez-vous, ces deux hommes-là sont liés par quelque action infâme... j'en mettrais ma main au feu !

— Que t'importe, mon ami, cela ne te regarde pas !...

— Mais, bonne mère, n'est-ce pas toujours un devoir de faire punir des coupables quand on a découvert les preuves de leurs crimes ?

— Mon fils, tu oublies que Saint-Croisy est le père de cette chère Camille que nous aimons tant ! Si, en effet, cet homme a commis quelque mauvaise action, crois-tu rendre sa fille heureuse en le dénonçant à la justice ?...

— Ah! c'est vrai, grand'mère, vous avez raison. J'avais oublié cette circonstance... Ah! c'est bien fâcheux, cela !...

— En tout cas, mon petit Sincère, je veux que tu me promettes une chose...

— Laquelle, bonne maman ?

— C'est de ne plus aller seul dans la forêt de Sénart.

— Oh! soyez tranquille ; je ne pense pas d'ailleurs aller de quelque temps voir nos bons amis.

— Pourquoi cela, Sincère ?

— Parce que, près de ma bonne amie Camille, je ne saurais pas dissimuler ; et si elle me parlait de son père...

— Oh! alors, tu as raison, Sincère ; il vaut beaucoup mieux ne pas aller voir cette charmante femme que de troubler son bonheur.

Le lendemain de cette conversation, Sincère, qui a toujours ses idées, se rend comme d'ordinaire à l'atelier de son maître, et, tout en travaillant, dit à celui-ci :

— Monsieur a peut-être oublié qu'il a depuis longtemps déjà une coupe au ciseleur Harzmann, et qu'il ne l'avait empruntée que pour quelques semaines?

— Ah! c'est, ma foi ! vrai, dit le peintre, je l'avais oublié ; car depuis longtemps je n'en ai plus besoin... Eh bien ! demain, tu reporteras cette coupe chez maître Harzmann, en m'excusant près de lui de l'avoir gardée jusqu'à présent.

— Si vous le voulez, j'irai aujourd'hui, monsieur...

— Non, non; aujourd'hui, j'ai besoin de toi. Tu iras demain; un jour de plus ou de moins ne fera rien à l'affaire.

Sincère se tait; mais il voudrait déjà être au lendemain. La journée, la soirée, lui semblent bien plus longues qu'à l'ordinaire. La nuit, il dort peu, parce qu'il pense sans cesse qu'il ira le lendemain chez le complice de Saint-Croisy.

Ce moment arrive enfin. Dans le milieu de la journée, Sincère, sans en reparler à M. Delcour, de peur que celui-ci ne le retienne encore, va prendre la belle coupe qui est dans un coin de l'atelier; il l'enveloppe dans son mouchoir, puis sort vivement en tenant l'objet précieux sous son bras.

Le jeune apprenti n'est pas long à faire le trajet de son atelier à la demeure du ciseleur. Il arrive devant la vilaine maison du faubourg Saint-Martin.

— Je vais chez M. Harzmann, dit-il en passant devant le marchand de vins qui sert de portier.

Et on lui répond :

— Mamzelle Toinette vient de sortir... Mais, c'est égal, il y a toujours du monde, vous pouvez monter.

— La bonne est sortie, dit Sincère en montant le sombre escalier; tant pis, car elle bavardait beaucoup, cette petite bonne-là... et elle m'a déjà appris sur son maître des choses assez curieuses... Enfin, pourvu qu'on m'ouvre !...

Arrivé au second, devant la porte du ciseleur, Sincère se dispose à sonner, lorsqu'il s'aperçoit que la clef est dans la serrure. Il demeure un moment indécis, en se disant :

— La bonne est probablement dans les environs... elle

a oublié la clef sur la porte... ou l'a peut-être laissée exprès, comme les bonnes font souvent. Dois-je entrer?... Ma foi! oui... D'ailleurs, je vais trouver du monde sans doute.

Sincère tourne la clef et entre dans la salle à manger, où déjà il a attendu la première fois qu'il est venu; mais il n'aperçoit personne et n'entend aucun bruit.

— Comme c'est silencieux, ici! se dit Sincère; est-ce que tout le monde est sorti?... Ou plutôt, je me souviens à présent de ce que m'a raconté cette domestique sur son maître, qui dort au milieu de la journée et près duquel alors il est défendu d'approcher... Sans doute la maîtresse de la maison est sortie, et la bonne, sachant son maître endormi, en aura fait autant sans demander la permission. Attendons, elle ne peut tarder à rentrer.

Quelques minutes s'écoulent, personne ne paraît; Sincère s'impatiente et se dit :

— Je n'ai pas envie de passer ici ma journée seul à attendre... Je ne puis laisser là cette coupe précieuse sans que quelqu'un sache que je l'ai rapportée; car si je la laissais ici, une autre personne pourrait entrer comme moi, puisque la clef est sur la porte... Et si on la volait!... Oh! je ne la laisserai certes pas ici. C'est par cette porte qui est là au fond que la domestique m'a conduit dans un petit salon tout garni d'étagères et d'objets d'art... Ma foi! allons-y!... D'ailleurs, j'y trouverai peut-être du monde.

Sincère ouvre la porte du fond, traverse un petit couloir et se trouve dans le salon où il a vu maître Harzmann pour la première fois. Mais cette pièce est déserte comme les autres. Il s'assied sur un fauteuil, après avoir déposé la coupe précieuse sur un guéridon, et se dit :

— Attendons encore un peu... on viendra peut-être enfin.

Le siège sur lequel le jeune homme s'est assis se trouve

être tout contre une porte à moitié masquée par une portière qui n'est pas entièrement tirée. Il n'y a pas longtemps qu'il est à cette place, lorsque des gémissements, des plaintes arrivent jusqu'à lui; il prête l'oreille. Il se rappelle ce que la bonne lui a dit de son maître, près duquel il est défendu d'approcher pendant qu'il dort, et se dit :

— Il est là, sans doute... ce doit être lui que j'entends. Ah! il faut absolument que j'en apprenne davantage !... Quelque chose me pousse et me dit de profiter de cette occasion...

Sincère se lève doucement, ouvre avec précaution la porte qui est sous la tapisserie et entre sans faire de bruit dans une pièce bien sombre, où des rideaux fermés avec soin laissent à peine pénétrer un peu de jour. Cette pièce est la chambre à coucher du ciseleur; il est là lui-même, étendu sur son lit tout habillé et dormant, si l'on peut appeler dormir un sommeil sans cesse agité et pendant lequel on est presque en état de somnambulisme.

— Le voilà ! se dit Sincère en s'arrêtant à quelques pas du lit. Il dort... mais quel sommeil !... Il gémit... il parle !... Écoutons...

Le ciseleur s'agite de nouveau sur sa couche, en prononçant d'une voix saccadée :

— C'est toi qui m'as perdu, Bouginier... Ce vol... ce vol... Tu m'avais dit que nous n'aurions pas d'autre crime à commettre... dans cette maison à Vincennes... Ah!... nous y sommes... oui... c'est là... c'est là !... Il y a cent vingt mille francs !...

Sincère frémit; ce qu'il entend est une révélation inattendue; ses cheveux se dressent sur sa tête, il n'ose plus respirer, de peur de perdre une parole de cet homme. Celui-ci s'écrie bientôt :

— Mais il y a du monde dans cette maison... un homme... une femme !... Il faut qu'ils meurent... ou nous sommes perdus!... Fuyons!... tu m'as trompé... j'ai peur... Ah! ne restons pas ici plus longtemps!...

— C'est lui!... c'est lui!... le voilà!... J'ai bien reconnu ta voix, misérable!... Ah! je savais bien, moi, que je découvrirais les assassins de mes parents!...

Et en disant cela, Sincère a couru au lit, il a saisi Harzmann par un bras et le lui appuie fortement sur la poitrine. Le ciseleur s'est éveillé; il porte des yeux égarés autour de lui; il regarde ce jeune homme qui le tient cloué sur son lit et balbutie : — Qu'y a-t-il donc?... qu'ai-je dit!... Que me voulez-vous, monsieur?... qui êtes-vous?...

— Qui je suis, misérable!... Je suis le fils de ce Charles Montaubert que tu as assassiné, ainsi que sa femme, dans leur maison, à Vincennes... Ne cherche point à nier.., tu viens toi-même d'avouer ton crime!... Et moi, je viens venger mes parents...

Harzmann est comme anéanti : une pâleur mortelle couvre son visage; Sincère s'éloigne de lui avec horreur. Alors le ciseleur se jette à bas de son lit et tombe à genoux devant le jeune homme en murmurant :

— Monsieur, je ne nierai rien... D'ailleurs, je n'en ai plus la force! Depuis longtemps mes remords me tuent... la mort est préférable à une telle existence... Vous êtes le fils de Charles Montaubert?...

— Oui; et je veux venger mon pauvre père et ma mère...

— Monsieur, demain, justice sera faite...

— Et ton complice, celui que tu appelles Bouginier, n'a-t-il pas un autre nom?...

— Il se fait appeler maintenant Saint-Croisy.

— Ah! j'en étais sûr!... Et voilà donc la révélation de toute l'horreur que j'éprouvais auprès de lui!

— C'est Saint-Croisy, ou plutôt Bouginier, qui m'a entraîné au crime... Je suis bien coupable, je le sais; mais, sans lui, je ne serais jamais devenu un assassin !... Monsieur, je vous le répète, je me ferai justice ; mais, par pitié pour ma femme, pour mon fils, ne me perdez pas !... Ils sont innocents, eux... ne les condamnez pas au déshonneur !...

— De la pitié pour vous... qui m'avez fait orphelin !... Non !... non !...

— De grâce... je vous en supplie... pour mon enfant !...

En ce moment des pas se font entendre dans la pièce voisine ; Harzmann se relève vivement ; presque aussitôt sa femme et son fils entrent dans la chambre et semblent tout surpris d'y trouver un étranger.

La vue de cette femme, de cet enfant, cause une vive émotion à Sincère ; il ne se sent plus la force d'être impitoyable. Le ciseleur s'en aperçoit, et lui dit :

— Veuillez me laisser votre adresse, monsieur, et demain matin vous recevrez... de mes nouvelles.

Sincère écrit à la hâte sa demeure sur une feuille de papier que lui présente le fils du ciseleur ; puis, sans dire un mot, sans jeter un regard sur Harzmann, dont la vue lui rendrait peut-être toute sa fureur, il sort de la chambre, traverse l'appartement comme s'il se sauvait, et arrive enfin auprès de sa vieille grand'mère, respirant à peine et les traits tout bouleversés.

— Mon Dieu ! que t'est-il donc arrivé encore, mon ami ? dit madame Monclair en regardant Sincère avec effroi. Celui-ci l'embrasse d'abord, puis il lui raconte ce qui vient de se passer entre lui et le ciseleur. La vieille dame ne peut revenir de sa surprise ; elle s'écrie :

— O mon Dieu ! qui aurait jamais deviné !... Ce Harzmann... un voleur !... un meurtrier !...

— Et Saint-Croisy, son complice... Eh bien ! bonne mère, vous ne vouliez pas me croire quand je vous disais, moi, que je découvrirais les misérables qui m'ont fait orphelin !...

— Ah! mon ami, cela semblait si peu probable!

— Il n'y a rien d'impossible pour la Providence!... Mais, maintenant, que faut-il faire, grand'mère? Conseillez-moi... Ne devrais-je pas aller dénoncer à la justice le crime de cet Harzmann?...

— Ah! mon ami... rappelle-toi sa femme, son enfant!... Ils sont innocents, ceux-là; tu vas les réduire au désespoir...

— Je me suis juré, grand'mère, que si je trouvais jamais les assassins de mes parents, je n'aurais point de repos qu'ils n'aient subi la punition de leur crime...

— Tu vois bien que ce misérable Harzmann est déjà puni, que ses remords le poursuivent sans cesse!...

— Ce n'est point assez... Oh! non... ce n'est point assez!...

— Enfin, cet homme ne t'a-t-il pas dit que demain matin tu recevrais de ses nouvelles?

— En effet, il m'a dit cela.

— Eh bien! attends au moins pour savoir ce qu'il veut te faire dire...

— Vous le voulez, grand'mère?... Pour vous obéir, j'attendrai jusqu'à demain... Mais, passé ce terme... oh! il faudra que justice soit faite.

Sincère passe toute cette journée et toute la nuit en proie à une agitation qui ne lui laisse pas un moment de repos.

Enfin, le jour est venu; il se lève, il ne peut rester en place, il ne sait à quel parti s'arrêter. Mais, à sept heures du matin, on frappe à sa porte. C'est un commissionnaire qui tient à la main une lettre et un paquet cacheté

— Monsieur Sincère Montaubert?

— C'est moi.

— Vous êtes bien Monsieur Montaubert en personne?...

— Sans doute, pourquoi?

— Parce qu'on m'a recommandé de ne remettre ceci qu'à vous-même en personne... Il paraît que ce sont des papiers importants.

— Et qui vous envoie?

— Je viens de chez M. Harzmann...

— C'est lui qui vous a remis cela pour moi?...

— Pas lui-même, mais sa femme... car il paraît que lui était très-malade ce matin.

— C'est bien, donnez...

Le commissionnaire est reparti. Sincère court trouver sa vieille mère, lui montre ce qu'il vient de recevoir, et dit :

— Lisons d'abord la lettre :

Il brise le cachet, et lit ce qu'une main tremblante a tracé :

« Quand vous recevrez cette lettre, je serai mort; le poison aura terminé ma vie. Je vous envoie les soixante mille francs, moitié de la somme qui a été volée à votre père. C'est Bouginier qui a eu l'autre moitié... Je désire que... ce Bouginier a un autre secret... que je sais... J'aurais voulu... Je n'y vois plus... Pardon... pitié... mon enfant!... »

Les derniers mots étaient illisibles. Sincère ouvre alors le paquet cacheté avec soin, et trouve dedans soixante mille francs en billets de banque. Il pousse un cri de joie en disant :

— Ah! bonne mère, vous allez donc être heureuse, enfin! Votre vieillesse ne sera plus livrée aux privations... car je puis bien recevoir cette somme, n'est-ce pas?

— Si tu le peux!... Oh! oui, elle est bien à toi, mon ami, puisqu'elle vient de ton pauvre père... Mais où vas-tu donc... tu sors?...

— Oui, grand'mère, je vais chez ce Harzmann savoir... ce qui s'est passé... et s'il m'a écrit la vérité...

— Mon ami, prends garde! point d'imprudence!... Pense à sa femme, à son fils!...

— Soyez tranquille...Mais je veux savoir à quoi m'en tenir.

Sincère ne marche pas, il court jusqu'à la demeure du ciseleur. Arrivé dans la maison, il s'arrête au fond de la cour, et la marchande de vins lui dit aussitôt :

— Ah! monsieur, qui aurait cru cela!... Ce M. Harzmann, si bien portant hier... vous le savez bien, car vous êtes venu le voir hier, je m'en souviens...

— En effet, madame; mais que lui est-il donc arrivé?

— Il est mort, monsieur, mort de ce matin...

— Ah!... vous en êtes certaine?

— Pardi!... les médecins sont venus, mais il n'était plus temps! Les uns disent que c'est un coup de sang, les autres une attaque foudroyante!... Je crois qu'ils ne savent guère eux-mêmes ce que c'est... mais tant il y a que le pauvre cher homme est mort... et bien mort! C'est un grand malheur, car c'était un bien honnête homme!...

Sincère n'a pas besoin d'en entendre davantage; il retourne chez lui dire à sa vieille mère :

— Il ne m'avait pas menti... il s'est fait justice. En voilà un de puni, à l'autre maintenant!

— Comment, à l'autre? répond madame Monclair, en regardant son petit-fils avec anxiété; que comptes-tu donc faire, mon ami?

— Ce que je compte faire, bonne mère, mais tout simplement retrouver, arrêter et faire justice du misérable Saint-Croisy... Oh! pour celui-là, par exemple, je vous certifie que je n'aurai nulle pitié, car c'est le plus coupable, c'est lui qui a entraîné l'autre au crime...

— Mais, Sincère, tu oublies donc que ce Saint-Croisy... est... Ah! c'est affreux à dire! mais enfin il est le père de Camille...

— J'en suis bien fâché!... Pour celui-là, aucune considération ne m'arrêtera !...

— Mon ami... je t'en prie!... Comment! tu vas encore partir?... Où vas-tu?

— A Champrosey ; car je suis bien sûr que c'est par là que je trouverai celui que je cherche...

— Tu vas encore t'exposer!... De grâce, n'y va pas!... Songe à cette pauvre Camille ; tu vas détruire son repos... son bonheur...

— Bonne mère, vous chercheriez en vain à me retenir ; c'est plus fort que moi... il faut que j'accomplisse ma tâche! Je m'étais promis de découvrir les assassins de mes parents... je les connais!... J'ai juré qu'une fois découverts, ils recevraient la punition de leur crime... Laissez-moi tenir mon serment.

LVIII

Un écrin.

Après avoir vu partir Sincère pour Paris, Léoville était rentré dans son appartement, en se disant :

— Si, en effet, ce jeune homme a vu ce Saint-Croisy dans la forêt... et il ne peut pas s'être trompé, puisqu'il lui a parlé... pourquoi cet homme vient-il rôder près des lieux que nous habitons?... Aurait-il encore le projet de se présenter devant... devant Camille? Ah! je veillerai sur elle, je ne la quitterai pas d'un instant ; mais, en attendant, cachons-lui bien ce que je viens d'apprendre... que sur mon visage elle ne lise aucune crainte, aucune inquiétude... Je sais trop combien cela la rendrait malheureuse!

A l'heure du déjeuner, lorsque tout le monde se retrouve dans la salle à manger, Camille s'écrie :

— Où donc est Sincère?... Il devait aller ce matin visiter la forêt; est-ce qu'il n'est pas encore revenu?...

— Si fait, il est revenu, dit Léoville; mais, à son grand regret, il a été obligé de repartir pour Paris de bon matin...

— Comment! il est parti?

— Et sans nous dire adieu? reprend le comte.

— Oh! ne l'accusez pas, mon oncle, ce n'est pas sa faute. Sincère s'est rappelé ce matin que son peintre, son maître, l'avait chargé pour aujourd'hui d'une commission importante... Il s'agissait de... de trouver un modèle... qui est indispensable pour un tableau que le peintre veut terminer. Sincère n'avait que bien juste le temps pour arriver à Paris et aller chez ce modèle... Il a eu bien du chagrin de partir sans vous dire adieu, ainsi qu'à toi, ma chère Camille; mais il a pensé que vous dormiez encore, et il m'a chargé de vous témoigner tous ses regrets.

Camille ne semble pas beaucoup ajouter foi à l'histoire du modèle. Elle ne dit rien, mais devient rêveuse; quant au comte, qui n'a aucune raison de douter de ce qu'on vient de dire, il s'écrie :

— Mais je pense que nous reverrons ce jeune homme... il reviendra vous voir, n'est-ce pas, Léoville?

— Assurément, mon oncle, il me l'a bien promis.

— C'est que vraiment il me plaît, cet enfant... car c'est encore un enfant, et pourtant on voit qu'il a déjà le courage, la volonté d'un homme!... Tout en lui intéresse... sa figure d'abord, où respirent la candeur et la franchise... puis ses bons sentiments, puis ses malheurs... ses pauvres parents qu'il a perdus d'une manière si affreuse!... Il espère découvrir un jour les assassins... Mais il a bien peu de chance!... Le son d'une voix... quelques paroles qu'il a retenues... Il faudrait un concours extraordinaire de circonstances pour qu'il fût sur la trace des coupables.

— Je suis de votre avis, mon oncle, et c'est d'autant

plus malheureux pour Sincère, que les misérables lui ont aussi enlevé tout ce que son père lui aurait laissé.

— Oh! l'argent... cela peut se réparer. Je ferai quelque chose pour notre jeune peintre, et, d'abord, je veux reconnaître le cadeau qu'il m'a fait en me donnant le portrait de ma nièce... Mais à vous aussi, ma chère Camille, je dois quelque chose...

— A moi, mon oncle?...

— Oui, sans doute, votre cadeau de noces que vous n'avez pas reçu de moi...

— Ah! mon cher oncle, vous m'avez donné votre amitié, c'est le plus beau présent que vous pouviez me faire!... Je n'en veux point d'autre!

— Ma chère amie, en ceci, vous me permettrez bien de faire ma volonté... Je suis fort entêté parfois... d'ailleurs, vous ne voudriez pas me priver d'un plaisir... Mais, ce qui n'en est pas un, c'est qu'il faut que je vous quitte... que j'aille à Paris...

— Quoi! déjà, mon oncle, déjà penser à nous quitter! Vous ne vous plaisez donc pas avec nous?...

— Bien au contraire; aussi, soyez tranquilles, je ne serai pas longtemps absent; je reviendrai demain ou après-demain au plus tard, et je vais faire mes dispositions à Paris, afin de ne plus avoir à y retourner qu'avec vous, quand il vous conviendra de quitter la campagne.

— A cette condition, cher oncle, nous vous laissons partir.

Après le déjeuner, M. de Rochemart dit à Maurice de seller leurs chevaux; puis, après avoir embrassé Camille et pressé la main de son neveu, il monte sur son beau cheval, en disant en souriant à son troupier :

— Prends garde que Rognolet ne te jette encore à terre!

— Oh! mon colonel... il n'y a pas de danger, mon colonel... Mais je suis si heureux de vous voir devenu... heureux, mon colonel, que je m'y jetterais bien, si ça pouvait encore vous faire plaisir... N'est-ce pas, mon colonel?

On voit que Maurice se dédommage du temps qu'il était obligé de dire seulement : Monsieur le comte.

Après le départ de son oncle, Léoville ne quitte plus sa femme un seul instant. Plusieurs fois elle lui propose d'aller faire une promenade dans la forêt, mais il trouve toujours un prétexte pour ne point porter ses pas de ce côté; il veut voir les villages des environs, et c'est dans la campagne, à Corbeil, à Juvisy, à Riss, qu'il conduit Camille; et celle-ci, qui se plaît partout où elle est avec son mari, n'insiste pas pour aller dans la forêt.

Mais le lendemain du départ du comte de Rochemart, Camille, tout en se promenant au bras de Léoville, sur les bords de la rivière, qui est à deux pas de leur demeure, lui dit :

— Mon ami, nous as-tu bien appris le véritable motif du prompt départ de Sincère?... Peut-être, devant ton oncle, avais-tu quelque raison pour le cacher... mais, à présent, tu pourrais bien, je pense, m'avouer s'il y avait une autre cause?...

— Je t'ai dit, ainsi qu'à mon oncle, ce que notre jeune ami m'a dit en partant. Pourquoi vous aurais-je trompés?

— Pas toi, mon ami... mais Sincère; ne trouves-tu pas singulier qu'il ait voulu partir si précipitamment, après nous avoir encore répété la veille au soir qu'il ne s'en irait qu'après le déjeuner ?

— Il pouvait croire alors qu'on déjeunait beaucoup plus tôt ici; il ne connaît pas nos habitudes...

— Je craignais, moi, qu'une autre raison... qu'il n'eût appris encore quelque chose de... fâcheux... touchant une personne... Oh! tu sais bien ce que je veux dire, mon ami!...

— Allons, allons, tu es folle, chère Camille! Ne vas-tu

pas encore te forger mille chimères... te créer des inquiétudes !... Sois tranquille ; ici, ton mari veille sur toi, et personne ne viendra t'y trouver sans ma permission.

Camille remercie Léoville par un doux sourire, et ses craintes semblent dissipées.

Cependant le comte, après avoir acheté à Paris un magnifique écrin renfermant pour cent cinquante mille francs de diamants, se hâte de faire toutes ses dispositions pour retourner à Champrosey. Deux jours lui ont suffi pour terminer ses affaires ; puis il dit à Maurice

— Fais seller nos chevaux ; nous allons retourner chercher la demeure du capitaine Hamelin.

— Ah ! mon colonel, je comprends... Je comprends parfaitement ; nous retournons chez monsieur votre neveu !

— Oui, Maurice, car je sens maintenant que je ne puis plus me passer de la vue de ma nièce... Sa ressemblance extraordinaire avec... cette femme que j'aimais tant... m'a sur-le-champ entraîné vers elle.

— Tant mieux, mon colonel ! Madame votre nièce remplacera cette fille que vous avez perdue... ou du moins que nous n'avons jamais pu retrouver...

— Oui... c'est ce que je me suis dit déjà ! Tiens, Maurice, voilà ce que je porte à ma nièce pour cadeau... Crois-tu qu'elle sera contente ?

Et le comte ouvre l'écrin qu'il tenait dans sa main et le présente au troupier, qui fait un pas en arrière, en s'écriant :

— Ah ! saperlotte, mon colonel, ça m'éblouit... ça m'aveugle ! On y voit trente-six chandelles ; c'est magnifique, cela !...

— Oui, les diamants sont assez beaux.

— Ce sont des diamants !... Je disais aussi, ça doit être du fin !... Ça coûte bien cher, n'est-ce pas, mon colonel !

— Qu'importe ! le principal est qu'ils plaisent à celle à qui ils sont destinés.

— Ces choses-là plaisent toujours, mon colonel ; ça ferait de fameux briquets tout de même !

Ainsi qu'il l'avait promis, le surlendemain de son départ, le comte est de retour à Champrosey. Léoville et sa femme le reçoivent avec la plus vive joie. Camille ressent pour M. de Rochemart la plus tendre affection, et, lorsque celui-ci lui présente son brillant cadeau, elle est éblouie par la beauté des diamants ; mais elle se jette dans les bras du comte, en s'écriant :

— Et pourtant ce magnifique présent ne saurait me faire vous aimer davantage, car j'ai pour vous les sentiments qu'une fille doit ressentir pour son père... pour un père qu'elle chérit...

— Ma chère Camille, dit M. de Rochemart, c'est aussi d'une fille qu'il faut que vous me teniez lieu... car je ne veux plus avoir de mystère pour vous et votre mari. Ce soir, je vous raconterai une histoire de ma jeunesse, qui eut une grande influence sur toute ma vie... Vous comprendrez alors pourquoi j'étais toujours triste, malheureux, et par suite grondeur et misanthrope ; vous me plaindrez, et vous me consolerez.

Léoville et sa femme sont bien curieux de savoir ce que leur oncle doit leur apprendre ; ils attendent la soirée avec impatience, et le comte va reprendre possession de sa jolie chambre, tandis que Maurice va retrouver Charlot et les gens de la maison auxquels il ne manque pas de dire :

— Mon colonel a fait à sa nièce un cadeau... digne d'une reine !... Nous avons apporté un écrin en diamants, mes enfants ! Voyez-vous, ça jette plus de feux que le soleil. ça lui fait du tort, parole d'honneur !

Le soir est venu. M. de Rochemart, assis entre Léoville et Camille, leur fait le récit de ses amours avec la baronne de Vermont, de tous les événements qui en furent la suite, et enfin des démarches inutiles qu'il a faites depuis près de seize ans pour retrouver cet enfant, fruit de ses amours avec cette femme, qu'il allait épouser si la mort ne l'avait pas frappée.

Les jeunes mariés ont écouté le comte avec le plus vif intérêt.

— Pauvre jeune fille ! dit Camille; elle existe peut-être... et elle ne vous connaît pas !...

— Sa mère l'avait appelée Églantine... Ah ! je l'aurais tant aimée !...

— C'est bien singulier, dit Léoville, que le fils de cette nourrice ait emmené cette enfant, au lieu de chercher à la rendre à ses parents...

— Oui, je n'ai jamais pu deviner pourquoi...

— Et vous n'avez jamais pu retrouver cet homme ?

— Non... Et Dieu sait si, moi et mon fidèle Maurice, avons fait des recherches !...

— Dans quel pays habitait cette nourrice ?...

— En Touraine, dans un joli village appelé Ligneul... Tous les habitants y avaient connu la veuve Bouginier, c'était le nom de cette paysanne...

— Ligneul !.. Bouginier !... s'écrie Camille qui éprouve tout à coup une émotion dont elle ne se rend pas compte.

— Eh bien ! qu'avez-vous donc, ma chère nièce ? dit le comte. Ces deux noms ont paru vous frapper...

— Oh ! oui !... oui... mon oncle... ils m'ont frappée, en effet. C'était comme un souvenir qui arrivait à mon cœur... Ligneul... Bouginier... il me semble que ce n'est pas la première fois que j'entends ces deux noms-là !... Cela rappelle dans ma mémoire comme des souvenirs d'enfance... Oh ! c'est singulier, l'effet qu'ils ont produit sur moi !...

— Oui... c'est singulier, en effet, dit le comte; auriez-vous été élevée dans ce pays-là ?... Mais vous m'avez dit que vous étiez de l'Alsace, ainsi que vos parents ?

Camille rougit en répondant :

— Oui, c'est vrai!... Oh! je n'ai jamais été en Touraine...

— Mais, peut-être vos parents ont-ils connu ce Bouginier?... Peut-être allait-il chez eux !... Cherchez dans vos souvenirs...

— Non, monsieur, non... mes parents ne recevaient personne. Je ne sais pas pourquoi ces noms ont produit sur moi cet effet... Veuillez m'excuser de vous avoir interrompu.

— Eh! mon Dieu ! chère enfant, je n'ai plus rien à vous dire. Je vous ai tout conté, mes amours, mes fautes, mes peines... A présent, c'est à vous de me tenir lieu de cette fille que le ciel n'a pas voulu me rendre ; vous avez beaucoup des traits de la baronne... vous me rendez mon enfant !... Vous comprenez maintenant pourquoi vous m'avez bien vite charmé ?

LIX

Le voleur.

La confidence du comte semble augmenter encore l'attachement que lui portent les jeunes époux, car ils veulent maintenant mettre tous leurs soins à lui faire oublier ses chagrins, ses espérances déçues.

Camille a remis à son mari le riche cadeau que lui a fait son oncle, n'ayant dans sa chambre aucun meuble qui ferme assez bien pour lui confier un objet d'un si grand prix. Mais Léoville a dans son cabinet de travail un fort beau secrétaire avec une caisse et de bonnes serrures, et c'est dans la caisse qu'il place l'écrin de sa femme.

Le lendemain de son arrivée, M. de Rochemart, tout en déjeunant, dit aux jeunes époux :

— Le temps est superbe aujourd'hui, mes enfants ; s vous voulez, nous en profiterons pour aller faire une longue promenade à cheval dans la forêt ?

— Oh ! cela me fera bien plaisir, dit Camille ; car, depuis que vous nous avez quittés, cher oncle, mon mari n'a pas voulu une seule fois me mener de ce côté-là...

Léoville tâche de sourire, en répondant :

— Voyez-vous, mon oncle, voilà déjà ma femme qui me gronde !... Je lui ai fait voir les environs de Corbeil, Juvizy... et plusieurs autres endroits fort jolis.

— C'est vrai, mon ami, mais tout cela n'a pas la beauté, la majesté d'une forêt !...

La partie est arrêtée. Léoville espère qu'ils ne feront pas de rencontres désagréables. Depuis trois jours que Sincère les a quittés, il n'est pas probable que l'individu qu'il a rencontré dans la forêt y soit toujours resté ; et, puisqu'on n'a pas entendu parler de lui depuis ce temps, c'est qu'il n'avait pas l'intention de vouloir encore parler à Camille.

Le jeune vicomte se dit tout cela en allant donner des ordres pour qu'on selle les chevaux, et Camille va revêtir un charmant habit d'amazone qui lui sied à ravir.

Tout le monde est prêt. Maurice a reçu l'ordre de suivre la cavalcade, et il saute sur Rognolet, pour lequel il a un redoublement d'amitié, depuis que le petit poney l'a si bien jeté à terre.

Pour ne point faire un détour, la société sort par le jardin et la petite porte qui ouvre sur la forêt, et par laquelle, en baissant la tête, un cavalier peut passer.

On n'a pas fait deux cents pas sous les arbres, que Maurice, qui, naturellement, se tient toujours un peu en arrière, s'écrie :

— Tiens !... qu'est-ce qu'il fait donc là, celui-là ?...

Léoville arrête son cheval en demandant à Maurice ce qu'il y a.

— Dame! répond le troupier, c'est un homme qui est couché là dans l'herbe ; je ne sais pas s'il dort... mais on dirait plutôt qu'il se cache...

— Eh! que nous importe !... Allons, venez donc, Maurice, ne nous arrêtons pas...

— Je vous suis, monsieur le vicomte ; c'est égal... il a une mauvaise figure, ce particulier-là !...

Léoville a repris le grand trot, et Maurice l'a suivi.

Depuis une heure la cavalcade parcourt les sentiers de la forêt, lorsque au détour d'un chemin, le cheval que monte Camille, effrayé par la chute d'un arbre qu'un bûcheron vient d'abattre, fait un violent écart qui fait pousser un cri à la belle écuyère. Elle ne tombe pas, mais il a fallu toute son adresse pour rester en selle.

Au cri poussé par Camille, le comte et son mari sont bien vite près d'elle.

— Qu'est-il arrivé? dit Léoville.

— Rien, mon ami, rien... j'ai eu un peu peur, voilà tout!

— Parbleu ! s'écrie Maurice, il faut que madame se soit joliment tenue pour ne point tomber !... J'ai vu cela de loin, moi! Son cheval a fait tout à coup un écart et un saut de mouton !...

— Vous êtes bien pâle, ma nièce! Cet incident vous a fait mal ?...

— Ce ne sera rien, mon oncle... mais j'avoue qu'en effet je me suis crue à terre...

— Ma chère amie, je pense qu'il ne faut pas pour aujourd'hui pousser plus loin notre promenade...

— Mon oncle a raison, dit Léoville, tu es fatiguée... émotionnée... retournons doucement vers la maison.

— Soit, messieurs, rentrons.

On tourne bride, et l'on revient à Champrosey. Cette fois, la cavalcade rentre par la grille. On descend de cheval devant la pelouse, et Camille marche en avant vers la maison, en disant :

— Je vais quitter mon amazone et me reposer un peu !

— Allez, ma chère nièce, dit le comte ; mon neveu et moi nous allons nous reposer en jouant au billard.

Camille aperçoit Charlot dans le jardin, et lui demande où est sa femme de chambre.

— Mon Dieu, madame, répond Charlot, je crois qu'elle est sortie avec la jardinière pour aller jusqu'à Juvizy... On pensait que madame ne rentrerait pas si tôt..., Si madame veut que j'appelle la grosse Marianne, la cuisinière ?

— Non, non, c'est inutile ; n'appelez personne.

Camille entre dans la maison. Son appartement est au premier étage. Elle traverse un large vestibule qui ouvre au rez-de-chaussée, et monte l'escalier qui est au fond. La jeune femme montait lentement ; la secousse qu'elle avait éprouvée, la lassitude que cause toujours l'exercice du cheval, tout se réunissait pour augmenter sa fatigue. En arrivant devant sa chambre, dont elle trouve la porte toute grande ouverte, il lui semble entendre du bruit dans la pièce qui est à côté, et cette pièce est le cabinet de son mari.

Camille s'arrête, le bruit continue... c'est comme une serrure que l'on cherche à forcer... La jeune femme devient tremblante... cependant, elle fait un pas dans la chambre. La porte du cabinet de Léoville est aussi toute grande ouverte, et, en avançant la tête, on peut voir jusqu'au secrétaire qui est en face... Elle regarde... Un homme en blouse bleue, et qu'elle ne peut voir que par derrière, est occupé à faire sauter la serrure du secrétaire.

Camille revient en toute hâte sur l'escalier, et, rassemblant ses forces, se met à crier :

— Au voleur !... Au secours !... Venez vite !...

Charlot, qui était près de la maison, accourt le premier ; il est bientôt suivi de Léoville et du comte.

— Qu'y a-t-il ?...

— Qu'avez-vous ? s'écrie-t-on de tous côtés.

— Un homme était là... dans le cabinet de mon mari... il forçait le secrétaire.

— Un voleur ! Oh ! il ne nous échappera pas !...

Et les trois hommes se précipitent dans l'appartement ; ils n'y trouvent personne... Ils regardent sous les meubles, dans la cheminée... rien ; on commence à croire que Camille a été le jouet d'une illusion, lorsqu'on entend des cris dans le jardin, et on voit Maurice qui tient sous lui un homme qui cherche encore à lui échapper, tandis que le troupier s'écrie :

— Il avait sauté par la fenêtre, le gredin !... Heureusement, je l'ai vu, moi... il était temps !... Il se sauvait et il emportait notre écrin, rien que ça !... Je le reconnais, c'est l'homme qui faisait semblant de dormir dans la forêt... Ah ! je me doutais qu'il méditait quelque mauvais coup !

On court aider Maurice ; le voleur est forcé de se rendre, ce qu'il fait du reste en conservant un air d'audace qui surprend tout le monde. Camille, restée un peu en arrière, n'a point encore pu envisager cet homme.

— Voyez quel air impertinent ! s'écrie Maurice. Voilà un voleur qui n'en est point à son début.

— Je ne suis point un voleur ! répond l'homme en blouse en relevant hardiment la tête, et vous ne devez pas me traiter comme tel...

— Tu n'es point un voleur, misérable ! dit le comte, lorsqu'on t'arrête tenant encore à la main cet écrin que j'ai donné hier à ma nièce ?

— Je sais parfaitement tout cela, monsieur le comte ; je sais que vous avez fait hier ce riche présent à la femme de votre neveu ; mais, la jeune vicomtesse étant ma fille, j'ai pensé qu'un père avait le droit de faire un emprunt à sa fille ! J'étais venu ici pour cela, mais, n'ayant trouvé personne et étant un peu pressé... j'ai été au secrétaire, et, comme il était fermé, je l'ai forcé.

— Sa fille !... répètent le comte et tous les gens de la maison en haussant les épaules de pitié, tandis que Léoville frémit et garde le silence.

— Vous osez donner le titre de votre fille à la femme de mon neveu ! dit le comte en jetant sur Saint-Croisy un regard rempli d'indignation.

— Je l'ose, monsieur le comte, parce que cela est... Je suis incapable d'en imposer ; mais, au reste, tenez... voici ma fille qui s'avance... demandez-le-lui à elle-même ; vous verrez si elle me dément.

Camille venait alors d'arriver tout près de son mari ; elle porte ses regards sur l'homme que l'on vient d'arrêter, pousse un cri déchirant et tombe sans connaissance dans les bras de Léoville en murmurant :

— C'est lui... mon Dieu !... c'est lui !...

Cet incident produit un changement soudain sur toutes les physionomies. L'étonnement, un morne silence, succèdent aux menaces, à la colère.

Pendant que l'on emporte Camille dans la maison, et que son mari s'empresse de lui prodiguer des soins, Saint-Croisy regarde autour de lui avec assurance et fouille dans sa poche en murmurant :

— Sapristi ! j'ai perdu mes cigares !... J'en avais encore deux excellents, ce matin...

— Mais enfin, monsieur, reprend le comte en attachant sur Saint-Croisy des regards scrutateurs, ce que vous venez de nous dire est impossible !... Pourquoi avez-vous inventé cette fable ?...

— Monsieur le comte, j'ai l'honneur de vous assurer de

nouveau que je vous dis la vérité. On vous l'a cachée, c'est possible ! mais il faut toujours bien que tout se découvre. Camille, la femme de votre neveu, est ma fille. Lorsque sa mère est morte, l'enfant était encore en bas âge... j'ai dû l'emmener avec moi dans mes voyages; puis je lui ai fait donner de l'éducation... elle m'a coûté fort cher !... Il me semble donc tout simple que, me trouvant dans la détresse, j'aie recours à ma fille pour m'en tirer. Lorsqu'elle était petite, j'ai fait bien des sacrifices pour elle... C'est assez l'usage que les enfants rendent à leurs parents malheureux les bons offices qu'ils en ont reçus.

Le comte est stupéfait; l'assurance de Saint-Croisy, son langage, qui n'est point celui d'un homme sans éducation, tout se réunit pour jeter le doute dans son esprit. Il veut aller interroger son neveu, mais Maurice lui crie:

— Eh bien ! mon colonel, que faisons-nous de cet homme?...

— Conduisez-le dans une chambre de laquelle il ne puisse sortir.

— Oh ! soyez tranquille, monsieur le comte, dit Saint-Croisy, je n'ai nullement envie de me sauver; maintenant que l'on sait quels liens m'unissent à votre noble famille, vous comprenez bien que je ne m'en irai pas ainsi?... Ma fille est dans l'opulence, moi, je suis dans la misère; ne peut pas rester comme cela...

— Quel gredin ! murmure Maurice en regardant Charlot. Ça, le père de la vicomtesse? Non, non, mille bataillons, ce n'est pas possible !... Qu'il soit ce qu'il voudra, je ne le laisserai pas échapper !... Où allons-nous le conduire ?

— Il y a, de l'autre côté de la maison, avant le verger, une espèce de tourelle; c'est un pigeonnier : par le haut, les fenêtres sont trop étroites pour qu'on puisse passer au travers, et il n'y a en bas qu'une porte solide.

— C'est bien ; conduisons ce monsieur dans le pigeonnier.

Et Maurice se tourne vers Saint-Croisy, en lui disant :
— Suivez-moi...

Celui-ci ne fait aucune difficulté. Charlot et le jardinier marchent derrière ; on introduit Saint-Croisy dans la tourelle, qui a dans le bas une pièce assez vaste. Au moment de s'y voir seul, ce monsieur appelle Maurice en lui disant :

— Vous voudrez bien me faire envoyer de quoi me restaurer, car je meurs de faim ; depuis hier je n'ai rien pris.

— C'est juste, répond le troupier, et nous avons bien vu que vous étiez venu ici pour prendre quelque chose !

LX

Découverte.

Le comte s'est hâté de se rendre près des jeunes époux ; Camille avait repris connaissance ; mais elle versait des torrents de larmes dans le sein de son mari, en murmurant :

— Ce que je redoutais tant est arrivé !... Je t'ai perdu... je t'ai déshonoré, et ton oncle va me maudire !

Léoville s'efforçait de calmer, de consoler sa femme, en lui disant :

— Mais tu n'es pas coupable de cela, toi ! Tu sais bien que je n'ai aucun reproche à te faire, puisque tu m'avais tout confié... Cet événement ne peut donc rien changer à mes sentiments.

Lorsque M. de Rochemart entre dans l'appartement,

Camille court se jeter à ses pieds ; elle prend ses mains qu'elle baigne de ses larmes, en lui disant :

— Pardonnez-moi, monsieur, ne me maudissez pas !

Le comte, qui était entré avec un front sévère, ne peut conserver son courroux en regardant Camille et en entendant sa voix ; il la fait asseoir près de lui, en lui disant :

— Calmez-vous, pauvre femme, remettez-vous... mais, à présent, il faut que je sache la vérité tout entière.

Léoville s'empresse de raconter à son oncle toute l'histoire de Camille, en ayant bien soin de répéter sans cesse que c'était ce qu'elle savait sur son père qui lui faisait toujours refuser d'être sa femme. Il termine son récit en montrant au comte la lettre que Saint-Croisy avait écrite à sa fille pour lui annoncer qu'il allait changer de conduite, s'expatrier, et qu'elle ne le reverrait jamais ; ajoutant que c'était seulement après avoir reçu cette lettre que Camille avait enfin consenti à l'épouser.

M. de Rochemart a écouté attentivement ce récit ; il prend ensuite la main de Camille, qu'il presse doucement dans les siennes, en lui disant :

— Ne pleurez pas ainsi, chère enfant... il n'y a pas de votre faute dans tout cela !

— Ah ! monsieur, est-ce que vous m'aimerez encore un peu ? s'écrie Camille en levant ses beaux yeux sur le comte.

Et celui-ci l'embrasse, en lui disant :

— Je ne le voudrais pas que cela me serait impossible. Voyons ! causons un peu sur cette affaire qui, malheureusement, a eu tant de témoins ! Ce monsieur Saint-Croisy me fait l'effet d'un fort triste sujet... Qu'est-ce qu'il veut ? C'est de l'argent, et pas autre chose !... Eh bien ! nous lui en donnerons en le priant de vouloir bien ne plus revenir.

— Oui, mon oncle, oui, c'est cela, dit Léoville ; cette nuit, nous le ferons évader, et, demain, on dira qu'il s'est échappé... Quant aux propos qu'il a tenus, personne n'y ajoutera foi,.. et...

Charlot entr'ouvre la porte de l'appartement en disant :

— Pardon, monsieur, mais M. Sincère vient d'arriver... il voudrait bien vous voir...

— Sincère !... Oh ! il peut venir... il peut entrer... s'écrie Léoville, qui ajoute ensuite : Nous pouvons causer devant lui. Sincère connaît toute l'histoire de Camille, et, depuis quelque temps, il cherchait sans cesse les traces de Saint-Croisy, dont il voulait connaître la conduite.

— Oui, dit Camille, et il me disait la vérité, lui !

Le jeune apprenti entre dans l'appartement; la sueur coule de son front, mais ses yeux ont une expression de joie inaccoutumée ; et, en le voyant, chacun s'écrie

— Que vous est-il donc arrivé, Sincère... votre physionomie nous annonce quelque chose ?...

— Ah ! messieurs... ma bonne amie, pardon si j'arrive comme cela... Vous ne pensiez pas me revoir si tôt... ni moi non plus !... Mais j'ai tant de choses à vous apprendre !...

— Remettez-vous... calmez-vous... vous êtes en nage.

— Ah ! c'est que depuis deux heures je cours, je cherche dans la forêt... J'espérais l'y trouver, je ne l'y ai pas vu... Ah ! monsieur le comte, mes bons amis, félicitez-moi, j'ai découvert les assassins de mes parents !...

— Il serait possible !...

— Oui, oui. Je savais bien que j'y parviendrais ; écoutez... écoutez-moi.

Sincère fait le récit de sa visite chez le ciseleur, et de tout ce qui s'y est passé, des événements qui en ont été la suite ; chacun l'écoute avec le plus vif intérêt ; enfin le comte lui dit :

— Mais l'autre, son complice, celui qui l'a, dit-il, entraîné au crime, qui donc est-ce ?

— Quoi ! je ne vous l'ai pas encore dit ?... C'est son ami... celui que j'avais vu avec Harzmann sur les bords du canal... Saint-Croisy, enfin !

Camille pousse un cri d'horreur et cache son visage dans ses mains en murmurant :

— Un assassin, lui !... toujours !... Ah ! c'est trop !... c'est trop !...

— Malheureux ! dit Léoville en s'adressant à Sincère, vous n'avez pas pitié d'elle... Vous voulez donc la tuer ?...

— Je veux, je dois venger mon père, ma mère !... Mais ce misérable, qui se fait appeler Saint-Croisy, il se cache sous un faux nom : c'est Bouginier qu'il se nomme !

— Bouginier ! s'écrie le comte en saisissant les deux mains de Sincère. Ah ! comment avez-vous dit ?... Répétez, répétez, par grâce !...

— J'ai dit Bouginier, monsieur le comte ; c'est le véritable nom de Saint-Croisy.

— Ah ! Léoville, entends-tu ?... Camille, séchez vos pleurs, chère enfant ! Alors vous n'êtes pas la fille de ce misérable !... Vous êtes celle que j'ai perdue, que je cherche depuis si longtemps !...

Camille semble renaître à la vie ; elle regarde le comte en balbutiant :

— Ah ! monsieur, mon cœur l'avait deviné, alors ; car j'avais pour vous la tendresse d'une fille.,.

— Et cette ressemblance qui vous a tant frappé, dit Léoville, n'est-ce pas encore une preuve que ma chère Camille est cette fille qu'on vous avait ravie ?...

— Oh ! je l'ai toujours dit, moi, s'écrie Sincère ; il n'est pas possible que ma bonne amie soit la fille de ce scélérat !

Le comte est tellement ému qu'il peut à peine parler ; l'embrasse encore Camille, puis dit à Sincère :

— Voyons, mon ami, rappelez-vous bien tout... Ce Harzmann ne vous a pas dit autre chose concernant ce Bouginier ?

— Non, monsieur. Si j'avais su, je l'aurais interrogé... mais, après avoir reçu sa lettre, quand je retournai pour le voir, il était mort.

— Et cette lettre, l'avez-vous sur vous ?...

— Oui, monsieur, oui... la voilà.

Le comte parcourt rapidement le commencement de la lettre de Harzmann, mais il s'arrête sur ces mots : « *Ce Bouginier a un autre secret que je sais... J'aurais voulu... Je n'y vois plus...* »

— Un autre secret ! s'écrie Léoville. Plus de doutes, c'est de Camille que ce Harzmann voulait parler !... Il savait que son complice se faisait passer faussement pour son père...

— Mon Dieu, dit Camille, quel malheur que cet homme soit mort sans en avoir pu dire davantage !

— Soyez tranquille, chère enfant, dit le comte, nous saurons bien faire parler ce Bouginier !

— Le faire parler ! dit Sincère, mais il me semble que pour cela il faudrait d'abord le tenir.

— Le tenir, reprend Léoville, mais il est ici !... Il s'y était introduit pour voler... nous l'avons arrêté à temps.

— Il est ici ! s'écrie Sincère, dont les yeux expriment alors l'indignation, la fureur; il est ici !... Ah! conduisez-moi vers lui... il faut que je confonde ce misérable... il faut qu'il sache que je connais tous ses crimes !...

Ce n'est pas sans peine que l'on parvient à calmer un peu Sincère. On convient de se rendre sur-le-champ près du prisonnier; mais, la présence de Camille n'étant pas nécessaire pour ce que l'on veut savoir de cet homme, dont la vue lui cause toujours une impression pénible, c'est sans elle que le comte, Léoville et Sincère se rendent à la tourelle.

Maurice faisait sentinelle devant la porte. En l'apercevant, le comte lui crie : — Bouginier est retrouvé... c'est l'homme qui est enfermé là...

— C'est lui qui est notre Bouginier ! s'écrie l'ancien troupier en faisant un bond de joie. Mais alors mon colonel, madame la vicomtesse, qu'il ose appeler sa fille... ce serait...

— La mienne, Maurice ! Oui... tout me dit que c'est elle !... Ouvre-moi vite cette porte !... Il me tarde de parler à cet homme !

LXI

L'adolescent.

Saint-Croisy ou plutôt Bouginier, comme nous le nommerons désormais, puisque nous savons que c'est son véritable nom, était assis devant une table et mangeait fort tranquillement les provisions qu'on lui avait envoyées, en se versant d'un fort bon vin, auquel il revenait souvent. Le comte et Léoville entrent les premiers ; Sincère reste un peu en arrière ; il ne veut pas se montrer sur-le-champ. Bouginier ne semble nullement ému de leur visite ; il se contente de se lever pour les saluer, puis se rassied et continue son repas en disant :

— Vous permettez, messieurs ? mais j'avais grand besoin de me restaurer... Monsieur le vicomte, je vous fais compliment de votre vin ; il est excellent.

— Monsieur, dit le comte en s'avançant vers Bouginier, nous savons maintenant à qui nous avons affaire, et vous essayeriez en vain de déguiser encore la vérité : la femme de mon neveu n'est pas votre fille... et vous ne vous nommez pas Saint-Croisy. Votre véritable nom est Bouginier... et Camille est l'enfant qui fut confiée à votre mère par la baronne de Vermont.

Bouginier se trouble un moment en s'entendant dire son véritable nom; mais il se remet bien vite, et répond :

— Qui est-ce qui vous a fait ces histoires-là, monsieur ce tome?

— C'est moi! s'écrie Sincère en se montrant tout à coup et allant se placer devant Bouginier. Oui, moi, Sincère Montaubert... fils de ce Charles Montaubert que tu as assassiné, ainsi que sa femme... dans leur maison à Vincennes. Ah! tu vois que je te connais bien, misérable!... Tu voulais aussi m'assassiner, il y a quelques jours, dans la forêt... Je t'y ai cherché aujourd'hui, moi; mais voilà ce que je te réservais, si tu avais tenté de m'échapper.

En disant ces mots, Sincère sort de ses poches une paire de pistolets dont il dirige les canons sur Bouginier; ce n'est pas sans peine que Léoville lui fait remettre ses armes dans sa poche.

Bouginier est devenu livide pendant que Sincère parlait; cette fois, il ne peut dissimuler son trouble et balbutie :

— Je ne sais pas... je ne comprends pas... ce que vous me dites...

— Tu veux encore nier ton crime, reprend Sincère, mais il est trop tard! Ton complice, le ciseleur Harzmann, a tout avoué, lui... Il avait au moins des remords; je voulais le livrer à la justice... il n'a pas voulu attendre son arrêt : le poison lui a épargné l'infamie! Mais la mort de Harzmann ne suffit pas pour venger mes parents... je ne te ferai pas grâce, à toi!...

En apprenant que Harzmann est mort, un éclair de joie illumine les traits de Bouginier. Il reprend son assurance et répond :

— Je vous répète, monsieur, que je ne sais pas ce que

vous voulez dire, et que je suis fort innocent de tout ce dont vous m'accusez. Parce qu'il a plu au ciseleur Harzmann, qui avait contre moi une vieille haine, de prétendre que j'ai été son complice dans un crime qu'il a commis, ce n'est pas une raison pour que cela soit... Il vous a dit aussi que je m'appelais Bouginier; c'est encore un mensonge, je n'ai jamais porté ce nom-là; c'est pourquoi je répondrai aussi à monsieur le comte que je ne comprends pas un mot à l'histoire qu'il me débite, et que Camille, la femme de son neveu, est bien ma fille. Ah! je conçois que cela ne flatte pas cette noble famille; c'est pour cela sans doute qu'on a inventé ce roman d'un enfant qui fut confié à ma mère... par une baronne?... J'en suis fâché, mais cela ne prendra pas... je suis trop bon père de famille pour renier mon enfant.

Le comte et Léoville sont stupéfaits de l'audace, du sang-froid que montre cet homme. Ils se regardent et semblent se demander quel moyen employer pour obtenir qu'il dise la vérité. Sincère n'a pas leur indécision : ses yeux, toujours attachés sur Bouginier, ne le perdaient pas de vue une minute, et l'on voit que les dénégations que celui-ci lui oppose n'ont aucune influence sur son esprit.

M. de Rochemart s'adresse de nouveau au prisonnier, en lui disant :

— Monsieur, quel que soit le motif secret qui vous fait refuser de nous avouer la vérité, il y en a certainement un qui vous guide avant tout... c'est le désir d'avoir de l'argent!... Eh bien! convenez que Camille n'est pas votre fille, et je vous donne trente mille francs,... et votre liberté.

Pendant que le comte dit cela, Sincère serre ses poings avec force et mord ses lèvres, mais il ne dit pas un mot.

Bouginier fait à M. de Rochemart un salut gracieux et répond :

— Monsieur le comte, je suis vraiment désolé de ne pouvoir vous être agréable ; mais, pour tout l'or du monde, je ne conviendrais pas d'une chose qui n'est pas... Vous m'offririez un million que ma réponse serait la même !

Léoville et son oncle sont désespérés. Sincère conserve toujours le même silence, et la même expression se peint sur sa physionomie.

La nuit est venue. Charlot apporte une lampe qu'il place sur la table. Saint-Croisy-Bouginier se verse de nouveau à boire.

Après quelques instants de silence, le comte s'adresse de nouveau à Bouginier, en lui disant :

— Monsieur, quelle somme exigez-vous pour convenir enfin que Camille n'est pas votre fille ?... Parlez ; je vous la promets d'avance...

— J'ai déjà eu l'honneur, monsieur le comte, de vous dire que pour un million... et c'est gentil, cependant, un million !... je ne conviendrais pas d'une chose qui n'est pas. Encore une fois, je vous répète que je ne suis pas le Bouginier que vous cherchez.

— Sortons ! dit le comte en regardant Léoville, et tous deux font signe à Sincère de le suivre ; mais celui-ci ne le fait qu'après avoir dit au prisonnier :

— Tu peux les tromper, eux !... mais tu ne me tromperas pas, moi !

Lorsque Bouginier est de nouveau seul dans la tourelle, il se dit :

— Les imbéciles !... qui croient que je conviendrai que je ne suis pas le père de Camille !... Mais c'est leur doute seul qui me sauve !... Ils n'oseront jamais envoyer devant la justice un homme qui affirmera être le père de la vicomtesse... Si j'avouais la vérité, je ne serais plus qu'un misérable voleur pour lequel ils n'auraient aucune pitié... et alors même que le comte tiendrait sa parole... ce qui est possible... il y a des gens qui tiennent leur parole !... cet autre petit qui a découvert un crime bien plus grand... Oh ! celui-là ne me laisserait pas m'en aller avec leur argent... Je n'avouerai jamais !... Le comte et son neveu me rendront la liberté et me donneront de l'or sans condition... parce que ma présence ici est un supplice pour Camille et pour eux ; mais je leur dirai seulement au revoir.

Camille attendait avec anxiété le retour de son mari et de son oncle. Ceux-ci reviennent tristes, accablés.

— Cet homme ne veut rien avouer ! dit Léoville, Et, pourtant, nous lui avons offert tout l'or qu'il demanderait !...

— Oui, dit Sincère, mais en avouant qu'il est Bouginier, il sait bien qu'il se reconnaîtrait pour l'un des assassins de mes parents.

— Chère enfant ! dit le comte en prenant la main de Camille, tu n'en es pas moins ma fille... Tout me le dit... tout me le prouve.

La jeune femme sourit tristement; on voit que le doute torture encore son cœur. Quelque temps s'écoule ; on garde le silence, chacun semble absorbé dans ses pensées.

— Pourquoi n'avez-vous pas fait avertir l'autorité ? dit enfin Sincère ; il ne faut pas que ce misérable échappe à la justice.

— Il est trop tard ce soir, dit Léoville; attendons à demain... peut-être la nuit fera-t-elle faire à cet homme des réflexions qui changeront son langage. En attendant, vous devez avoir besoin de repos, Sincère... Vous savez où est votre chambre ?... allez vous reposer, mon ami. Nous-mêmes, après une journée si cruelle, nous éprouvons aussi une extrême fatigue... nous nous verrons demain...

— A demain donc, répond Sincère d'un ton bref; puis il prend une lumière, salue profondément ses hôtes et se retire.

— J'avais hâte qu'il fût parti, dit alors Léoville, pour te tranquilliser, ma chère Camille; car tu ne voudrais pas que ce Saint-Croisy... ce Bouginier, fût livré à la justice, n'est-ce pas?...

— Oh! non, mon ami...

— Nous ne le voulons pas non plus, chère enfant, dit le comte; les débats de cette affaire seraient trop pénibles pour vous... mais Léoville et moi nous nous sommes compris. Cette nuit, nous allons donner la clef des champs au prisonnier, en lui remettant une somme assez forte pour qu'il nous laisse en repos pendant longtemps... Toujours peut-être !...

— Oh! oui, laissez-le s'échapper...

— Demain on dira à Sincère que le prisonnier s'est évadé... mais il sera déjà loin.

Tout étant bien convenu, Camille, un peu plus calme, rentre dans son appartement. Le comte fouille ensuite dans son portefeuille en disant :

— Je n'ai là que douze mille francs...

— Moi, je puis en ajouter huit mille, dit Léoville; ce sera, je pense, suffisant, et je dirai à cet homme que si, plus tard, il est sans ressources, je viendrai encore à son aide; à condition qu'il ne se présentera jamais devant Camille.

— C'est cela, mon ami, donnons de l'argent à ce misérable, puisque c'est le seul moyen d'assurer le repos de ta femme... Tu iras le trouver?

— A minuit, lorsque je serai bien sûr que tout le monde dormira. Quant à Maurice...

— Je vais lui recommander de t'obéir comme à moi-même... Tu lui diras de ne pas voir le prisonnier s'évader, et il ne verra rien... ou plutôt tu le relèveras de faction.

Le comte sort pour parler à son soldat. Léoville met dans son portefeuille la somme destinée à Bouginier; puis chacun se retire dans son appartement.

A minuit Léoville quitte doucement sa chambre; il descend au jardin, marche vers la tourelle; Maurice est toujours en sentinelle, mais sur quelques mots que lui dit le neveu de son colonel, il s'éloigne en poussant un soupir de regret.

Léoville ouvre la porte de la tourelle; il allume alors une lanterne, et trouve le prisonnier assis dans un coin de la salle, où il ne dormait pas.

— Tenez, monsieur, dit Léoville en présentant le portefeuille à Bouginier, prenez ceci; il y a là-dedans vingt mille francs; et, quand vous n'aurez plus rien, écrivez-moi, ou bien à mon oncle, et on vous fera passer de l'argent à l'endroit que vous désignerez...

— A la bonne heure, comme cela! dit Bouginier en prenant le portefeuille, voilà des manières d'agir qui me plaisent.

— Vous allez partir; vous gagnerez le fond du jardin... vous ouvrirez facilement la porte qui donne sur la forêt...

— Oh! soyez tranquille, monsieur le vicomte, je connais déjà le chemin... je serai bientôt dehors.

— Laissez-moi d'abord sortir et regagner la maison. Ne redoutez pas la sentinelle, je l'ai renvoyée...

— Très-bien! très-bien! Recevez mes salutations, monsieur le vicomte... mes compliments à ma fille.

Léoville sort de la tourelle; il regarde un moment autour de lui, n'entend aucun bruit et retourne à grands pas vers sa maison.

Il y avait cependant près de là quelqu'un qui veillait, qu observait tout. Sincère avait deviné que les intentions du comte et de Léoville étaient de rendre la liberté à cet homme dont ils ne pouvaient obtenir aucun aveu; mais il ne voulait pas, lui, que l'assassin de ses parents pût échapper au châtiment qu'il méritait. Après avoir monté un instant dans sa chambre, le jeune homme avait éteint sa lumière, puis était sorti bien doucement de la maison. Il s'était dirigé vers la tourelle, et s'était caché dans un épais buisson, d'où ses regards ne perdaient pas de vue la porte de la prison.

Il avait donc aperçu Léoville arriver et renvoyer Maurice. Il l'avait vu s'introduire dans la tourelle, puis en sortir seul sans fermer la porte. Quelques instants après, il avait reconnu Bouginier se montrant à l'entrée de cette porte, et qui, après avoir regardé un moment autour de lui, s'était jeté à grands pas dans l'allée qui menait au fond du jardin.

— Ah! misérable! je ne te laisserai pas échapper, moi! se dit Sincère, en sortant précipitamment de sa cachette. Et, aussitôt, s'élançant sur les pas de celui qui se sauve, il fait feu sur lui de ses deux pistolets.

Bouginier tombe au second coup.

Le bruit des armes à feu a été entendu de la maison. Bientôt on accourt avec des flambeaux. Le comte et Léoville arrivent des premiers; ils sont bientôt suivis de Maurice et de tous les domestiques; ils trouvent Sincère auprès de Bouginier, qui est étendu à terre et couvert de sang : une balle lui a traversé le dos et la poitrine; il n'a plus que quelques instants à vivre.

— Vous vouliez le faire sauver! s'écrie Sincère; mais, moi, j'avais juré de venger mes parents.

On veut porter secours au blessé; il les repousse en faisant signe qu'il veut parler. On se penche vers lui... il murmure :

— Vos secours seraient inutiles... je sens bien que je vais mourir!... Je n'ai plus de raison pour mentir... Camille n'est pas ma fille... c'est celle de la baronne. J'avais eu la sottise... de conter cela à Harzmann... La petite s'appelait Églantine... j'espérais que sa beauté... un jour... dans ma poche... son acte de baptême...

Il ne peut en dire davantage, il expire.

— Eh bien! s'écrie Sincère, ai-je eu tort de tirer sur lui?...

Pour toute réponse, le comte et Léoville pressent Sincère dans leurs bras; puis, ivres de joie, ils courent apprendre à Camille qu'elle peut désormais, en toute assurance, donner au comte de Rochemart le nom de son père, et Maurice court à son tour serrer Sincère dans ses bras en lui disant :

— Mille noms de nom!... Je n'étais pas content de quitter la faction... mais vous êtes un brave garçon !

CONCLUSION

Terminons par des tableaux plus gais; ceux que nous venons d'écrire s'éloignent un peu de nos habitudes... mais ce jeune Sincère nous a entraînés; nous ne pouvions pas le laisser en chemin.

Le comte de Rochemart a reconnu publiquement Camille pour sa fille. Cela a fait d'abord beaucoup jaser dans le monde, mais le comte a deux cent mille francs de revenu; avec cela on s'inquiète peu des propos et de la médisance.

Rien ne trouble le bonheur de Camille depuis qu'elle connaît enfin ses véritables parents; et comme on assure que le bonheur embellit, ce qui n'a jamais été vrai pour beaucoup de gens, mais qui peut se dire pour les femmes qui sont déjà jolies, la jeune épouse de Léoville ne trouve de tous côtés que des admirateurs lorsqu'elle se montre, soit au bal, soit au spectacle, soit à la promenade.

Endymion Dufourré, qui a toujours ses mollets, son toupet et son corset, l'aperçoit souvent passer dans une élégante calèche, et s'écrie :

— Mais quelle est donc cette dame qui ressemble tant à madame Édouard?...

— C'est bien elle, lui dit un jour le major Piquevert, qui se trouve être près de lui sur le boulevard, j'en suis certain; je viens de la saluer, ainsi que son mari... le vicomte Léoville de Rochemart, qui nous payait du champagne quand il venait dîner à l'hôtel Pothery.

— En vérité! Mais elle a donc trois visages, cette femme-là?... Elle était madame Édouard... elle était le jeune Julien... car la brune Amanda m'a avoué enfin que ce jeune homme était une femme... et puis la voilà maintenant qui est vicomtesse de Rochemart !

— Oui, mon cher monsieur ; mais, quelle que soit sa position, convenez qu'elle est toujours charmante ?

— Pas en homme... non ; en homme, elle ne m'a pas charmé du tout.

Sincère, rentré dans une partie de sa fortune, fait à sa bonne grand'mère une heureuse vieillesse, et s'assure à lui-même un bel avenir, en acquérant un vrai talent en peinture.

Étienne Vincent s'est remis à faire des statuettes, ce qui ne l'empêche pas de travailler toujours à son drame : *le Mont Vésuve*.

Théobald de Rubencourt est plus homme de lettres que jamais : à force d'encenser ses confrères, il a obtenu d'eux un peu de réciprocité : ces messieurs, en parlant l'un de l'autre, ne s'appellent que le spirituel, le brillant, l'ingénieux, l'intelligent, le délicieux écrivain !... et, à force de le répéter, ils finissent eux-mêmes par le croire.

Madame Abricotine est devenue tellement grasse, qu'elle peut se passer de crinoline, de cerceau et de cage... C'est une économie. Mademoiselle Théodorine, leur fille supérieurement élevée, continue à contredire ses parents, pour montrer qu'elle a du caractère.

On ignore si, en se mariant, mademoiselle Tulipet a continué de changer le dictionnaire, et si elle écossera ses enfants.

M. Lentille est devenu borgne en regardant une comète ; M. Grandbec a trouvé un jour deux étages de sa maison à terre ; il a obligé ses locataires à les rebâtir.

L'hôtel Pothery, avec son joli pavillon tapissé de rosiers, continue d'avoir la table d'hôte la plus courue des Prés-

Saint-Gervais; madame Pothery s'informe toujours de ce que vous avez mangé à vo're déjeuner, et Rose-d'Amour accommode encore quelquefois du loup pour du chevreuil. Mais, bah!... à la campagne!...

FIN

TABLE

		Pages
XXXIII.	Les actions de charbon de terre	1
XXXIV.	Nouveaux renseignements	11
XXXV.	Le corset	20
XXXVI.	La femme du ciseleur	30
XXXXII.	Promenade dangereuse	41
XXXVIII.	Changement à vue	51
XXXIX.	Monsieur Julien	57
XL.	Un voisin incommode	64
XLI.	Monsieur Consonne gris	70
XLII.	Dangers du costume masculin	80
XLIII.	Effets de la pipe turque	92
XLIV.	Bonheur	100
XLV.	Une commission	104
XLVI.	Le Nouveau Monde	118
XLLII.	Le cuissard de chevreuil	130
XLVIII.	Souvenirs du passé	136
XLIX.	Trop parler nuit	149
L.	La veuve Coloquinte	158
LI.	Une scène de ménage	170
LII.	Une femme à trois visages	178
LIII.	Le but de ce monsieur	184
LIV.	Une pièce du Gymnase	197
LV.	Doux intérieur	208
LVI.	La forêt de Sénart	218
LVII.	Le sommeil	227
LVIII.	Un écrin	237
LIX.	Le voleur	244
LX.	Découverte	251
LXI.	L'adolescent	256
	Conclusion	265

FIN DE LA TABLE.

Paris. — Imp. Vᵉ P. Larousse et Cⁱᵉ, rue Montparnasse, 19.

www.ingramcontent.com/pod-product-compliance
Lightning Source LLC
Chambersburg PA
CBHW050325170426
43200CB00009BA/1459